Q&A 改訂版

「労働基準法・労働契約法」の実務ハンドブック

人事・労務 編著

セルバ出版

は じ め に

　いま、労働環境が激しく揺れ動いています。「ブラック企業」「働き方改革」「過重労働」「ワーク・ライフバランス」「同一労働同一賃金」「ハラスメント」「過労死」「過労自殺」「メンタルヘルス」など、キーワードはさまざまです。SNS の発達により、トラブルはすぐに拡散され、自社のみならず、顧客や取引先に思わぬ形で迷惑を掛けてしまうこともあります。

　昨今では企業のコンプライアンス（法令遵守）が問われており、少しでもコンプライアンスに問題があるようだとマスコミでも取り上げられ、これにより大きな企業ダメージを受けます。最悪の場合は退場せざるを得なくなるかもしれない時代になってきました。

　"ヒト" を考えるときに中核にあるのが、「労働基準法」です。社員が健康な状態で安心して働くことのできる環境をつくり、より意欲を持って働いてもらわなければ企業の安定、発展はのぞめません。従業員の定着を図り、持てる能力をフルに活用してもらうためにも、労働基準法を遵守するのは企業にとって最低限の条件といえます。

　労働基準法とこれに関連した安衛法、労働時間等設定改善法、さらには、労働契約法、パートタイム労働法、労働者派遣法、じん肺法を一括で改正する「働き方改革関連法」が 2019 年 4 月以降順次施行されています。そればかりか、ここ数年は「労働基準法をはじめ、「労働契約法」や「パートタイム労働法」「労働者派遣法」「高年齢者雇用安定法」「育児・介護休業法」など毎年のように労働法に関する法改正が行われており、すべての法改正を把握することすら難しくなっています。いわば "働くヒト" に関する法律の変革の時代がやってきたのです。

　昨今では、労働基準監督署の調査も増加し、その内容も多岐にわたってきています。調査では、法改正を「知らなかった」だけでは済まされません。

　本書は、初版発行後に法改正のあった「高年齢者雇用安定法」や令和 3 年の「育児・介護休業法」までを網羅しており、本書をすべてお読みいただくことで、労働基準法やそこから派生している労働法の意味をしっかり理解していただけるのではないかと思っております。

　ご存知のとおり、我が国は急激な少子高齢化を迎えており、労働力不足が深刻な問題になっています。その中で育児や介護などさまざまな事情を抱える社員や障害者、外国人等を受け入れることは不可欠になっています。また、社員の価値観も多様化しており、これまでの正社員、長期雇用が前提だった

時代は終焉を迎え、限定社員や兼業など働き方も多様化しています。

　想定のしていなかった新型感染症の拡大により、否応なしにテレワークの導入に踏み切ざるを得なかった会社も多いようです。

　多様な働き方や緊急事態に対応するためには、労働基準法だけではなく、さまざまな法律を把握していかなければなりません。

　本書では、「労働基準法の基礎知識」「労働契約」「賃金」「労働時間」「有給休暇」「退職・解雇」「労災・安全衛生」「年少者・妊産婦」「ハラスメントや障害者」「契約社員や外国人労働者」「就業規則」「労基署の調査」のカテゴリーにわけて、日常起こり得る実務上の問題をそれぞれ Q&A 方式で解説しています。労働法で悩んだり、迷ったりしたときにそのポイントだけを垣間見ることも可能な構成になっており、また、できるだけわかりやすい文章にして記述しています。

　労働基準法をはじめとする労働法の入門書として、企業の人事・労務担当者はもちろん経営幹部の皆さん、また働くすべての人々にお読みいただき、お役に立てることができればと願っております。

　2021 年 9 月

有限会社　人事・労務

川島　孝一

（本書の法令およびホームページのアドレスは、2021 年 9 月末日の現況で掲載しています。）

はじめに

4 労働時間の実務ポイント

8　年少者・妊産婦の実務ポイント

9　人事労務の実務ポイント

10 期間雇用者・契約社員等の実務ポイント

11 就業規則の実務ポイント

12 監督機関・労基監督署調査の実務ポイント

┌─ ◇本書では、次の略語を使用しています ─
│ 労基法……………………労働基準法
│ 労基署……………………労働基準監督署
│ 労災保険法………………労働者災害補償保険法
│ パートタイム労働法……短時間労働者及び有期雇用労働者の雇用管理の改善等に関する法律
│ 育児・介護休業法………育児休業、介護休業等育児又は家族介護を行う労働者の福祉に関する法律
│ 高年齢者雇用安定法……高年齢者等の雇用の安定等に関する法律
│ 労働者派遣法……………労働者派遣事業の適正な運営の確保及び派遣労働者の保護等に関する法律
│ 番号法……………………行政手続における特定の個人を識別するための番号の利用等に関する法律
│ 監督官……………………労働基準監督官
│ 基発………………………労働基準局長名で発する通達
│ 発基………………………労働基準局関係の事務次官名で発する通達
│ 基収………………………労働基準局長が疑義に応えて発する通達

1 労働基準法の基礎知識

Q1 労基法ってどういう法律のこと

ANSWE RPOINT

♤労基法は労働条件の最低基準を定めた法律であり、労働諸法令の基本になる法律です。

♤労基法の基準を下回る労働条件は無効となります。

♤労基法に違反した場合には、使用者に刑事罰を科す罰則規定が設けられています。

♤憲法 25 条、27 条の規定を受けて施行されました。

♠労基法というのは

労基法は、労働者が会社で働くことによって一定以上の生活ができるようにつくられた法律です。

労基法は、最低限の基準を定めたものであり、会社はその基準を守らなければなりません。もし、会社が労働者と労基法に満たない労働契約を結んでも、その基準に達しない部分については無効となります。つまり、同意してハンコを押した契約書があったとしても、すべて有効にはならないということです。

本来、契約というのは、双方が自由意思で結ぶものです。しかし、それがなぜ労基法により基準が設けられて、労働者が保護されているのでしょうか。その理由は、昔、多くの労働者が劣悪な労働条件で働かざるを得なかったことにあります。

会社と労働者の力関係を比べた場合、どうしても会社のほうが上になりがちであり、労働者は悪い労働条件とわかっていても契約していたのです。これでは、いくら「自由意思での契約」とは言っても、結果として強制的になっています。

このままでは対等な立場での契約とは言えないので、労働関係においては、労基法によって基準を設けることとしたのです。

♠労基法は労働条件の最低基準を規定

労基法は、図表 1 の憲法 25 条、憲法 27 条の規定を受けて昭和 22 年 9 月 1 日に施行されました。

【図表1　憲法の規定】

憲法 25 条 （生存権）	① すべての国民は、健康で文化的な最低限度の生活を営む権利を有する。 ② 国は、すべての生活部門について、社会福祉、社会保障及び公衆衛生の向上及び増進に努めなければならない。
憲法 27 条 （勤労の権利と義務）	① すべての国民は、勤労の権利を有し、義務を負う。 ② 賃金、就業時間、休憩その他の勤労条件に関する基準は、法律でこれを定める。 ③ 児童は、これを酷使してはならない。

♠労基法の基準を下回る労働条件は無効

　図表2のように、労基法を下回る労働条件は無効となり、法律のラインまで引き上げられます。

　労基法は、労働条件の最低を定めたものであり、最高を定めたものではありません。

【図表2　労基法とは】

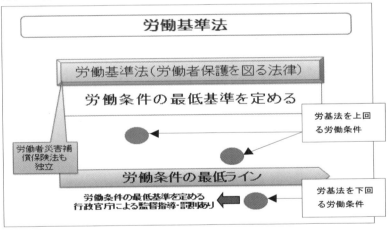

♠労基法の罰則

　労基法の各条文は、「使用者は……してはならない」「使用者は……しなければならない」と規定され、社長や会社という表現ではなく、「使用者」という表現になっています。これは、労基法の履行に当たっての責任の主体を明らかにするためです。

　その行為を使用者がした場合はもちろんのこと、違反行為をした者が、事業主のために行為する「代理人」、「使用人」、「その他の従事者」である場合

には、本人にプラスして事業主に対しても本条の罰金刑が科されます。これを両罰規定といい、図表3のように厳しい罰則の規定となっています。

【図表3　労基法の罰則】

①　強制労働の禁止	1年以上10年以下の懲役または20万円以上300万円以下の罰金
②　中間搾取の禁止、最低年齢の禁止、坑内労働の禁止	1年以下の懲役または50万円以下の罰金
③　賃金等待遇、男女同一賃金、労働時間・休憩・休日・時間外および休日労働など	6か月以下の懲役または30万円以下の罰金
④　賃金支払い、労働条件の明示、就業規則等の作成など	30万円以下の罰金

　図表3のように、禁止事項が多く規定されていることが労基法の特徴の1つでもありますが、これは労働者の保護のために労働条件の最低基準を規定していることによります。

♠労働条件というのは

　ここでいう労働条件とは、賃金、労働時間、休日、休暇、災害補償、安全衛生など、労働者の職場での一切の待遇をいいます。

　図表4のとおり、労基法は1章から13章までで構成されています。法令を遵守して社員の労働環境を守るために、労基法について正しい知識を身につけましょう。

【図表4　労基法の構成】

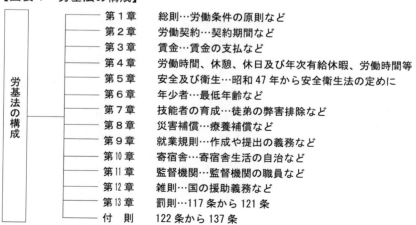

労基法の構成
- 第1章　総則…労働条件の原則など
- 第2章　労働契約…契約期間など
- 第3章　賃金…賃金の支払など
- 第4章　労働時間、休憩、休日及び年次有給休暇、労働時間等
- 第5章　安全及び衛生…昭和47年から安全衛生法の定めに
- 第6章　年少者…最低年齢など
- 第7章　技能者の育成…徒弟の弊害排除など
- 第8章　災害補償…療養補償など
- 第9章　就業規則…作成や提出の義務など
- 第10章　寄宿舎…寄宿舎生活の自治など
- 第11章　監督機関…監督機関の職員など
- 第12章　雑則…国の援助義務など
- 第13章　罰則…117条から121条
- 付則　122条から137条

Q2 労基法が適用される事業所は

ANSWE RPOINT

♧労基法は、事業の種類を問わず、原則として労働者を使用するすべての事業で適用されます。

♧船員法の規定を受ける人や国家公務員・地方公務員等の一部、同居の親族のみを使用する事業所と家事使用人については適用されません。

♧労基法は、日本国内で働くすべての外国人についても適用されます。

♠日本国内のすべての事業所に適用

　事業所とは、継続的に業を行っているすべての事業が該当し、営利事業であるか、非営利事業であるかは問われません。また法人に限ったことではなく、労働者を雇っていれば個人事業であっても事業所になります。

　業種については、労基法別表1に規定されていますが、見ていただければわかるように、すべての業種が網羅されています（図表5参照）。

【図表5　労基法別表1】

工業的業種	【第1号　製造業】 物の製造、改造、加工、修理、洗浄、選別、包装、装飾、仕上げ、販売のためにする仕立て、破壊・解体または材料の変造の事業（電気、ガスまたは各種動力の発生、変更・伝導の事業および水道の事業を含みます）
	【第2号　工業】 鉱業、石切り業その他土石または鉱物採取の事業
	【第3号　建設業】 土木、建築その他工作物の建設、改造、保存、修理、変更、破壊、解体またはその準備の事業
	【第4号　運輸交通業】 道路、鉄道、軌道、索道、船舶または航空機による旅客または貨物の運送の事業
	【第5号　貨物取扱業】 ドック、船舶、岸壁、波止場、停車場または倉庫における貨物の取扱いの事業
農林水産	【第6号　農林業】 土地の耕作・開墾または植物の栽植、栽培、採取・伐採の事業その他農林の事業
	【第7号　畜水産業】

業	動物の飼育または水産動植物の採捕・養殖の事業 その他の畜産、養蚕または水産の事業
非工業的業種	【第8号 商業】 物品の販売、配給、保管、賃貸または理容の事業
	【第9号 金融保険業】 金融、保険、媒介、周旋、集金、案内または広告の事業
	【第10号 映画・演劇業】 映画の製作または映写、演劇その他興行の事業
	【第11号 郵便・通信業】 郵便、信書便または電気通信の事業
	【第12号 教育研究業】 教育、研究または調査の事業
	【第13号 保健衛生業】 病者または虚弱者の治療、看護その他保健衛生の事業
	【第14号 接客娯楽業】 旅館、料理店、飲食店、接客業または娯楽場の事業
	【第15号 清掃・と畜業】 焼却、清掃またはと畜場の事業

　日本国内のすべての事業所は、労基法が強制適用され、そこで働く労働者は外国人であれ、アルバイト・パートタイマーであれ、労基法によって最低基準の労働条件が適用されることになります。

　なお、外国人労働者が仮に不法就労であったとしても、労基法は適用されます。

♠労基法の適用単位は

　労基法が適用される事業は、工場・事業所・店舗等のように、一定の場所において、互いにつながりがある組織の下、業務として継続して行われる作業の1まとまりをいいます。

　おおむね1つの場所で継続的に作業が行われていれば、それは事業となります。労基法では、事業として認められる単位を「事業場」といいます。

　あまり聞きなれない表現ですが、法律用語に過ぎないので、「事業所」と同じ意味だと思ってください。

例えば、ある会社の支店が独立した事業所に該当するのであれば、労働基準法上は「事業場」となり、支店ごとにQ34で出てくる「３６協定」を締結する必要があることになります。

　しかし、規模が著しく小さく、独立性が乏しい出張所等は、労基法の事業にはなりません（図表6参照）。

【図表6　労基法の適用単位】

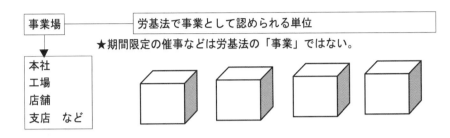

事業場 ━━━━━ 労基法で事業として認められる単位
★期間限定の催事などは労基法の「事業」ではない。

本社
工場
店舗
支店　など

♠ 適用除外について

　前述のようにほとんどすべての事業に適用される労基法ですが、図表7のように一部適用されない事業があります。

【図表7　労基法が適用されない事業】

全部除外（すべての労基法が適用されない者）
1、同居の親族のみを使用する事業（労基法116条2項）
2、家事使用人（労基法116条2項） ※家事代行業者などは適用される。
3、一般職の国家公務員（国家公務員法附則16条） ※行政執行法人（印刷局、造幣局、国立公文書館、統計センター等）の国家公務員については適用される。
一部除外（一部の労基法が適用されない者）
1、船員（労基法116条1項） ※「総則、適用除外、罰則」の規定の3つは労基法が適用される。 　適用除外となった部分は船員法が適用となる。
2、一般職の地方公務員（地方公務員法58条3項） ※地方公営企業等の職員等については原則適用。 　その他の一般職の地方公務員は変形労働時間制やみなし労働時間制など一部の規定が適用されない。

Q3 労基法の労働者・使用者ってどういう人のこと

ANSWER POINT

♧労働者とは、事業に使用され賃金を支払われる者のことです。

♧使用者とは、事業主、経営担当者、その事業の労働者に関する事項について事業主のために行為をするすべての者のことです。

♧役員や業務委託等であっても、例外的に労働者として認められる場合もあります。

♠労基法における労働者とは

労基法では、「事業に使用され、その代価として賃金が支払われる者」を労働者として定義しています(労基法9条)。パート、アルバイトなどの肩書きを問わず、使用者の指揮命令下で労働し、使用従属関係が認められるなら労働者となります。

一方、個人事業主、法人の役員、下請負人は、通常、使用従属の関係にないため、労働者となりません(昭23.1.9基発14号)。

また、家事使用人は、事業ではなく家族の指揮命令下で業務を行うため、同居の親族は事業主と生計を同じくするために、やはり労働者とは認められません(労基法116条)。

【図表8 労働者とその例外】

労働者とは	労務を提供し、その代価として賃金が支払われる者
労働者以外	個人事業主、法人の役員、下請け、家事使用人、同居の親族

♠労基法における使用者とは

労基法における使用者とは、「事業主」、「事業の経営担当者」、「その他その事業の労働者に関する事項について、事業主のために行為をするすべての者」をいいます(労基法10条)。

「事業主」とは、個人事業主、法人の場合は、法人そのものを指します。また、「事業の経営担当者」とは、代表取締役、社長など事業経営の権限を持つ者のことです。

「その事業の労働者に関する事項について事業主のために行為をするすべての者」とは、人事部長など、労働者に関する事項について一定の権限を与

1

労働基準法の基礎知識

18

えられている者を指します。肩書は人事部長でも、指示を伝達するだけで実際の権限を持たない場合は使用者となりません（昭和22.9.13 基発17号）。

　余談ですが、事務代理の委任を受けた社会保険労務士が手続を怠った場合、その社労士は労基法上の使用者としての責任を問われることとなります（昭和62.3.26 基発第169号）。

【図表9　使用者の例】

事業主	経営担当者	その事業の労働者に関する事項について事業主のために行為をするすべての者
個人事業主／法人	代表取締役	人事部長、社会保険労務士など

♠労働者として認められるのは

　代表権(会社の代表として対外的な行為を行う権利)を持たず、賃金を支払われている役員は、労働者となります(昭23.3.17 基発461号)。

　また、請負契約の形をとっていても、実態において使用従属関係が存在する場合は、労働者と認められます。例えば、新聞配達員は、販売店と配達員との間に使用従属関係が認められるため、請負契約であったとしても労働者となります（昭和22.11.27 基発400号）。

　同居の親族も、同居の親族以外の労働者が雇用され、同居の親族が一般事務や現場作業等に従事している場合、「①事業主の指揮命令に従っていることが明確であること」、「②労働時間や休日、賃金計算や支払の時期などについて、他の労働者と同じように管理されていること」の2つが満たされている場合、労働者として認められます（昭和54.4.2 基発153号）。

　家事使用人についても、家事を代行する事業に雇用され、その指揮命令下で業務を行う場合には労働者となります（昭和63.3.14　基発150号）。

【図表10　労働者として認められる場合】

取締役	代表権なし、使用従属関係あり
業務委託、家事使用人	使用従属関係あり
同居の親族	①使用従属関係あり、②他の労働者と同じ労働条件

♠労働者・使用者は労働協約等の誠実履行義務がある

　労基法は、「労働者と使用者は労働協約・就業規則・労働契約を遵守し、誠実にその義務を履行しなければならない」と規定しています。

　これは、労働者も使用者も、就業規則等を遵守し履行する誠実履行義務があるということです。

Q4 労働者代表ってどういう人のこと

ANSWER POINT

♤労働者代表は、労働者を代表して使用者と協議し、労使協定を締結する権限を持っている人のことです。

♤労働者過半数代表は、事業場の労働者全員を代表して労基法の定める事項について権利を行使します。

♤選出の手続が適正でない場合は、労使協定そのものの有効性が問われます。

♠労働者代表というのは

　事業所内での時間外労働に関する協定の締結（労基法 36 条）や、就業規則を作成、変更するとき（労基法 90 条 1 項）などでは、事業所に過半数の労働者で組織する労働組合がない場合は、当該事業所の「労働者の過半数を代表する者」が協定を結ぶ、あるいは就業規則の作成、変更に意見を述べる当事者になります。これを「労働者代表」と呼びます。

【図表 11　労働者代表】

①	過半数労働組合	事業場の労働者の過半数で組織する労働組合があるときはその労働組合の代表者
②	過半数代表者	事業場の労働者の過半数で組織する労働組合がないときは労働者の過半数の代表者

♠労働者の過半数代表者の選出

　事業所において、労働者の過半数で組織される労働組合がない場合は、労働者の過半数を代表する者（過半数代表者）を選出する必要があります。

　そのための選出方法については、図表 12 の 2 つの要件の両方を満たしていなければ、適切とはいえません（昭和 63.1.1　基発 1 号）。

【図表 12　労働者代表の適法な選出方法】

①	その者が労働者の過半数を代表して労使協定を締結することの適否について判断する機会が、当該事業場の労働者に与えられている（使用者の指名などその意向に沿って選出するようなものではない）こと
②	当該事業場の過半数の労働者がその候補者を支持していると認められる民主的な手続がとられている（労働者の投票、挙手等の方法により選出される）こと

1

労働基準法の基礎知識

20

♠労働者代表の決め方

　労働者代表は、事業所ごとに決めます。会社に支店や工場があれば、それぞれの支店や工場ごとに労働者代表を決めなければなりません。出張所や営業所など規模が小さく、組織上独立性がない場合には、直近上位の組織に含めて取り扱うことができます。

　労働者代表は、図表13のいずれかの方法で選ぶのが一般的です。

【図表13　過半数代表者の選出方法例】

①	挙手による選出	朝礼など全労働者が集まる機会に挙手により選出
②	選挙による選出	選挙により過半数の信任を受けた社員を代表者とする
③	回覧による選出	回覧をし、労働者の過半数の署名により信任を受ける

　投票、挙手等の「等」には、行政通達では「労働者の話合い、持回り決議等労働者の過半数が当該者の選任を支持していることが明確になる民主的手続が該当する」とされています。

　選任時期は、協定締結前や就業規則変更の意見を会社が求める前など、「そのつど」選任しますが、労働者代表を選任できる労働者（いわゆる選挙権を持っている者）の範囲は、各事業所の全労働者（管理監督者、パート、アルバイト、休業中・休職中の労働者、出向労働者を含む）です。

　なお、派遣社員は、派遣先事業所の36協定や就業規則の適用を受けないので、ここでの労働者には含めません。

　また、賛成・反対が明確であることが必要で、「反対の人は、○月○日までに連絡するように」というような意思表示方法は、不適当と考えられています。

【図表14　適法な選出手続とは言えないケース】

①	労働者を代表する者を使用者が一方的に指名している場合
②	親睦会の代表者が自動的に労働者代表となっている場合
③	一定の役職者が自動的に労働者代表となることとされている場合
④	一定の範囲の役職者が互選により労働者代表を選出している場合

♠不利益取扱いの禁止

　労使協定は、使用者と労働者代表とが、対等な立場での合意することで労働条件等の内容を取り決めるものなので、協定当事者となる過半数代表者は労働者の意思を代表する者として、労働者の中から公正に選出しなければなりません。

また、使用者は、過半数代表者に対して、不利益な取扱いをしてはなりません（労規則6条2）。

【図表15　不利益取扱いの禁止】

過半数代表者　◀━━━━　⊗　━━━━　使用者

下記の①～③を理由とする不利益な取扱いは禁止。
①　過半数代表者であること
②　過半数代表者になろうとしたこと
③　過半数代表者として正当な行為をしたこと

◆労働者代表が関与する労使協定締結事項

　労働者代表が使用者と締結する労使協定には、図表16のようなものがあります。

【図表16　労働者代表が関与する労使協定締結事項】

労働者代表が関与する労使協定締結事項	①	就業規則作成手続の意見聴取
	②	賃金から一部控除して支払うとき
	③	年次有給休暇中の賃金を健康保険上の標準報酬日額とするとき
	④	年次有給休暇の計画的付与や時間単位付与を行うとき
	⑤	労働者の使用者への委託によって社内預金を管理するとき
	⑥	1週間単位の非定型的変形労働時間制をとるとき
	⑦	1か月単位の変形労働時間制をとるとき
	⑧	1年単位の変形労働時間制をとるとき
	⑨	フレックスタイム制をとるとき
	⑩	交替制など、休憩時間をいっせいに与えないとき
	⑪	時間外労働・休日労働を行うとき（36協定）
	⑫	事業場外のみなし労働時間制をとるとき
	⑬	専門・企画業務型裁量労働制をとるとき
	⑭	月60時間超えの時間外労働をさせた場合の代替休暇制度を設けるとき
	⑮	継続雇用の対象者を限定する基準（高齢法）

　労働者代表の選出方法は、投票や挙手、回覧や話合いによる信任でも構いませんが、ポイントは労働者の過半数が支持しており、民主的な手続が踏まれていることです。この手続を怠ると労働者代表の行為そのものが無効扱いされる可能性もあるので真の代表を選出できる仕組みが必要でしょう。

　また、代表者選任取扱い規定などで選任方法やその任期や役割なども規定化するのもよいでしょうし、何かの事情で休職して役割を全うできないことも考えられるため、万一の場合に備えて代表を代行する副代表まで決めることも望ましいと言えます。

ANSWER POINT

♤労働関係を取り扱う多数の法令・通達・行政解釈・裁判例を総称して「労働法」と呼びますが、「労働法」という名のついた個別の法律があるわけではありません。

♤労基法の関連法規である労働法は、様々な役割を果たしています。

♠労働法というのは

　憲法27条2項には、「賃金、就業時間、休息その他の勤労条件に関する基準は、法律でこれを定める」とあり、それを受けて制定されたのが、労働者保護の法律である「労働基準法」なのです。

　そして、労基法の中に含まれていた、最低賃金に関する条文と、安全衛生に関する条文が独立して、それぞれ「最低賃金法」、「労働安全衛生法」となりました。

　労働法とは、これらを始めとする労働者を保護し、支援するために規定されている多数の法令・通達・裁判例（判例）の総称です。

　通達とは、例えば、労基法等の法令の条文を読むだけでは何を意味するのか不明確な場合に、厚生労働省内部で上位機関から下位機関へ向けて公的な見解や解釈を示したものです。

　直接、一般企業や労働者を拘束するものではないのですが、少なくとも厚生労働省やその下部組織はこの通達を前提に行政指導等をしますし、裁判所もこの通達を重視した判断をするため、結局は一般企業や労働者にも影響が及ぶことになります。

【図表17　通達の種類】

通達の種類	発基	事務次官通達で厚生労働省労働基局関係のもの（事務次官による通達）
	基発	厚生労働省労働基局長通達（局長による通達）
	基収	厚生労働省労基局長が問合せの照会に答えたもの（下部組織からの解釈照会に対する局長の回答）
	基監発	厚生労働省労基局監督課長の通達（課長による通達）

　労基法の関連法規とその役割は、図表18のとおりです。

【図表 18　労働法の様々な役割】

区分	関連法規	役割
労使関係	労働契約法	労使の自主的な交渉で合理的な労働条件の決定・変更など
	労働組合法	団結権や団体交渉権など
	労働関係調整法	公正な労使関係を調整、労働争議を予防するなど
安全衛生	安全衛生法	労働者の安全衛生など
労働条件や給与	パートタイム労働法	パートタイマーの労働条件など
	最低賃金法	労働者の賃金の最低基準など
	賃金支払確保法	賃金の支払方法など
	育児・介護休業法	育児や介護のための休業など
雇用条件	職業安定法	職業の安定・失業者の救済など
	高年齢者雇用安定法	60 歳以上の雇用の確保など
	労働者派遣法	派遣労働者の就業条件など
	障害者雇用促進法	身体障害者の雇用の促進など
職業訓練	職業能力開発促進法	職業訓練など
社会保険・労働保険	労災保険法	業務上・通勤途上の災害給付など
	労働保険徴収法	労働保険の成立、保険料徴収など
	雇用保険法	失業およびその予防の給付など
	健康保険法	業務外災害、疾病、出産に関する給付など
	厚生年金保険法	年金の給付など
個別労使紛争解決	個別労働関係紛争解決促進法	労働者個人と使用者との労働紛争の解決処理など
	労働審判法	

ANSWER POINT

♤人事労務の仕事は、採用から退職まで、多岐にわたります。

♤各企業で一番求められているのは「コンプライアンス＝法令遵守」です。

♤人事労務の「コンプライアンス＝法令遵守」は、労働条件の最低基準である労基法を確実に守ることです。

♠法令遵守は当たり前

労基法をはじめとする法令の遵守は、人事労務を担当する者にとって最低限の仕事です。

「人事」と「労務」について明確な定義はなく、会社によってそれぞれの線引きは異なりますが、一般的に、労働者を「個別的」に捉えるのが人事の仕事で、「集団的」に捉えるのが労務の仕事といわれています。

具体的には、人事は、採用や異動、教育や評価など従業員個人を対象にする業務が中心になりますが、労務は、給与計算や勤怠管理、社会保険の手続や健康診断、福利厚生など、会社全体を対象にする業務を行うことが多いようです。

【図表19 人事と労務の業務内容】

人事の仕事	労務の仕事
人員配置、採用、人材教育、評価制度、昇進制度等の策定　など	給与計算、勤怠管理、社会保険手続、健康診断対応、福利厚生に関する手続　など

♠労働者が入社してから退職までの人事労務の仕事は

労働者が入社してから退職までの人事労務の仕事は、図表20のとおり、労働者と会社の労働契約上の様々な権利義務を処理していかなければなりません。

この処理をするときに労基法をはじめとする労働法、労働保険、社会保険等の法令の順守が求められます。

人事・労務の仕事といっても様々な業務があり、そのために関連法や諸制度に関する知識が必要です。給与計算業務や手続業務などは、外部の社会保険労務士等に業務委託をするケースもあります。

しかし、人事評価制度の構築や人事採用などの仕事は会社の目指すべき姿を反映するものであり、会社独自の制度をつくって運用することが好ましいでしょう。

　もちろん、制度を具体化するために外部のコンサルタント等を活用することも有用ですが、まずは基本的な人事労務の仕事を知り、ご自身の会社の理念を反映した人事労務制度をつくるように心がけましょう。

【図表20　人事労務の仕事】

```
                         ┌──────────────┐
                         │  入　社　か　ら  │
                         └──────┬───────┘
                                │
┌─────────────────────┐       ┌─────────────────────┐
│     人事労務の仕事      │       │     各種法律の遵守      │
│ ① 募集               │       │ ① 労基法             │
│ ② 採用面接の実施        │       │     労働時間          │
│ ③ 採用               │       │     休日             │
│ ④ 労働契約の締結        │       │     休憩             │
│ ⑤ 雇用保険、社会保険の手続 │       │     休暇             │
│ ⑥ 賃金、賞与の支払      │       │     割増賃金          │
│ ⑦ 昇給、降給          │       │     就業規則の制定      │
│ ⑧ 就業中の保険事故にかかる給付の手続 │ │ ② 労働契約法          │
│ ⑨ 配置転換、転勤、出向    │       │ ③ 安全衛生法          │
│ ⑩ 退職（自己都合、会社都合、懲戒解雇等）│ │ ④ 健康保険法          │
│ ⑪ 定年退職           │       │     厚生年金法         │
│ ⑫ 退職金の支払        │       │     雇用保険法         │
│ ⑬ 定年延長、勤務延長、継続雇用　など │ │     労災保険法         │
│                     │       │ ⑤ 職業安定法          │
│                     │       │ ⑥ 高年齢者雇用安定法　など  │
└─────────────────────┘       └─────────────────────┘
                                │
                         ┌──────▼───────┐
                         │  退　社　ま　で  │
                         └──────────────┘
```

　また、人事労務担当者は、労基法をはじめとする労働法を勉強し、それをもとに正しい社内ルールをつくり、さらにそのルールを守り、身をもって労働者に伝えていくという率先垂範の役割を果たすことも求められます。

　さらに、人事労務の業務では従業員のプライバシーに触れ合う機会が多いため、秘密を保持する姿勢を持ち、皆から信頼を得ることが大切です。
人事労務は、重要な経営資源である「ヒト」にかかわる業務を担い、働きやすい環境づくりや企業の生産性向上に大きく貢献するお仕事ですから、専門性の高さやコミュニケーション能力など様々な能力を必要とされます。

2 労働条件・採用内定・身元保証（労働契約）の実務ポイント

ANSWER POINT

♤労働契約法は、労働契約についてのルールをまとめたものです。

♤労働契約は、雇用契約とは異なり、労基法による基準をクリアしていなければなりません。

♤労働契約法に罰則規定や指導などはありません。

♠労働契約法とは

　労働契約法は、2007年に成立した比較的新しい法律です。労基法は最低限の基準を定めたものであり、労働契約上の権利義務を明文化した法律はそれまで存在しませんでした。

　そのため、過去の判例の積重ねが、個々のトラブルについての判断基準となっていましたが、労使トラブルの増加、雇用形態の多様化などにより、それだけでは判断できないケースも増えてきました。そこで、契約上の雇用ルールについて明文化した労働契約法が制定されました（図表21参照）。

【図表21　労働契約法】

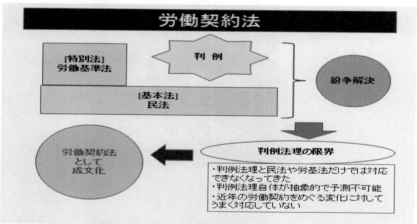

　この法律は、労働条件の締結、変更、継続、有期雇用契約などについてのルールを定めることで、不当な労働契約が結ばれることを防ぎ、労働者を守ることを目的としています。使用者と労働者が互いにルールを守ることでトラブルを未然に防ぎ、労働関係を安定させることができます。

【図表 22　労働契約法と労基法】

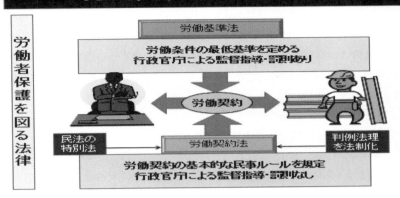

♠労働契約法違反の罰則

　労働契約法は、労働契約を結ぶ際のルールを定めたものであり、違反に対しての罰則や指導はありません。また、労働契約法に違反しているかどうかの判断基準は、労基法によります。そのため、労働契約法で罰則がないといっても、労基法の規定をもとに罰則や指導が行われる場合があります。

【図表 23　労働契約法違反の罰則】

	労働契約法	労基法
損害賠償を予定する契約を結んだ	労働契約法違反だが罰則なし	労基法違反のため6か月以下の懲役または30万円以下の罰金

♠労働契約法の構成

　労働契約法の構成は、図表 24 のとおりです。

【図表 24　労働契約法の構成】

```
          ┌── 第1章　総則　労働契約の締結や変更における基本的理念など
          │
          ├── 第2章　労働契約の成立および変更…契約の成立要件など
労働        │
契約      ├── 第3章　労働契約の継続および終了…出向や懲戒、解雇など
法の        │
構成      ├── 第4章　期間の定めのある労働契約…適性ルールや配慮など
          │
          └── 第5章　雑則…特例や適用除外　など
```

雇用契約・労働契約って どういう契約のこと

ANSWER POINT

♤雇用契約は、雇われる者が使用者に対して、労働することを約束し、その労働の対価として報酬を使用者から支払われることを約束された契約です。

♤労働契約は、その契約の中に労基法が介在する雇用契約です。

♤一般的には、雇用契約も労働契約も同じ意味をもちます。

♠「言った」「聞いていない」はトラブルのもと

会社側からすると「採用時に確かにそう言ったはずだ」、労働者からすると「そんなことは聞いていない」といったトラブルは非常に多く見受けられます。

雇用契約も労働契約も「契約」の1つです。契約内容をきちんと明示することでトラブルを回避できます。

♠労働条件の明示は使用者の義務

労基法の定める基準に達しない労働契約は、その部分については無効とされます。無効となった部分は、労基法が基準になりますので、労基法の水準まで引き上げなければなりません。

また、労働契約締結の際は、労働者に対して、賃金、労働時間等の労働条件を明示するよう使用者に義務づけています。労働条件は、書面での明示が必要な項目があります（Q12参照）。

労働条件を明示する書面としては、労働条件通知書、雇用契約書、雇入れ通知書などがあります。

♠労働契約の期間は

労働契約には、「期間の定めのない契約」と「期間の定めのある契約」の2種類があります。

契約期間に定めのある労働契約（有期労働契約）の期間は、原則として上限は3年です。なお、専門的な知識等を有する労働者、満60歳以上の労働者との労働契約については、上限が5年とされています。

♠無期転換ルールとは

　無期転換ルールは、同一の使用者（企業）との間で、有期労働契約が5年を超えて更新された場合、有期契約労働者（契約社員、アルバイトなど）からの申込みにより、期間の定めのない労働契約（無期労働契約）に転換されるルールのことです。無期転換の申込みをした場合、使用者は断ることができません。

　これは、平成25年4月1日以降に開始された有期契約が対象となります。

♠契約締結時のその他の禁止事項

　労働契約締結に際しては、図表25の事項も禁止されています。

【図表25　契約締結時の禁止事項】

項目	内容
賠償予定の禁止 （労基法16条）	使用者は、労働契約の不履行について、違約金を定めたり、または、損害賠償額を予定する契約を行ってはいけません。
前借金相殺の禁止 （労基法17条）	使用者は、前借金その他労働することを条件とする前貸の債権と賃金を相殺してはなりません。
強制貯金の禁止 （労基法18条）	使用者は、労働契約に付随して貯蓄の契約をさせ、または、貯蓄金を管理する契約をしてはなりません。

♠禁止項目違反には厳しい罰則が課せられる

　禁止項目に違反した場合は、6か月以上の懲役または30万円以下の罰金が課せられます。

♠労働契約と雇用契約の違い

　同じように用いられている雇用契約と労働契約ですが、法的には「雇用契約」は、民法上の規定による契約で、「労働契約」は、労基法の規定による契約です。

　例えば、労基法の対象外となる家事使用人などは、雇用契約を結ぶことになります。

【図表26　雇用契約と労働契約】

雇用契約 （民法623条）	雇用は、当事者の一方が相手方に対して労働に従事することを約し、相手方がこれに対してその報酬を与えることを約することによって、その効力を生じます。
労働契約 （労契法6条）	労働契約は、労働者が使用者に使用されて労働し、使用者がこれに対して賃金を支払うことについて、労働者および使用者が合意することによって成立します。

ANSWER POINT

♧労働契約法における使用者の定義は、労基法上の使用者の定義とは異なります。

♧労働契約法には5つの原則が定められています。そのうち、「信義誠実の原則」「権利濫用の禁止」については、使用者と労働者の両方がともに守らなければなりません。

♧使用者には、周知義務、安全配慮義務なども課せられています。

♠労働契約法と労基法における使用者と労働者

　労働契約法2条に、労働契約法における使用者・労働者の定義がなされています。それによると、労働者は、「使用者に使用されて労働し、賃金を支払われる者」、使用者は、「その使用する労働者に対して賃金を支払う者」であるとされています。

　労働者についての定義は、労基法によるものと同じですが、使用者については、労基法で定義されていた「事業の経営担当者」、「事業主のために行為をする者」が含まれていません。

　個人事業主の場合は、その事業主個人、法人の場合は、法人そのものが労働契約法上の使用者となります。

【図表27　使用者と労働者】

	使用者	労働者
労働基準法	事業主、事業の経営担当者、その事業の労働者に関する事項について、事業主のために行為をするすべての者	事業に使用されて労働し、賃金を支払われる者
労働契約法	その使用する労働者に対して賃金を支払う者	使用者に使用されて労働し、賃金を支払われる者

♠労働契約法5つの原則

　労働契約法3条に、労働契約の原則が定められています。それらは①労使対等の原則、②均衡考慮の原則、③仕事と生活の調和への配慮の原則、④信義誠実の原則、⑤権利濫用の禁止の原則の5つです。

　そのうち使用者と労働者が互いに守るべきものは、「④信義誠実の原則」「⑤

権利濫用の禁止の原則」です。

　「信義誠実」とは、当事者同士が相手の信頼を裏切らず、誠実に行動すべきということであり、お互いに契約を遵守することが求められています。

　「権利濫用」とは、与えられた権利を本来の目的を逸脱して行使することです。例えば、使用者には解雇の権利がありますが、合理的な理由がなく労働者を解雇した場合、権利を濫用したとして解雇は無効になります。

【図表 28　労働契約の 5 つの原則】

① 労使対等の原則	労働契約は、労働者および使用者が、対等の立場における合意に基づいて締結し、または変更すべきものとする。
② 均衡考慮の原則	労働契約は、労働者および使用者が、就業実態に応じて、均衡を考慮しつつ締結し、または変更すべきものとする。
③ 仕事と生活の調和への配慮の原則	労働契約は、労働者および使用者が仕事と生活の調和にも配慮しつつ締結し、または変更すべきものとする。
④ 信義誠実の原則	労働者および使用者は、労働契約を遵守するとともに、信義に従い、誠実に、権利を行使し、義務を履行する。
⑤ 権利濫用の禁止	労働者および使用者は、労働契約に基づく権利の行使に当たっては、それを濫用することがあってはならない。

♠その他の義務

　使用者は労働条件及び労働契約の内容について、労働者の理解を深めるようにすること、労働者及び使用者は労働契約の内容について、できる限り書面で確認することも求められています（労働契約法 4 条）。労働契約に伴い、労働者がその生命、身体などの安全を確保しつつ労働できるよう、必要な配慮をするという安全配慮義務が使用者には課せられています（労働契約法 5 条）。労働契約の内容を具体的に定めていない場合でも、当然にこの義務を果たさなければなりません。

【図表 29　労働契約に付随する義務】

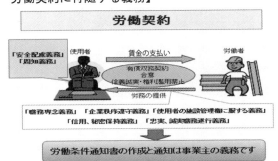

33

ANSWE RPOINT

♧労基法の基準を満たしていない労働契約は、満たしてない部分が無効となります。

♧期間の定めの条件を満たしていない労働契約は、労基法違反となります。

♧違約金や賠償額をあらかじめ定めた契約も労基法違反となります。

♠労基法の基準以下の部分は無効

　労働契約が労働基準法の規定を満たしていない場合は、満たしている部分と上回っている部分はそのままですが、基準に達しない部分については無効となり、労基法による基準が適用されます。

　仮に労働者がその内容に合意していた場合でも、労基法以下の契約は認められません。また、就業規則を下回る労働契約もその部分が無効となり、就業規則で定めている基準が適用されます。

【図表 30　労基法違反の労働契約の例】

労基法違反の労働契約	・1日の所定労働時間は 9 時間とする。（労基法基準未満） ・1日の休憩時間は 1 時間とする。（基準を満たしている） ・時間外割増賃金率は 5 割とする。（基準を上回っている）
適用される労働契約	・1日の所定労働時間は 8 時間とする。（違反部分は無効となり、労基法の基準が適用される） ・1日の休憩時間は 1 時間とする。（無効とならない） ・時間外割増賃金率は 5 割とする。（無効とならない）

【図表 31　法令・労働協約・就業規則・労働契約の関係】

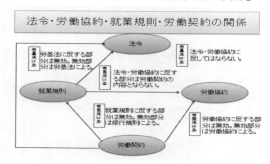

優先順位は、図表 31 のとおり、労基法＞労働協約＞就業規則＞労働契約
となります。

♠労働契約の期間の制限

　期間の定めのある契約をする場合、建築事業などの一定の事業の完了に必
要な期間を定めるものは、事業完了までを契約期間とすることが可能ですが、
通常は 3 年を超える期間について締結することができません。

　ただし、専門的な知識、技術、経験であって高度なものを持ち、それを必
要とする業務に就く労働者（博士の学位を有する者や公認会計士、医師、歯
科医師、獣医師、弁護士、一級建築士、税理士、薬剤師、社会保険労務士、
不動産鑑定士、技術士、弁理士など）は 5 年が労働期間の上限となります。

　また、満 60 歳以上の労働者との間に締結される契約も 5 年が限度となり
ます。

【図表 32　労働期間の制限】

契約条件	
原　　則	3 年
事業に必要な期間の定めあり	事業の完了まで
専門的な技術を持ち、専門業務に就く場合	5 年
満 60 歳以上の労働者と結ぶ契約	5 年

♠賠償を予定する労働は禁止

　労働契約の不履行に対し、損害賠償責任の有無にかかわらず金銭を取り立
てる「違約金」を定めた労働契約は無効となります。

　また、損害賠償の額をあらかじめ定め、損害が発生した場合その金額を請
求することを定めた労働契約も無効となります。ただし、使用者が現実に生
じた損害について労働者に賠償を求めることや、金額を定めずに損害額に応
じた賠償を請求することを定めることは、違法とはなりません。

【図表 33　賠償予定・前借金相殺の禁止】

賠償予定の禁止 （労基法 16 条）	使用者は、労働契約の不履行について違約金を定め、または 損害賠償額を予定する契約をしてはならない。
前借金相殺の禁止 （労基法 17 条の 2）	使用者は、前借金その他労働することを条件とする前貸の債 権と賃金を相殺してはならない。

Q11 身元保証が必要なとき・その期間・賠償責任の範囲は

ANSWER POINT

♧身元保証とは、労働者が雇用契約上の賠償債務を負った場合にこれを保証するものです。

♧身元保証の有効期間は、期間を定めなかった場合は3年、期間を定めたとしても最長5年です。

♧身元保証の自動更新は無効となります。継続が必要なときは、改めて身元保証契約を締結しなければなりません。現実的には、身元保証人にすべての賠償責任を負わせることは困難です。

♦身元保証契約というのは

労働契約締結の際に身元保証契約を取得することについては、法的な義務はありませんので、「身元保証を求める・求めない」「求める場合の保証人の人数や範囲」は、会社が自由に決めることができます。

身元保証人は、労働者の人物や技能を保証し、使用者に迷惑をかけない責任を負うもので、これらの者と使用者との間に「身元保証契約」が締結されます。契約の事実を明確にするため、書面を取り交わすのが一般的です。

【図表34 身元保証書（例）】

```
              身 元 保 証 書
_____ 殿

            住  所 _____
            本  人 _____ ㊞
                    年    月    日生

  この度、貴社に採用されました上記の本人につき、その一身上に関する一切の責任を
引き受け、万一、本人の行為により貴社に損害を与えたときは、在職中のに当たっては
もちろん、退職後に発覚したものであっても、身元保証人として賠償の責任を負うこと
をここに約束いたします。
  ただし、本保証の期間は下記の日付以降5年間とします。

平成    年    月    日

            住  所 _____
            本人との関係 _____
            身元保証人 _____ ㊞
                    年    月    日生

＊身元保証人は、独立の生計を営む方で、就業場所の近隣県に居住している方とする。
```

2 労働条件・採用内定・身元保証（労働契約）の実務ポイント

36

♠身元保証の期間

　身元保証契約の内容は、一般に保証する責任の範囲がきわめて広く、無期限に保証させることは困難です。そのため、期間を定める場合は「5年」が限度で、期間を定めなかったときは原則3年間（商工見習者は5年間）とみなされます（身元保証法1条、2条）。また、自動更新の契約は無効となります。

♠賠償責任の範囲

　いかなる場合でも、保証人に100％損害を賠償させることができるわけではありません。その内容は、「身元保証に関する法律」によって厳しく制限されています。本人に故意や重大な過失があったならともかく、軽過失の場合で、保証人に責任を問うことには無理があります。

　社員を業務面で日常的に監督する立場にあるのは、保証人ではなく会社自身です。会社として本来行うべき監督を行わなかったために発生した損害を、保証人に賠償させることは認められないのです。

　過失による賠償責任は、損害の20％〜70％の範囲で賠償を命じられているケースが多いようです。

♠責任の範囲、金額は裁判所が決める

　会社側が責任を負うべき「やむを得ない事情」がなく、労働者が雇用契約を即時解除した場合で、現実に使用者に損害が発生した場合には、身元保証人の責任が問題になる可能性があります。

　身元保証人の責任と賠償する金額は、最終的には裁判所が判断します。裁判所では、図表35のことを総合的に判断して、決定を行います。

【図表35　身元保証人の損害賠償責任・金額の判断基準】

身元保証人の損害賠償責任・金額の判断基準	①　労働者の監督に関する使用者の過失の有無
	②　身元保証人が保証をするに至った理由
	③　身元保証人が保証をするときに用いた注意の程度
	④　労働者の業務または身体の変化
	⑤　その他一切の事情

　身元保証法では、図表35の基準により、身元保証人への請求においては、身元保証人の責任は実際の損害より軽減される場合が少なくないです。

ANSWER POINT

♤労働契約の締結の際は、労働条件を明示しなければなりません。

♤書面による明示が必要なもの、口頭による明示が可能なものがあります。

♤明示された労働条件が事実と相違する場合、労働者は労働契約を解除することができます。

♠労働条件の明示

　労基法 15 条に定められているとおり、労働契約の締結に際し、使用者は労働者に対して賃金、労働時間、就業場所などの労働条件を明示しなければなりません。

　明示すべき事項には、必ず明示しなければならない「絶対的明示事項」と、定めがある場合に明示しなければならない「相対的明示事項」があります。

【図表 36　絶対的明示事項と相対的明示事項】

絶対的明示事項	相対的明示事項
書面によらなければならない事項 ① 契約期間に関すること ② 契約を更新する場合の判断基準に関すること（期間の定めがある労働契約の場合） ③ 就業の場所、従事する業務に関すること ④ 始業・終業時刻、休憩時間、休日、所定労働時間を超える労働の有無、などに関すること ⑤ 賃金の決定方法、締日・支払日などに関すること（退職手当などを除く） ⑥ 退職、解雇に関すること ⑦ 昇給に関すること	① 退職手当に関すること ② 臨時に支払われる賃金、最低賃金等に関すること ③ 食費、作業用具の負担に関すること ④ 安全衛生に関すること ⑤ 職業訓練に関すること ⑥ 災害補償、業務外の傷病補償に関すること ⑦ 表彰や制裁に関すること ⑧ 休職に関すること

　これに加えてパートタイマーに明示する労働条件は、「①昇給の有無」「②退職手当の有無」、「③賞与の有無」についても「書面の交付」で明示しなけ

ればなりません（パート労働法 6 条）。

♠労働条件を明示する方法は

　絶対的明示事項のうち、昇給に関することを除いては、書面を交付して明示しなければなりません。昇給に関することと、相対的明示事項については、口頭による明示も認められています。

　書類の様式は自由とされているため、その労働者に適用する部分を明確にした就業規則を、労働条件締結の際に交付して明示することも可能です。

　就業規則を制定している会社においては、就業規則を提示するだけ、見せるだけではなく、「交付する」とともに、労働条件通知書には該当する就業規則の条項を記載するという方法で書面明示を行うこともあります。

　また、2019 年 4 月の労基法改正により、労働者が同意した場合には、ファクシミリや電子メールによる交付が認められることとなりました。

【図表 37　労働条件の明示方法】

明示事項	絶対的明示事項 （昇給に関する事項を除く）	相対的明示事項 昇給に関する事項
明示方法	書面を交付し明示する。	口頭による明示も可
書面の交付方法	就業規則の交付による明示。 電子メール等による明示も可。	

♠労働条件が事実と違う場合

　労基法 15 条により、労働条件締結の際に明示された労働条件が事実と異なっていた場合、労働者は即時に労働契約を解除することができます。ただし、解除できるのはその労働者自身の労働契約だけです。他の労働者の労働契約が事実と異なっている場合でも、それ以外の労働者が契約の解除を求めることはできません（昭 23.11.27 基収 3514 号）。

　また、労働条件が事実と異なっているために労働契約を解除した労働者とその親族が、その会社に就業するために住居を変更していた場合は、その契約解除から 14 日以内に帰郷するのであれば、使用者は本人と親族分の必要な帰郷旅費を負担しなければなりません。

　この帰郷旅費には、交通費だけではなく、食費や旅費も含まれます（昭 22.9.13 発基 17 号、昭 23.7.20 基収 2483 号）。

Q13 採用内定ってなに・採用内定取消の可否は

ANSWER POINT

♧新卒の高校生あるいは大学生の採用については、在学中に採用を内定し、卒業後入社するという採用方法が採られています。採用内定と現実の仕事の開始時期までには数か月の間隔があるのが通常です。

♧採用内定の取消は、内定取消の事由が採用内定当時知ることができず、また、知ることが期待できないような「合理的事由」であると認められ、かつ「社会通念上相当」とされるものであれば可能です。

♠採用内定の手順

採用内定の手順としては、図表38の流れが一般的です。

【図表38　一般的な採用の流れ】

①	労働者の募集とそれへの応募（必要書類の提出）
②	採用試験の実施と合格決定
③	採用内定通知書の送付と労働者からの誓約書・身元保証書の提出
④	健康診断の実施、レポート提出などの過程を経て入社式と辞令の交付

♠採用決定者の法的性格は

判例・通説では、採用内定について「始期付解約権留保付労働契約」成立説をとっています。

企業による労働者の募集は、労働契約の申込みの誘因であり、これに対する求職者（学生）の応募または採用試験の受験は労働者による契約の申込みです。そして、企業からの採用内定通知の発信が、使用者による契約の承諾であり、これによって両者に解約権留保付労働契約が成立するとの考え方です。

この契約は、入社予定日を就労の始期とする契約であり、かつ解約権留保付です。わかりやすくいえば、採用内定通知書または誓約書に記載されている採用内定取消事由が生じたときには解約できる旨の合意が含まれているということです。

募集条件で大学卒業が条件になっているのであれば、もし本人が大学を卒業が

2　労働条件・採用内定・身元保証（労働契約）の実務ポイント

できなかったときは当然に内定を取り消すことができます。しかし、単に会社側の都合で採用内定を取り消すことは、不法行為とされることが多いようです。

♠採用内定の取消事由は

採用内定の取消は、内定取消の事由が「①採用内定当時知ることができず」、また「②知ることが期待できないような合理的事由であると認められ」、かつ「③社会通念上相当とされるもの」であれば可能とされています。

一般的には図表39のような事由であれば、内定の取消ができると考えられます。

【図表39　採用内定の取消事由】

採用内定の取消事由	①	学生側の事由によるもの。
	②	単位不足等により学校を卒業できなかった場合。
	③	所定の免許・資格が取得できなかった場合。
	④	心身の病気、その他の理由により勤務できないことが明らかになった場合。
	⑤	履歴書の記載内容や面接時の発言内容に虚偽があり、採用内定通知までにそのことを知ることができないことに理由があり、その内容が採否判断の重要な要素である場合。
	⑥	採用に差し支える犯罪行為（破廉恥行為等）があった場合。

♠会社側の事由によるものは

採用内定の取消は、前述のとおりですから、会社側の理由で内定を取り消す場合は、新規採用を不可能とするような予測不能な経営事情が発生していなければなりません。

例えば、図表40のような事実がない限り、会社側の理由で内定を取り消すのは認められず、ケースによっては不法行為として、損害賠償せざるを得ないこともあります。

【図表40　内定取消もやむを得ないと判断されるとき】

内定の取消もやむを得ないと判断されるとき	①	予定どおり内定者を雇い入れると人件費が経営を圧迫して行き詰まることが明らかであり、すでに雇用している社員の解雇を回避するためには、内定取消がやむを得ない状況であった。
	②	内定取消を回避するために最大限の努力をしていた。
	③	内定取消しかないという判断に至った時点で、速やかに取消の補償をするなどの取れる手段を尽くした。

ANSWER POINT

♤試用期間は、入社からの一定期間、使用者が労働者を本採用するかどうか
を判断するための期間です。

♤あまりにも長すぎる試用期間は無効になります。

♤試用期間中であっても、社会保険等は入社日から加入しなければなりません。

♠試用期間というのは

試用期間は、使用者が労働者を本採用する前に雇用する期間であり、その
期間中に労働者の適性を評価・判断するための期間です。その期間の長さは、
法令上の定めがないので各企業で任意に定めることができ、正当な理由があ
れば当初の試用期間を延長することもできます。

しかし、長期にわたる試用期間は合理的ではないと判断される可能性があ
ります。一般的には3か月～6か月、長くても1年程度とされています。

♠試用期間は「解雇権留保付労働契約」

試用期間中の労働契約は、判例では「解雇権留保付の労働契約」と解され
ています。試用期間である以上、解約権の行使は通常の場合よりも広い範囲
で認められますが、試用期間の趣旨・目的に照らし、客観的に合理的な理由
があり、社会通念上相当とされる場合にのみ許されます。

♠試用期間中の解雇は自由か

それでは、どのような場合に試用期間中の解雇や試用期間終了時の本採用
拒否が認められるのでしょうか。

三菱樹脂事件の最高裁大法廷判決では、「企業者が、採用決定後における
調査の結果により、または試用中の勤務状態等により、当初知ることができ
ず、また知ることが期待できないような事実を知るに至った場合において、
そのような事実に照らし、その者を引き続き当該企業に雇傭しておくのが適
当でないと判断することが、上記解約権留保の趣旨、目的に徴して、客観的
に相当であると認められる場合には、さきに留保した解約権を行使すること
ができるが、その程度に至らない場合には、これを行使することはできない

と解すべきである」としています。

　すなわち、試用期間中の解雇は、「当初知ることができず、また知ることが期待できないような事実」がなければ認められないということになります。

♠試用期間中の解雇が可能と思われる事例

　それでは、どのような場合が、「解約権を行使することが客観的にも相当」と考えられるのでしょうか。過去の判例では、試用期間中の解雇の相当性が認められた事由としては図表41のようなものがあります。

【図表41　試用期間中の解雇が可能と思われる事例】

①	勤務態度が極めて悪い場合。
②	正当な理由なく遅刻・欠勤を繰り返す場合。
③	本人の履歴に重大な虚偽の事実があったことが発覚した場合。

　また、労働者を解雇するときは、30日前に予告するか、30日分以上の平均賃金（解雇予告手当）の支払をしなければなりませんが、試みの試用期中の者で14日以内の者には解雇予告が不要とされています（労基法21条）。

　ここでいう「14日」は、暦日でカウントしますので、入社から「2週間」となります。雇用の始期から14日を超えている場合には、たとえ試用期間中の者であっても「解雇予告」が必要になります。

♠労働者からの試用期間中の解約の申出についての制限はあるか

　事業主側の解約の制限はある一方、労働者から行う労働契約の解約にはほとんど制約がありません。民法の規定により、2週間前までに申し出れば労働契約の解約が認められます。

　採用や育成にかかった経費の損害賠償を請求することもできません。しかしながら、退職に関するルールを就業規則において定めることは可能です。入社時にきちんと退職時のルールを説明し、労使双方合意のもと退職の手続をとることが正常な業務の運営を継続させていくことにつながります。

♠試用期間中は保険の加入をしなくてもよいか

　試用期間中は健康保険、厚生年金、雇用保険に加入させずに、本採用後に加入させている事業主がいます。これは勘違いで、試用期間中でも、保険加入の条件に該当する働き方の場合は、入社日より加入させる必要があります。

賠償予定・前借金相殺・強制貯金を
禁止するわけは

ANSWER POINT
♤使用者は、労働契約の不履行について違約金を定めたり、賠償額を予定する契約をしてはなりません。
♤使用者は労働することを条件に前貸しした債権と賃金を相殺してはなりません。
♤労働契約に付随して貯蓄の契約をさせたり、貯蓄金を管理する契約をしてはなりません。

♠賠償予定の禁止の目的は

　労基法 16 条では、労働契約の不履行について、あらかじめ賠償額を決めておくことは、実損害額より不当に高い賠償額が定められるなど、労働者に不利な契約となるおそれがあるため、禁止しています。

　しかしながら、現実に生じた損害について、賠償請求することまでは禁止していません。あらかじめ、「賠償額」を定めることを禁止しているものなので、賠償があること自体を約束したり、就業規則に定めることは問題ありません。

　なお、賠償額を予定する契約は、労働者だけでなく、身元保証人や親族に対してもすることはできません。

♠前貸金相殺の禁止の目的は

　労働契約の締結するときや労働契約を締結した後に、労働することを条件として使用者から金銭を借り入れ、将来の賃金により返済することを約束することは、身分的拘束が発生し、労働者の退職を制限し、強制労働につながるおそれがあるため禁止しています（労基法 17 条）。

　この前借金は、労働者本人だけでなく、使用者が労働者の家族に貸し付け、それを労働者の賃金から控除して返済させるような場合も該当します。

　しかし、労働者が自己の意思によって相殺することは禁止されていません。すなわち、明らかに身分的拘束を伴わないものであれば、「前貸金相殺の禁止」の違反にはならないということです。

　また、事業主が、介護休業期間中に社会保険料の労働者負担分を立て替え、

復職後に賃金から控除する制度は、著しい高金利が付される等により、その貸付が労働することを条件としていると認められる場合を除いて、一般的には前貸金相殺の禁止規定には抵触しません（基発712号 H3.12.20）。

【図表42　前貸金と賃金の相殺禁止】

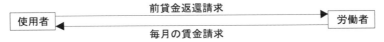

使用者は、この2つの債権を一方的に相殺することはできません。

♠強制貯金の禁止の目的は

　賃金の一部を強制的に貯金させることは、労働者の退職を制限することにつながり、さらには経営の継続が困難になったときに、労働者の貯蓄金の払戻しが困難になるおそれがあることから禁止しています（労基法18条）。

　強制的な貯金とは、使用者が指定する銀行などとの間で貯蓄の契約をさせたり、社内預金を行い、使用者が労働者の預金を自ら管理することなどが該当します。

　しかし、強制的に貯金させるのではなく、労働者からの委託を受けて社内預金を行う場合は、労働者と労使協定を締結し、所轄労基署長に届け出ることで認められます。

　労働者からの委託を受けて会社が社内預金す労使協定に必要な事項は、図表43のとおりです。

【図表43　労働者からの委託を受けて会社が社内預金する労使協定の内容】

①	預金者の範囲を定める。
②	預金者1人当たりの預金額の限度を定める。
③	預金の利率・利子の計算方法を定める。
④	預金の受入れ・払戻しの手続について定める。
⑤	預金の保全の方法を定める。

♠禁止項目違反には厳しい罰則が課せられる

　賠償予定の禁止、前貸金相殺の禁止、強制貯金の禁止に違反した場合は、6か月以下の懲役または30万円以下の罰金が課せられます。

　また、労基法18条7項には、「貯蓄金の管理を中止すべきことを命じられた場合は、遅滞なく労働者に貯蓄金を返還しなければならない」としており、これに違反すれば30万円以下の罰金が課せられます。

Q16 マイナンバー（個人番号）ってなに

ANSWER POINT

♤マイナンバーは、「利用目的」「受領方法」「保管方法」「廃棄方法」まで細かく要件が定められており、不適切な利用や漏洩などには罰則があります。

♠マイナンバーとは

マイナンバーは平成25年に施行された番号法により、外国人も含めて日本に居住するすべての人に対してふられた12桁の番号です。会社は、「源泉徴収票」「給与支払報告書」などにマイナンバーを記載しなければならないので、従業員からマイナンバーを集める必要があります。

♠罰則のあるマイナンバー

マイナンバーを不適切に集めたり、法律で認められる範囲を超えて利用した場合には罰則があります。もちろん、従業員のマイナンバーを外部に流出させたなどというのはもってのほかです。

集めたマイナンバーは法律で求められる要件に即しながら、厳重に保管し、不要になったときも適切な方法で廃棄しなければなりません。

【図表44　マイナンバーの罰則】

	行為	法定刑	関連法律における類似既定の罰則			
			行政機関個人情報保護法・独立行政法人等個人情報保護法	個人情報保護法	住民基本台帳法	その他
1	個人番号利用事務等に従事する者が、正当な理由なく、特定個人情報ファイルを提供	4年以下の懲役or200万円以下の罰金or併科	2年以下の懲役or100万円以下の罰金	—	—	
2	上記の者が、不正な利益を図る目的で、個人番号を提供又は盗用	3年以下の懲役or150万円以下の罰金or併科	1年以下の懲役or50万円以下の罰金	—	2年以下の懲役or100万円以下の罰金	
3	情報提供ネットワークシステムの事務に従事する者が、情報提供ネットワークシステムに関する秘密の漏えい又は盗用	同上	—	—	同上	
4	人を欺き、人に暴行を加え、人を脅迫し、又は、財物の窃取、施設への侵入等により個人番号を取得	3年以下の懲役or150万円以下の罰金	—	—	—	(割賦販売法・クレジット番号）3年以下の懲役or50万円以下の罰金
5	国の機関の職員等が、職権を濫用して特定個人情報が記録された文書等を収集	2年以下の懲役or100万円以下の罰金	1年以下の懲役or50万円以下の罰金	—	—	
6	委員会の委員等が、職務上知り得た秘密を漏えい又は盗用	同上	—	—	1年以下の懲役or30万円以下の罰金	
7	委員会から命令を受けた者が、委員会の命令に違反	2年以下の懲役or50万円以下の罰金	6月以下の懲役or30万円以下の罰金	—	1年以下の懲役or50万円以下の罰金	
8	委員会による検査等に際し、虚偽の報告、虚偽の資料提出をする、検査拒否等	1年以下の懲役or50万円以下の罰金	30万円以下の罰金	—	30万円以下の罰金	
9	偽りその他不正の手段により個人番号カードを取得	6月以下の懲役or50万円以下の罰金	—	—	30万円以下の罰金	

Q17 マイナンバーの受領・管理は

ANSWER POINT

♤番号法で限定的に明記された場合を除き、特定個人情報は「取れない」「使えない」「渡せない」ものです。

♤社内において、個人番号や特定個人情報等の取扱いを明確にし、漏えい等を防がなければなりません。

♤社外に個人番号関係事務を委託する場合、委託先でも同等の措置が取られているか適切な監督を行わなければなりません。

♠マイナンバー（個人番号）の受領

　番号法で限定されている個人番号関係事務を処理するために必要があるときだけ、会社は本人などに対して個人番号の提供を求めることができます。

　現在、マイナンバーを利用できる事務は、「社会保障」、「税」、「災害対策」に限られています。ただし、地方自治体が別途定める条例による場合は例外です。例えば、個人番号を従業員番号等に使用することは、利用可能な範囲を超えているのでできません。

　また、特定個人情報の提供を求めるときは、個人情報保護法18条1項に基づいて、「利用目的」を本人に通知するか公表しなければなりません。本人の同意があったとしても、この利用目的を超えて特定個人情報を利用することもできません。

【図表45　利用目的の通知、利用目的明示一覧の例】

利用目的明示一覧
個人番号の利用目的については次のとおりとする。

1社会保険、その他
　（1）社会保険
　　①雇用保険・労災保険届出または請求業務
　　②雇用保険・労災保険証明書等作成事務
　　③健康保険・厚生年金保険届出事務（扶養家族に関する事項を含む）
　　④健康保険・厚生年金保険申請・請求事務（扶養家族に関する事項を含む）
　（2）高年齢雇用継続給付金・及び育児休業給付関係
2税務関係
　（1）税務関係
　　①源泉徴収票作成事務および給与支払い報告書、退職所得の特別徴収票の作成（扶養家族に関する事項を含む）
　　②扶養控除等（異動）申告書、保険料控除申告書兼給与所得者の配偶者特別控除申請書作成事務
　　③退職所得に関する申告書作成事務
　　④財産形成住宅貯蓄・財産形成年金貯蓄に関する申告書、届出書及び申込書作成事務
3その他
　　番号法および関連法（省令やガイドラインなどを含む）の改正等により、利用目的が拡大された場合にはその内容を含む。

♠個人番号の提供と本人確認の方法

　どのような人であっても、番号法に書かれている場合に当たらないところで、他人にマイナンバーの「提供」を求めてはいけません（番号法 15 条）。ただし、同一世帯の人は例外です。

　また、会社を越えて特定個人情報を提供することもできません。

　例えば、従業員が同じグループ会社に転籍した場合を考えてみましょう。この場合、同じグループ会社であったとしても、個人番号を渡すことはできません。したがって、転籍先で改めて本人から個人番号を受け取る必要があります。

　本人から個人番号の提供を受けるときは、個人番号カードを提示させるなど、番号法で認められた方法で本人確認を行う必要があります。

　本人確認の方法には、図表 46 の 2 つの方法があります。

【図表 46　本人確認手続】

①　身元確認	●マイナンバーを提供した人が本人であるかどうかを確認 　運転免許証、パスポート等の顔写真付の身分証明書、マイナンバーカード等で確認します。
②　番号確認	●マイナンバーの番号が正しいかどうかを確認 　通知カード、住民票、マイナンバーカードで確認します。

♠個人番号を保管するとき

　どのような人であっても、番号法に書かれているケースに当たらないところで、他人のマイナンバーを含む特定個人情報を集めたり、「保管」したりしてはいけません（番号法 20 条）。

　保管するときは、個人番号や特定個人情報の漏えい、滅失や毀損を防ぐために、図表 47 のような必要かつ適切な安全管理措置を講じなければなりません。

　また、マイナンバー従業者に対する必要かつ適切な監督も行わなければなりません。図表 47 のように、原則として基本方針や取扱規定等の策定を行なうことになっています。

　ただし、中小規模事業者は、その取扱件数を考慮し、中小企業の特例として図表 47 の「安全管理措置」に対して、既存の業務マニュアルや業務フロー図にマイナンバーに関する事項を盛り込むことで対応することが認められています。

2
労働条件・採用内定・身元保証（労働契約）の実務ポイント

48

【図表 47　必要かつ適切な安全管理措置】

①	基本方針の策定	特定個人情報等の適正な取扱いの確保について組織として取り組むための、基本方針の策定。
②	取扱規程等の策定	特定個人情報等の具体的な取扱い方法を定める取扱規程等の策定。
③	組織的安全管理措置	組織体制の整備、取扱規程等に基づく運用、取扱状況を確認する手段の整備、情報漏えい等事案に対応する体制の整備、取扱状況の把握および安全管理措置の見直し。
④	人的安全管理措置	事務取扱担当者の監督・教育。
⑤	物理的安全管理措置	保管庫の施錠、立入制限等の物理的保護措置、ウィルス対策ソフトウェア導入やアクセスパスワードの設定、情報の暗号化等の技術的保護機器、電子媒体等の取扱いにおける漏えい等の防止、個人番号の削除、機器および電子媒体等の廃棄。
⑥	技術的安全管理措置	アクセス制御、アクセス者の識別と認証、外部からの不正アクセス等の防止、情報漏えい等の防止。

♠個人番号関係事務を行う必要がある場合

　個人番号関係事務を処理する必要がある場合には、マイナンバーを保管し続けることができます。

　したがって、従業員等から提供を受けた個人番号は、給与の源泉徴収事務、健康保険・厚生年金保険届出事務等のために翌年度以降も継続的に利用する必要があるので、特定個人情報を退職まで継続的に保管できます。

　例えば、従業員等が休職している場合には、復職が未定であっても雇用契約は継続しているので、同じように特定個人情報を継続的に保管することができます。

　個人番号を保管する必要がなくなったときには、できるだけ速やかに、その書類を「廃棄」するか、その書類からマイナンバーを削除しなければなりません。

　番号法の他に社会保障や税に関する法律などで、保管期限が定められている書類などは、マイナンバーが書かれたまま、その保存期間までは保管できます。

　ただし、図表48の期限が経過すれば、速やかに廃棄しなければなりません。

　なお、個人番号部分を復元できない程度にマスキングするか、削除した上で他の情報を保管し続けることは可能です。

【図表48　個人番号を保管し続けることができる期間】

7 年間

・給与所得の源泉徴収票
・給与所得者の扶養控除等（異動）申告書
・給与所得者の保険料控除申告書
・給与所得者の配偶者控除等申告書
・給与所得者の（特定増改築等）住宅借入
　金等特別控除申告書

4 年間
雇用保険に関する書類

3 年間
労災保険に関する書類

2 年間

健康保険に関する書類
厚生年金保険に関する書類

♠個人番号関係事務を外部委託するときは

　個人番号関係事務の全部または一部を「外部委託」するときは、会社で行っている安全管理措置と同じレベルの措置が外部委託先でもできているか、必要な監督をしなければなりません。

　外部委託する場合は、図表49のような手順で監督する責任があります。

【図表49　外部委託する場合の必要かつ適切な監督】

①　委託先の適切な選定	委託先の設備、技術水準、従業者に対する監督・教育の状況、その他委託先の経営環境等をあらかじめ確認します。
②　委託先に安全管理措置を遵守させるために必要な契約の締結	契約内容として、「秘密保持義務」「事業所内からの特定個人情報の持出しの禁止」「特定個人情報の目的外利用の禁止」「再委託における条件、漏えい事案等が発生時の委託先の責任」「委託契約終了後の特定個人情報の返却または廃棄」「従業者に対する監督・教育」「契約内容の遵守状況について報告を求める規定」等を盛り込まなければなりません。
③　委託先における特定個人情報の取扱状況の把握	委託者は、委託先だけではなく、再委託先・再々委託先に対しても間接的に監督義務を負います。

♠マイナンバーの提供を社員に求めるとき

　個人情報は、管轄役所ごとで管理し、必要な情報を必要なときにやりとりする「分散管理」の仕組みを採用しており、マイナンバーが漏れたとしても個人情報がまとめて盗まれる心配はありません。提供に本人の同意が得られないとき、マイナンバーの記載が法律で定められた義務であることを繰り返し伝え、提供を求めてください。就業規則にマイナンバーを申告する旨、規定することも可能です。まずは会社が正しく制度を理解することが大切です。

3 賃金の実務ポイント

Q18 賃金ってなに・賃金となるのは

ANSWER POINT

♤賃金の定義は、各法律によって異なります。

♤労基法では、賃金に「該当するもの」と「該当しないもの」が通達に よって示されています。

♠労基法での賃金の定義

労基法第 11 条で、賃金の定義を図表 50 のように定めています。

【図表 50　賃金の定義】

> 労働基準法で賃金とは、賃金、給料、手当、賞与その他名称のいかんを問わず、労働の対償として使用者が労働者に支払うすべてのものをいう。

条文を読むだけでは少しわかりにくいと思いますが、ポイントは 2 点です。

① 労働の対償として支払ったものかどうか?

② 使用者が労働者に対して支払っているのか?

各会社で手当等の名称は様々です。実務上、労基法上の賃金に該当するかどうか迷ってしまったら上記の 2 点について確認をすれば正しい判断ができると思います。

♠賃金に該当するもの

労基法上、賃金に該当するものは、通達により図表 51 のように定められています。

【図表 51　賃金に該当するもの】

①	労働協約、就業規則、労働契約等によってあらかじめ支給条件が明確である場合の退職手当は、賃金である。
②	労働者が負担すべき社会保険料を使用者が労働者に代わって負担する場合、当該使用者が負担する部分は賃金に該当する。
③	現物給与に関しては、労働者から代金を徴収するものは原則として賃金ではないが、その徴収金額が実際費用の 3 分の 1 以下であるときは、徴収金額と実際費用の 3 分の 1 との差額分については、これを賃金とみなすこととしている。

♠賃金に該当しないもの

　労基法上の賃金に該当しないものも、行政から図表52のように通達が出されています。

【図表52　賃金に該当しないもの】

①	実費弁償的なもの（出張旅費等）は賃金ではない。
②	使用者が任意的、恩恵的に支払うもの（退職金、結婚祝金、香典）は賃金ではない。ただし、あらかじめその支給条件が労働協約、就業規則、労働契約等によって、明確にされているものについては賃金とみなされる。
③	会社法による新株予約権（ストック・オプション）制度について、この制度から得られる利益は、それが発生する時期および額ともに労働者の判断に委ねられているため、労働の対価ではなく賃金ではない。
④	旅館の従業員などが客から直接受けるチップは、使用者が労働者に支払うものではないので賃金ではない。

　②の結婚祝金や見舞金については、支給要件が就業規則などで明確にされている場合は、労基法上賃金に該当することになりますが、労働保険（労災保険・雇用保険）の計算を行う際は、賃金としてカウントをしないことになっています。

　また、③のストックオプションに関しても、労基法上は賃金に該当しませんが、所得税法上は賃金に該当することになっています。

　このように、法律によって、賃金の定義が変わってくる点は注意が必要です。

　1つの法律の観点から他の法律を判断してしまうと、正しい手続や計算ができなくなってしまいます。無数の法律で賃金が定義されているため、実務を行っていく上で、労基法上の賃金に当たるか、当たらないかの判断に迷う場合が出てくると思います。

　そのような場合には、原則に立ち返って就業規則や、給与規程などで支給要件が明確に定められている場合は、賃金に該当するという判断をします。一方で支給要件について、規定に明確な定めをしていない場合は、賃金に該当しないという判断をします。

　一番やってはいけないのは、給与や手当の名称だけで判断をしてしまうことです。賃金に関することは、従業員の方にとってとても重要なものです。賃金の取扱いを誤ってしまうと、会社に対する信頼がなくなってしまう可能性がありますので、十分に注意が必要です。

Q19 賃金支払の原則ってどういう原則のこと

ANSWER POINT

♤賃金の支払方法には5つの原則があります。

♤給与を口座振込にする場合は、労働者本人の同意が必要です。

♠賃金支払の5原則について

　労働基準法24条で賃金の支払については、図表53のように5つの原則が定められています。一般的に、賃金支払の5原則と呼ばれています。

【図表53　賃金支払の5原則】

①　通貨払いの原則	原則、現物給与を禁止しています。
②　直接払いの原則	中間搾取（ピンハネ）を防止する観点から原則として、労働者本人に直接賃金を支払うことになっています。
③　全額払いの原則	労働者の足止めを目的として賃金の一部の支払いを保留することを禁止しています。
④　毎月1回以上払いの原則	賃金の支払いの間隔が開きすぎてしまうと、労働者の生活への不安が生じてしまうため、毎月1回以上、賃金を支払うことになっています。
⑤　一定期日払いの原則	賃金の支払日が不安定だと、労働者の生活が計画的に行うことが困難になってしまうため、賃金を一定の期日で支払うことになっています。

♠通貨払いの原則

　現在は、銀行振込みで給与を支払っている会社が多くなりました。振込が当たり前と思っている方も多いと思います。

　しかし、労基法では、賃金は貨幣での支払を原則としているので、給与振込は例外ということになります。

　銀行口座への振込みについては、社員の同意を得た場合には、賃金の支払について社員が指定する銀行その他の金融機関に対して預金または貯金への振込ができると定められています。

　実務上は、振込先口座の申出で代用していることが多いです。

　現在は認められていませんが、電子マネーによる支払も解禁の予定です。

♠直接払の原則

　直接払の原則は、仲介人や代理人など第三者による賃金の中間搾取（いわゆるピンハネ）を排除し、労働を行った本人の手に賃金を直接渡すことを目的としています。

　従業員が未成年者であったとしても、その親権者や後見人に支払うこともできません。例外として、使者に対して賃金を支払うことは差支えないとされています。

　具体的には、病欠している社員の家族が本人の代わりに賃金を会社に取りに来るといったようなケースは、「使者」として判断してもよいと考えられます。

♠全額払の原則

　賃金は、その一部を控除したり、分割したりすることなく、その全額を支払うことになっています。

　原則として、賃金から控除できるのは、法律で定められた、健康保険料、介護保険料、厚生年金保険料、所得税、住民税のみとなります。

　会社によっては、社員旅行の積立や社宅家賃などを給与から控除しているケースもあると思います。このような、法律で定められた項目以外の項目を控除する場合は、労使協定を結んでおく必要がります。

♠毎月１回以上払の原則

　一定期日払の原則は、支払日が不安定で間隔が一定しないことによって労働者が計画的に生活をしていくことが困難にならないように存在しています。

　一定期日というと、毎月必ず15日や、25日といった暦日を指定することをイメージすると思いますが、一定期日払の原則では、暦日で指定しなくてもよいとされています。具体例をあげると、月給であれば「月の末日」、週給であれば「土曜日」と賃金を支払う日が特定できれば問題ありません。

　法律的なルールはそのようになっておりますが、労務トラブル等を考えると暦日で明示するのがベストです。

♠一定期日払の原則

　賃金支払期の間隔が開き過ぎることによる労働者の生活上の不安を除くことを目的として定められています。簡単に言えば、原則として毎月1日から月末の間に、少なくとも1回は賃金を支払わなければならないということです。

　例えば、毎月5日に給与を支払う会社で、銀行が休業しているという理由で、前月の末日に給与を振り込むと一定期日払の原則に反してしまいます。

Q20 男女同一賃金の原則の趣旨は

ANSWER POINT

♤労基法で性別による差別を禁止しているのは、賃金だけです。

♤差別的取扱いをするとは、不利に取り扱う場合だけでなく、有利に取り扱う場合も含まれます。

♠労基法の考え方

　労基法3条で均等待遇（差別的取扱いの禁止）が定められています。この条文では、国籍、信条、社会的身分を理由として賃金や、労働時間その他の労働条件について、差別的取扱いを禁止するものです。

　均等待遇の考え方は、憲法14条1項「すべて国民は、法の下に平等であって、人種、信条、性別、社会的身分又は門地により、政治的、経済的又は社会的関係において差別されない」を根拠にしています。

　ここでお気づきの方も多いと思いますが、均等待遇には、性別を理由とした差別の禁止については規定されていません。これまでの歴史を振り返ってみると、労働契約の中で、性別を理由とした差別は存在してきました。

　そこで、労基法4条で、労働者が女性であることを理由として賃金について、男性と差別的取扱いをしてはならないという男女同一賃金の原則が定められています。

　例えば、同一の職種に就業する高校卒業生の初任給について男女で差別をすることは、男女同一賃金の原則に違反します。一方で高校卒業生であったとしても、職務、能率、技能などの違いによって賃金に個人的な格差が生じることは、差別的取扱いには該当しません。

【図表54　男女同一賃金の原則に反する例】

①　女性は、主たる生計の維持者でないことを理由に基本給を低く設定している場合。
②　男性が月給制だが、女性は日給制になっており、月の労働日数によって賃金額が男性と異なる場合。
③　女性が、結婚によって退職する場合に退職金が上乗せされる場合。

　労基法4条の男女同一賃金の原則は、女性労働者に対して、賃金に関す

る差別は禁止していますが、それ以外の労働条件については禁止していないという特徴を持っています。その他の差別に関しては、労基法で規定するのではなく男女雇用機会均等法などで規定されています。

　男女雇用機会均等法では、図表55の項目について性別を理由とした労働契約の変更の各雇用ステージにおける差別を禁止しています。

【図表55　募集の際に禁止される事項】

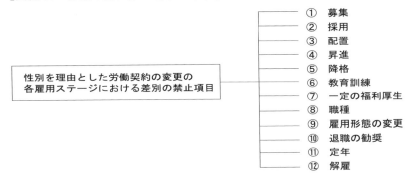

性別を理由とした労働契約の変更の各雇用ステージにおける差別の禁止項目	① 募集
	② 採用
	③ 配置
	④ 昇進
	⑤ 降格
	⑥ 教育訓練
	⑦ 一定の福利厚生
	⑧ 職種
	⑨ 雇用形態の変更
	⑩ 退職の勧奨
	⑪ 定年
	⑫ 解雇

　また、直接的には性別を理由としていなくとも、本来は必要がないのに図表56のような要件をつけることで、実質的に性別を理由とする差別を行うことも禁止しています。

【図表56　募集の際に禁止される事項】

募集時禁止事項	① 労働者の募集または採用に当たって、身長、体重または体力を要件とすること。
	② コース別雇用管理で「総合職」の労働者の募集または採用に当たって、転居を伴う転勤に応じることができることを要件とすること。
	③ 労働者の昇進に当たり、転勤の経験があることを要件とすること。

♠ポジティブ・アクション

　女性に対しての賃金や募集の際に禁止される差別について見てきました。これらのルール以外にもポジティブ・アクションという取組みがあります。この取組みは、「営業職に女性はほとんどいない」「課長以上の管理職は男性が大半を占めている」などの男女間で差が生じている場合、この差を、会社が自主的に解消するための取組みのことをいいます。

　具体的には、出産や育児がハンディとならないように制度を見直したり、人事考課基準や昇格基準などの見直しを図るといったことを行います。

ANSWER　POINT

♧契約形態に応じて根拠がなく待遇差を設けることはできません。

♧今後は、基本給の支給方法や正社員にだけに支払っていた手当の支給方法を変更していく必要があります。

♠同一労働同一賃金とは

　同一労働同一賃金は、パート社員、契約社員、派遣労働者などについて、正社員と比較して不合理な待遇差を設けることを禁止するというルールのことです。

　近年、同一労働同一賃金に対する意識の高まりから、契約社員が会社に対して訴訟を起こすケースがあります。訴訟の内容は、正社員と同一の権利を有する地位にあることの確認と正社員が通常受けることができる賃金と現在受けている賃金の差額の支払を求めるものです（ハマキョウレックス事件）。今後も、会社を相手取って契約社員などから同様の訴訟が起こされる可能性もあるので会社はしっかりと対応していく必要があります。

　「正社員と比較して不合理な待遇差を設けることを禁止する」という言葉だけでは、なかなかイメージをすることが難しいと思います。そのため、厚生労働省では、同一労働同一賃金ガイドラインというものを公表しています。ガイドラインに記載されている内容は、正社員と非正規雇用労働者との間で待遇差がある場合に、どのような場合が不合理な待遇になり、どのような場合が不合理な待遇にならないかという原則と具体例が記載されています。

　ガイドラインに記載されている具体的な待遇について、次にそれぞれの項目ごとに見ていきたいと思います。

♠基本給

　能力や経験に応じて賃金を支給する場合については、同じ能力や経験を持っている正社員と有期契約労働者で賃金に差をつけることはできません。また、能力や経験に違いがある場合は、その違いに応じた賃金にする必要があります。

　新卒で入社した正社員と勤続 10 年以上のベテランパートタイム労働者を

比較した場合に実際はどのように判断されるか、例を使って見ていきます。

【例】 職務の変更や転勤などがあるＡが、管理職となるための一環として、新卒採
　　　用後に店舗に配属された。
　　　　そこで、職務の変更や転勤などがないパート従業員であるＢの指導を受けな
　　　がら仕事をしている。

　一般的には、総合職であるＡさんの賃金が高いはずです。一方で、能力や
経験だけを考えるのであれば、パートタイマーのＢさんが基本給は高くなる
ようにも考えられます。

　こういったケースでは、どのような判断をするのかというと、職務内容の
変更や転勤などがある総合職の正社員と職務内容や転勤がない非正規社員で
は、基本給の差をつけることは認められています。よって、ＡさんとＢさん
の基本給に違いがあったとしても、同一労働同一賃金の問題にはなりません。

♠昇給

　昇給についても同様の考え方となります。同一労働同一賃金のガイドライ
ンでは、正社員と同様に勤続により能力が向上した有期雇用労働者に対して、
勤続による能力の向上に応じた部分につき、正社員と同一の昇給を行うとさ
れています。

　ただ、職務内容、配置の変更範囲（転勤など）、その他の事情の客観的・
具体的な実態に照らして不合理でなければ差をつけることができます。

　今回の例では、Ａさんは職務内容や配置の変更があるのに対して、Ｂさん
にはそれらがないので、昇給について差があったとしても同一労働同一賃金
の問題にはなりません。

♠賞与

　労働者の貢献に応じて支給する賞与について見ていきます。

　正社員と同一の貢献をしている有期契約労働者に対しては、貢献に応じた
部分については同一の支給をする必要があります。会社への貢献に違いがあ
る場合は、その違いに応じた賞与にしなければなりません。

　賞与の支給金額に正社員と有期労働者で相違が認められる場合は、次のよ
うなケースです。

【例】 正社員Ｃは、生産した製品の品質が目標値の基準を下回ると処遇上のペナル
　　　ティーが課されている。

> 一方で、有期契約労働者Dに対しては、生産した製品の品質が目標値の基準を下回ったとしても処遇上のペナルティーは課されない。

　差をつけることができる理由として、処遇上のペナルティーの有無が影響してきます。ペナルティーが課せられている正社員と課せられていない有期労働者を賞与の支給に関して同じ取扱いをするのはフェアではありません。そのため、有期労働者に対して賞与を支給していなかったとしても、同一労働同一賃金の問題にはなりません。

♠各種手当

　同一労働同一賃金ガイドラインでは、手当についてもそれぞれ具体的に記載されています。役職手当、通勤手当について見ていきます。

　役職手当：役職の内容、責任の範囲などに対して支給しようとする場合、有期契約労働者に対しても同一の役職手当を支給しなければなりません。責任や職務内容に一定の違いがある場合には、その相違に基づいた役職手当を支給する必要があります。

> 【例】　役職の内容、責任の範囲・程度が全く同じの正社員Eと有期労働者Fが役職者として勤務している。
> 　　　正社員Eに対しては、5万円の役職手当が支払われているのに対して、有期労働者Fには3万円しか支払われていない。

　このような場合だったとすると、同一労働同一賃金の問題になるため是正が必要です。

　問題とならないのは、有期労働者Fが正社員Eよりも短い労働時間の場合です。労働時間の長さに応じた役職手当を支給することは認められるからです。

　通勤手当：有期雇用労働者にも、通常の正社員と同一の通勤手当を支給する必要があります。通勤手当の支給についても例外があります。

> 【例】　ある会社は、正社員に対しては採用圏を限定していないのに対して、有期労働者は採用圏を限定している。
> 　　　有期契約労働者が本人の都合で圏外に転居した場合には、圏内の公共交通機関の費用を限度として通勤手当を支給している。

　このような場合は、差をつけたとしても同一労働同一賃金の問題にはなりません。

Q22　最低賃金ってなに・その適用は

ANSWER POINT

♤最低賃金は、都道府県ごとに時間によって定められています。

♤支払った給与すべてが最低賃金の対象となる賃金に該当するわけではありません。

♠最低賃金とは

　最低賃金とは、最低賃金法に基づき国が定めた労働者に対して支払う賃金の最低限度の金額のことをいいます。

　最低賃金には、地域別最低賃金と特定（産業別）最低賃金の2種類があります。地域別最低賃金は、産業や職種に関係なく都道府県内で働くすべての労働者に対して適用される最低賃金です。一方で、特定（産業別）最低賃金は、特定地域内の特定の産業の基幹的社員に対して適用されます。

　なお、地域別最低賃金と特定（産業別）最低賃金の両方が同時に適用される場合には、高いほうの最低賃金額以上の賃金が支払われるようになります。

　また、最低賃金が異なる地域をまたいで派遣される派遣社員の場合は、派遣先の最低賃金が適用されることになります。

　毎年、最低賃金の見直しが秋（10月前後）に行われています。最近は、最低賃金の上昇率が大きいため、固定残業制度を以前から導入している方の時給金額が最低賃金を下回ってしまうといった問題が発生しています。

　今後の最低賃金の引上げについての予測ですが、「働き方改革実行計画」において、「年率3％程度を目途として、名目ＧＤＰ成長率にも配慮しつつ引き上げていく。これにより、全国加重平均が1000円になることを目指す」とされています。このため、今後も最低賃金の上昇が予想されています。

♠最低賃金の対象となる賃金は

　最低賃金の対象となる賃金は、実際に毎月支払われる賃金から図表57の①～⑥を除いた金額が対象となります。

【図表57　最低賃金の基礎に含めない賃金】

最低賃金	①	臨時に支払われる賃金（結婚手当など）
	②	1か月を超える期間ごとに支払われる賃金（賞与など）

の基礎に含めない賃金	③	所定労働時間を超える時間の労働に対して支払われる賃金（時間外割増賃金など）
	④	所定労働日以外の日に対して支払われる賃金（休日割増賃金など）
	⑤	午後10時から午前5時までの間に対して支払われる割増賃金（深夜割増賃金など）
	⑥	精・皆勤手当、通勤手当、家族手当等

　近年では、固定残業制度を導入している会社も増えています。給与は、基本給部分と固定残業部分に分けることができます。固定残業制度ではこのような場合、固定残業部分は、③の所定労働時間を超える時間の労働に対して支払われる賃金に該当しますので、最低賃金の対象となるのは「給与から固定残業部分を控除した金額」です。同じ支給であれば含み残業時間が増えれば増えるほど、最低賃金をチェックするときの時給単価は下がるということになります。

♠最低賃金以上の給与支払を行っているかチェックする方法

　支払われる賃金が最低賃金以上となっているかどうかをチェックするには、まず賃金として支払った賃金総額から最低賃金の対象とならない賃金を控除します。控除した金額と定められている最低賃金を比較することによって最低賃金以上であるかを確認することができます。

　支払っている賃金の形態（月給、時間給、日給等）で、方法が当然ながら変わってきます。それぞれのチェック方法は図表58のとおりです。

【図表58　最低賃金のチェック方法】

賃金体系	チェック方法
① 時間給制	時間給≧最低賃金額
② 日給制	日給÷1日の所定労働時間≧最低賃金額
③ 月給制	月給÷1か月の所定労働時間≧最低賃金額
④ 出来高払制その他の請負制によって定められた賃金	出来高払制その他の請負制によって計算された賃金の総額を、当該賃金計算期間に出来高払制その他の請負制によって労働した総労働時間で除して、時間当たりの金額に換算して最低賃金額と比較する。

　ここ数年では、最低賃金の上昇率が大きくなっています。実務上、固定残業制度を導入している場合などで、最低賃金を下回ってしまっているケースが見受けられます。最低賃金法に達っていないことはあってはならないことですので、最低賃金ぎりぎりの会社は、毎年の改定を必ず確認しましょう。

休業時・非常時の手当支払要件は

ANSWER POINT

♧使用者の責めに帰すべき事由での休業の場合は、会社は平均賃金の60%
以上の休業手当を支払う義務があります。

♧労働者が出産、疾病、災害等の非常の場合で、請求をされたときは、会社
は既往の労働に対する賃金を支払う義務があります。

♠休業手当のルール

　労基法26条で「使用者の責めに帰すべき事由による休業の場合において
は、使用者は、休業期間中当該労働者に、その平均賃金の100分の60以
上の手当を支払わなければならない」とされています。

　休業手当のルールは、労働者すべてに適用されます。正社員は適用される
がパートアルバイトは適用されないといったことはありません。

　どのようなケースが使用者の責めに帰すべき事由による休業に当たるか、
通達が出されています（図表59参照）。

【図59　使用者の責めに帰すべき事由に該当する休業】

① 親工場の経営難から、下請工場が資材、資金の獲得ができずに休業した場合。
② 原料の不足、事業設備の欠陥により休業した場合等。

　使用者が労働者に対して休業手当を支払わなければならないケースは、使
用者側に起因する経営、管理上の障害も含まれるという判例も出ています。
想定しているよりも、使用者の責めに帰すべき事由と判断される範囲が広い
と認識をしておいたほうがよいでしょう。

　図表60の場合は、使用者の責めに帰すべき事由に該当しないとされています。

【図60　使用者の責めに帰すべき事由に該当しない休業】

① 天災事変による休業。
② 法令に基づいて行うボイラーの検査のための休業。
③ 労働安全衛生法の規定による健康診断の結果に基づいて行った休業や労働時間の短縮など。

④ 正当なロックアウトによる休業。
⑤ ストライキのため全面的に操業を停止しなければならない場合に、一部のストライキ不参加者に命じた休業等。

労働する日の一部を休業する場合は、実際に支払われる賃金が平均賃金の60％以上が支払われていれば、休業手当の支払ーとは不要です。

また、休業手当は、労基法上の賃金に該当します。さらに、労災保険料、雇用保険料、社会保険料（健康保険料、介護保険料、厚生年金保険料）、所得税などの控除の対象となります。給与計算をする際は、忘れずに控除するようにしてください。

♠非常時払のルールは

労基法25条で「使用者は、労働者が出産、疾病、災害その他厚生労働省令で定める非常の場合の費用に充てるために請求する場合においては、支払期日前であっても、既往の労働に対する賃金を支払わなければならい」とされています。このルールも、休業手当と同様に、すべてに適用されます。

非常時払については、休業手当と違って平均賃金を使って計算するわけではありません。既に働いた分の賃金を給与支給日よりも前に支払うということです。

厚生労働省令で定める非常の場合は、図表61のように定められています。

【図61 非常時払に該当する事項】

① 労働者の収入によって生計を維持する者が出産し、疾病にかかりまたは、災害を受けた場合。
② 労働者またはその収入によって生計を維持する者が結婚し、または死亡した場合。
③ 労働者またはその収入によって生計を維持する者がやむを得ない事由により1週間以上帰郷する場合。

なお、労働者の収入によって生計を維持する者とは、労働者が扶養の義務を負っている親族だけでなく、労働者の収入で生計を営む者であれば、親族に限らず同居人でも該当することになっています。

支払のタイミングについては、労基法で定められているわけではありませんが、非常時に支払うことになりますので、請求があった場合はできるだけ早く支払う必要があります。

Q24　出来高払制（歩合）や インセンティブを支払うときは

ANSWER　POINT

♧保障給は、時間給であることが必要です。

♧保障給は、平均賃金の 60％以上を保障しなければなりません。

♠出来高払制の保障給

　労基法 27 条で「出来高払制その他請負制で使用する労働者については、使用者は労働時間に応じ一定額の賃金の保障をしなければならない」とされています。

　このルールは、出来高払制その他の請負制で使用される労働者の賃金については、労働者が就業した以上は、出来高がたとえ少なかったとしても、労働時間に応じて一定額の保障をすることを使用者に義務づけています。

　このルールができた背景は、労働者が行った仕事の量に対して賃金を決定するような仕組みだと、仕事の単価を不当に低く設定したり、作成物の一部が不良品だった場合に、未完成として賃金を支払わないといった事例があったためです。

　労働者を不当に苦しめる事態を防ぐために、労働時間に対して一定の賃金は補償しなければならなくなったのです。

♠保障する金額は

　保障する金額については、明確に規定されているわけではありません。この条文の趣旨から考えると、出来高払制で賃金を得ている労働者の生活を最低限保障することにあります。

　そのため、目安として、休業手当の算定方法と同様に、平均賃金の 60％以上の支払を保障すれば労基法違反とはなりません。

　保障給は、労働時間に対して一定額を保障するということなので、時間給で設定することが原則となります。

　労働時間とは関係なく一定額を保障するものは、労基法が想定する保障給とはならないという部分には注意が必要です。

　保障給の額については、雇用契約書や労働条件通知書に金額を定めておいたほうがよいでしょう。また、出来高払制の賃金であったとしても、都道府

県別の最低賃金を下回ることができない点にも注意が必要です。

◆出来高払い制の割増賃金

出来高払い制であったとしても、割増賃金（残業代、深夜残業代、休日）は支払う義務があります。

労働基準法では、図表62の手当については合算額に算入しなくてもよいとされています。なお、これらは制限的に列挙されているものなので、歩合給やインセンティブは割増賃金の計算に算入しなくてはなりません。

【図表62　割増賃金の基礎に算入しなくてもよい手当】

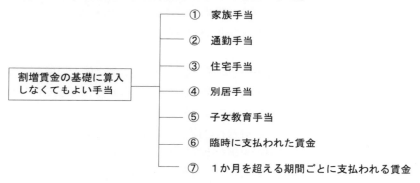

割増賃金の基礎に算入しなくてもよい手当
- ① 家族手当
- ② 通勤手当
- ③ 住宅手当
- ④ 別居手当
- ⑤ 子女教育手当
- ⑥ 臨時に支払われた賃金
- ⑦ 1か月を超える期間ごとに支払われる賃金

出来高払制における割増賃金の計算方法は、通常の場合と異なります。

1時間当たりの時間給を計算する際は、基本給や手当などの固定給については、所定労働時間で計算を行います。それに対し、歩合給については、総労働時間で計算をすることになっています。

具体的に次の条件で計算を示すと、図表63のとおりです。

基本給：173,000円	所定労働時間：173時間
歩合給：200,000円	総労働時間 ：200時間
合計 ：373,000円	残業時間 ： 20時間

【図表63　割増賃金の計算方法】

| 基本給部分の計算 | 173,000円÷173時間×1.25×20時間＝25,000円 |
| 歩合給部分の計算 | 100,000円÷200時間×0.25×20時間＝ 2,500円 |

歩合給部分の割増賃金の計算においては、割増率を1.25ではなく0.25で計算をしていることが不思議と感じる方もいらっしゃると思います。これは、歩合給部分については、すべての時間について賃金を支払っているという考え方になります。そのため、割増率が0.25になっているというわけです。

賞与の性格・その支給要件は

ANSWER POINT
- ♤賞与は、会社が自由に支給要件や金額を決めることができます。
- ♤退職者に賞与を支払わない場合は、就業規則などに規定しておく必要があります。
- ♤支給してもしなくても賞与支払届の提出が必要です。

♠賞与とは

　使用者が毎月支払う賃金については、労働基準法で賃金支払の5原則や割増賃金の計算方法などのルールが決められています。一方、賞与については、支払方法や計算方法などのルールは決められていません。そのため、賞与については、賞与を支給するか否かも含めて使用者が自由に決めることができます。

　実務上、よく問題となるのは、就業規則や雇用契約書などで賞与の支給を約束してしまっているというケースです。このような場合では、使用者の裁量は認められず、契約書どおりに賞与を支給する必要があります。

♠賞与の性格は

　賞与に対する考え方は、図表64のように3つあると言われています。実際には、②と③を折衷した考え方で賞与を支給している使用者が多いようです。

【図表64　賞与を支払う意味】

① 賃金の一部として支払う	限りなく月額給に近い考え方になります。「夏冬には、基本給の1か月分を支給する」といったルールになっている場合などが該当します。
② 利益の配分として支払う	会社の利益が出ているときだけ、支給するという考え方になります。賞与に対する考え方の中で一番ポピュラーなものになります。
③ 将来への期待に対して支払う	結果だけではなく、将来に向かって頑張って欲しいという期待を込めて支給するという考え方になります。

♠退職者へ賞与を支給しないときは

　実務上、退職者に対して賞与を支給すべきかどうか問題になる場合があり

ます。賞与の支給には使用者の裁量がかなり認められているため、支給することもしないことも決めることができます。

　もし、退職した労働者に対して賞与を支給しないとするのであれば、図表65のように事前に就業規則や給与規程などで支給しないと定めておく必要があります。

【図表65　退職者に対して賞与を支給しない場合の規定例】

> 　賞与は、将来の労働への意欲向上策としての意味も込めて支給するため、賞与の査定期間に在籍した者でも、賞与支給日当日に在籍していない者には支給しない。

♠賞与決定の具体的要素は

　個々の労働者の賞与金額を使用者は自由に決定することができます。賞与決定の具体的要素は図表66のものがありますので、自社の考え方にのっとり自由に組み合わせて支給要件を決めていきます。

【図表66　賞与決定の具体的要素】

①　業績・成果	賞与の決定要素に最も適しているといえます。業績の種類として、会社業績、部門業績、個人業績があります。
②　発揮能力・仕事のプロセス	成果を具体的に評価しにくい職種は、こちらがメインの要素になることが多いでしょう。
③　執務態度・勤怠	基本的な要素ですが、差をつけることが難しい面を持っています。
④　役割・役職	本人が担っている役割の重要度により評価します。

♠賞与支給に伴う手続は

　健康保険料、介護保険料、厚生年金保険料は、社員が賞与の支給を受けた月の末日まで在籍していた場合にのみ控除することになります。

　実務上、計算間違いがとても多く発生しているのでとくに注意をしてください。

（例）　賞与支払日が7月10日だった場合
・7月15日退職　　　保険料は控除しない。
・7月31日退職　　　保険料を控除する。

　また、賞与を支給した後は、年金事務所や健康保険組合などに対して賞与支払届と賞与支払届総括表の提出をする必要があります。賞与支払届総括表については、賞与の支給がなかったとしても提出する必要がありますので、忘れないようにしてください。

ANSWER POINT
♧退職金は、会社が自由に支給要件や金額を決めることができます。
♧退職金の支払時期などを明確に規定しておく必要があります。

♠退職金とは

退職金とは、労働者が退職をした際に、一時金または年金として支払われる現金給付のことをいいます。退職金制度を導入している会社は、労働者の定着や、定年退職後の生活の安定等を目的としています。退職金は、必ず会社が退職者に対して支払わなければならないものではありません。

退職金の金額の設定や支給方法などは、会社によって決めることができます。これは賞与と同様の考え方になります。

♠労基法から見た退職金

会社で退職金制度を設ける場合は、労働者にとって重要な労働条件の1つとなります。

そのため、退職金制度を設ける場合は、就業規則の中に「対象となる労働者の範囲」「退職手当の決定」「計算および支払方法」「支払の時期」に関する事項を定めなければならないとされています。これを、就業規則の相対的必要記載事項といいます（Q125 参照）。

また、請求権の時効は、労基法 115 条で、退職手当を除く賃金、災害補償その他の請求権の時効は 2 年と設定されています。一方で、退職金の請求権の時効は、5 年と設定されています。時効が 2 年ではなく 5 年になっている理由についてですが、退職手当については、会社が資金の調達ができずに支払に時間がかかる可能性があるなどの理由で設定されています。

♠対象となる労働者の範囲

退職金の対象となる労働者を限定するのも会社の自由ですが、一般的に退職金を支払うのは、正社員に限定されていることが多いようです。正社員であっても、勤続〇年以上の労働者に対して支給するといった勤続年数によって制限をかけたり、休職期間中や出向中は勤続年数に通算するかどうかなど

も会社が定めることができます。

♠退職金の支払時期は

　退職金の支払時期も就業規則で明確に定めておく必要があります。就業規則で定めた場合は、その定められた期日までに支払えばよいということになります。万が一、支払時期が明確に記載されていないと、労基法23条（金品の返還）が適用されることになります。

　金品の返還とは、「死亡または退職の場合において、権利者の請求があった場合は、7日以内に賃金等を返還しなければならない」というルールです。退職金についてもこのルールが適用されてしまいますので、支払期日については、就業規則等に明確に記載をしておくことが重要です。

♠退職金制度の種類と特徴

　退職金の種類は、退職一時金制度と退職年金制度に分けることができます。退職一時金制度とは、退職時に一時金として退職金を一括で支払う制度のことをいいます。退職年金制度は、退職金を分割で支払う制度となります。

　支払方法については、有期と終身の2種類があります。多くの会社で用いられている退職金制度には図表67のようなものがあります。

【図表67　退職金制度の種類】

①	給与比例方式	退職時基本給 × 勤続年数 × 退職理由に応じた係数で算出する方法。
②	定額方式	勤続年数に応じた基準額を設定して、それに退職時の役職等を反映させた係数と退職理由に応じた係数をかけて算出する方法。
③	ポイント制退職金	毎年の役職や等級などの要素を個人別にポイント換算して付与していき、その累計ポイントにより退職金を計算する方法。
④	中小企業退職金共済制度	事業主が中退共と契約して月々の掛金を全額負担する。従業員が退職したときに退職金が直接退職者に支払われるという制度。
⑤	確定給付企業年金制度	従業員が受け取る退職金があらかじめ約束されている企業年金制度のこと。掛金は原則として、会社が支払う。
⑥	確定拠出年金制度	会社が掛金を拠出し、従業員が自己責任で運用することで将来運用成果に基づいた金額を受け取ることができる。

Q27 退職金の不支給・減額をするときは

ANSWERPOINT

♤退職金の不支給や減額をするには、就業規則等で定めておく必要があります。

♤懲戒解雇したからといって、すべてのケースで退職金の減額が認められるわけではありません。

♠退職金の減額や不支給のルール

会社が退職金規程を作成している場合は、その規規程に従って退職金を支給する必要があります。ただし、懲戒解雇をした労働者や、同業他社に転職した労働者に対して規定どおり満額の退職金を支払うというのは、会社の負担も大きくなってしまいますし、フェアとは言えません。

そこで、規定に減額や不支給というルールを定めておけば、退職金を減額・不支給とすることができます。

では、退職金規程に記載があればどのようなケースでも不支給にすることができるかというとそういうわけではありません。退職金規程に記載されている、減額・不支給の要件が「合理的で社会通念上妥当と認められる内容」でなければならないからです。。

♠懲戒解雇した労働者に対しての退職金の取扱い

懲戒解雇をした労働者に対して退職金を不支給とするには、一定の基準を満たす必要があります。その基準については、昭和 59 年 11 月 29 日の大阪高裁の判例で明らかになっています。

判例では懲戒解雇をした労働者に対して退職金を不支給にするには、図表 68 の要件が必要とされています。

【図表 68　退職金を不支給にするための要件】

①　退職金規程において、懲戒解雇が行われた場合に退職金の減額や不支給を行う内容の規定があり、それが退職時点で有効であること
②　懲戒事由が著しく背信的で重大であり、長年の功労をなくすほどのものであること

判例を読むとわかるとおり、「懲戒解雇＝退職金は支給しない」といった対応は認められないこともあるとの認識が必要です。

♠自己都合退職した労働者に対しての退職金の取扱い

自己都合退職をした労働者に対して退職金の一部を減額することは可能です。また、支給率についても会社が自由に設定をすることができます。自己都合退職と聞くと、転職を想像するかもしれませんが、家庭の事情であったり、健康上の理由も含まれます。

そのため、自己都合退職の場合の退職金の支給率の設定を低くし過ぎないようにする必要があります。

自己都合退職をした労働者に対して退職金の一部を減額するには、就業規則等で規定をしておく必要があります。

具体的に条文例を見たほうがわかりやすいと思いますので、図表 69 を参照してください。この規定では、別表 1 と別表 2 で退職金の支給率を変えています。自己都合退職をした場合の退職金の計算については、別表 2 で行うという仕組みです。

【図表 69　退職金支給の規定例】

（退職金額）

第○条　この規定の適用を受ける従業員が○年以上勤務した場合であって、次の各号のいずれかに該当する事由により退職したときは、別表 1 の支給率を適用する。

(1) 定年に達したとき。

(2) 役員（ただし、兼務役員を除く）に就任したとき。

(3) 業務上の傷病によるとき。

(4) 会社都合によるとき。

2　この規定の適用を受ける従業員が、次の各号のいずれかに該当する事由により退職したときは、別表 2 の支給率を適用する。

(1) 自己都合によるとき。

(2) 休職期間が満了して復職できないとき。

＜別表 1 ＞

勤続年数）	支　給　率
3	1.1
4	1.3
5	1.5
6	1.7
7	2.1
8	2.7

＜別表 2 ＞

勤続年数）	支　給　率
3	0.6
4	0.7
5	0.8
6	0.9
7	1
8	1.1

倒産したときの賃金立替払制度の利用は

ANSWER POINT

♧会社が倒産などをしてしまい、受け取っていない賃金や退職金がある場合は、立替払制度を利用できる場合があります。

♧倒産と事実上倒産の場合で手続の方法が変わってきます。

♠賃金立替払制度とは

会社が「倒産」をしてしまうと、その会社で働いていた労働者に対して賃金が支払われなくなります。また、倒産前の賃金も未払になってしまうケースも珍しくありません。

そのような状況になってしまった労働者を救済するために、「未払賃金立替払制度」があります。この制度は、会社が「倒産」したために、賃金が支払われないまま退職した労働者に対して、その未払賃金の一定範囲について労働者健康福祉機構が事業主に代わって支払う制度です。

♠倒産の定義

賃金立替払制度における倒産の定義は、図表70のとおりです。

【図表70　賃金立替払制度における倒産の定義】

① 破産、特別清算の開始、整理の開始、再生手続の開始、または更生手続の開始について、裁判所の決定または命令があった場合

② 破産等の手続はとられていないが、事実上、事業活動が停止して、再開する見込みがなく、かつ、賃金支払能力がないことについて労働基準監督署長の認定があった場合（中小企業のみが対象となります）

♠立替払制度の対象となる労働者

労働者だった人が全員立替払制度の対象になるわけではありません。

この制度の対象となるためには、図表71の要件を満たす必要があります。

【図表71　対象となるための労働者の要件】

① 労災保険の適用事業場で1年以上にわたって事業活動を行ってきた企業に「労働者」として雇用されていること。

② 企業の倒産に伴い退職し「未払賃金」が残っている人であること。

③ 裁判所に対する破産等の申立日または労働基準監督署長に対する倒産の事実に

ついての認定申請日の6か月前の日から2年の間に、当該企業を退職した人であること。

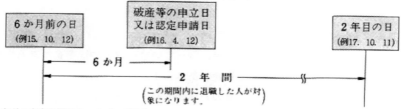

出所：東京労働局ホームページより

　なお、未払賃金の額が2万円未満だった場合は、これらの要件を満たしていたとしても賃金立替払制度を利用することはできません。

♠立替払制度の対象となる未払賃金

　立替払の対象となる「未払賃金」は、退職日の6か月前の日から労働者健康福祉機構に対する立替払請求の日の前日までの間に支払期日が到来している「定期賃金」および「退職手当」であって、未払となっているものです。
　具体的には図表72で確認してください。この例は、給与の締日が毎月20日／支払日が毎月26日のケースです。

【図表72　立替払制度の対象となる未払賃金】

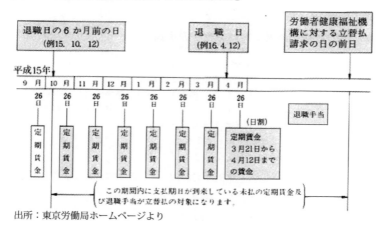

出所：東京労働局ホームページより

♠立替払の額

　立替払をする額は、「未払賃金の総額」の100分の80の額となります。ただし、立替払の対象となる未払賃金の総額には限度額があります。限度額

に達している場合は、限度額の 100 分の 80 が立替払をする額の上限となります。

【図表 73　立替払の限度額と立替払の上限額】

		未払賃金の限度額	立替払の上限額
退職労働者の退職日における年齢	45歳以上	370万円 (170万円)	296万円 (138万円)
	30歳以上45歳未満	220万円 (130万円)	176万円 (104万円)
	30歳未満	110万円 (70万円)	88万円 (50万円)

出所：東京労働局ホームページより

♠立替払の請求手続

立替払の請求手続をする際には、会社が破産もしくは事実上倒産をしているという証明受ける必要があります。破産等の場合と事実上倒産の場合で証明の方法が異なります。

①　破産等の場合

破産等の区分に応じて「証明者」または裁判所から、破産等の申立日・決定日、退職日、未払賃金額、立替払額、賃金債権の裁判所への届出額等を証明する「証明書」の交付を受けます。

【図表 74　破産などの場合の証明者一覧】

・破産・会社更生の場合…管財人
・民事再生の場合…再生債務者（管財人が選任されている場合には管財人）
・特別清算の場合…清算人
・会社整理の場合…管理人

②　中小企業の事実上の倒産の場合

倒産した企業の本社の所轄の労働基準監督署長に「認定申請書」を提出して、企業が倒産して事業活動が停止し、再開する見込みがなく、かつ、賃金支払能力がないことについて認定を受けます。

倒産の認定の申請をすることができる期間は、倒産した企業を退職した日の翌日から起算して 6 か月以内に限られます。労働基準監督署長より「確認通知書」の交付を受けます。

証明書または確認通知書の交付を受けた後は、「未払賃金の立替払請求書」（図表 75）と「退職所得の受給に関する申告書・退職所得申告書」（図表 76）に必要事項を記入し、これらの書類をあわせて労働者健康福祉機構に提出することになります。

【図表75　未払賃金の立替払請求書の様式】

機構整理番号	

未払賃金の立替払請求書

（未払賃金の立替払事業　様式 8 号）

賃金の支払の確保等に関する法律第7条の規定に基づき、次のとおり未払賃金の立替払を請求します。
なお、独立行政法人労働者健康安全機構が立替払をした場合は、民法第499条第1項の規定に基づき、その立替払金の額に相当する額の賃金請求権を独立行政法人労働者健康安全機構が代位取得することを承諾します。

独立行政法人　労働者健康安全機構理事長　殿　　請求年月日　　　年　　月　　日

	フリガナ		印	男・女	生 大正 昭和 平成	年　月　日
請求者	氏　名					
	〒　　　－					
	現住所					

立替払請求金額	百万	拾万	万	千	百	拾	壱	電話番号
							円	（　　　）　－

◎立替払金振込先金融機関の指定（請求者本人名義の普通預金口座に限ります。）

金融機関名		（番号を〇で囲んでください。）
フリガナ		①　銀行　②　ゆうちょ銀行（郵便局）　③　信託銀行 ④　信用金庫　⑤　信用組合　⑥　労働金庫 ⑦　農業協同組合・漁業協同組合は利用できません。
本・支店（支所）名（出張所）		（注意事項） 1　ゆうちょ銀行を指定される方は、振込用の店名・店番・口座番号を記入してください。 2　ゆうちょ銀行を指定される方は、預金通帳の写し（名義人・口座番号がわかる部分）を添付してください。 3　外国籍の方（日本語に不安がある方）は、誤振込防止のため、2と同様に預金通帳の写しを添付してください。
本・支店番号		
普通預金口座番号		

【図表76　退職所得の受給に関する申告書・退職所得申告書の様式】

		年　月　日 税務署長 市町村長　殿	年分	退職所得の受給に関する申告書 退　職　所　得　申　告　書	支払者受付印

退職手当等の支払者の	所 在 地（住所）	〒 211-0021 神奈川県川崎市中原区 木月住吉町1番1号	あなたの	現住所	〒
	名　　称（氏名）	独立行政法人 労働者健康安全機構		氏　名	⑪
	法人番号（個人番号）	※提出を受けた退職手当の支払者が記載してください。		個人番号	
				その年1月1日現在の住所	

	このA欄には、全ての人が、記載してください。（あなたが、前に退職手当等の支払を受けたことがない場合には、下のB以下の各欄には記載する必要がありません。）			
A	① 退職手当等の支払を受けることとなった年月日	年　月　日	③ この申告書の提出先から受ける退職手当等についての勤続期間	自 年 月 日 至 年 月 日　年
	② 退職の区分等 一般／障害　生活扶助 の 有・無		うち特定役員等勤続期間	有 無　自 年 月 日 至 年 月 日　年
			うち重複勤続期間	有 無　自 年 月 日 至 年 月 日　年

	あなたが本年中に他にも退職手当等の支払を受けたことがある場合には、このB欄に記載してください。			
B	④ 本年中に支払を受けた他の退職手当等についての勤続期間	自 年 月 日 至 年 月 日	⑤ ③と④の通算勤続期間	自 年 月 日 至 年 月 日　年
			うち特定役員等勤続期間	有 無　自 年 月 日 至 年 月 日　年
	うち特定役員等勤続期間 有	自 年 月 日 至 年 月 日　年	うち重複勤続期間	有 無　自 年 月 日 至 年 月 日　年

	あなたが前年以前4年内（その年に確定拠出年金法に基づく老齢給付金として支給される一時金の支払を受ける場合には、14年内）に退職手当等の支払を受けたことがある場合には、このC欄に記載してください。			
C	⑥ 前年以前4年内（その年に確定拠出年金法に基づく老齢給付金として支給される一時金の支払を受ける場合には、14年内）の退職手当等についての勤続期間	自 年 月 日 至 年 月 日	⑦ ④又は⑤の勤続期間のうち、⑥の勤続期間と重複している期間	自 年 月 日 至 年 月 日　年
			うち特定役員等勤続期間との重複勤続期間	有 無　自 年 月 日 至 年 月 日　年

倒産したときの
賃金等労働債権の支払は

ANSWERPOINT

♧倒産時の労働債権の優先順位は、破産手続の種類によって変わります。

♧優先順位が上位の場合でも、会社の財産の状況次第では賃金が全額支払われない可能性があります。

♠倒産時の労働債権

　会社が倒産をしたとしても、それまで働いた分の賃金が支払われていないのであれば、労働者はその賃金を受け取る権利（賃金債権）や、使用者が賃金を支払う義務（賃金債務）が消滅してしまうということはありません。

　会社が倒産手続に入った場合、会社に対して債権を持っている人（他にも借入をしている銀行や仕入業者などがいます）は、労働者だけではありません。債権者が同時に会社に対して債務を弁済して貰おうとすると、混乱してスムーズに倒産の手続を進めていくことが難しくなってしまいます。

　そこで、法律で債務の弁済を受ける優先順位が決められています。優先順位が定められている法律の種類は複数あり、法律によって、優先順位が変わります。

　賃金の優先順位は、比較的高くなっていますが、それでも会社に残された財産の状況次第では、賃金が全額支払われない可能性も十分に考えられます。

　債権の弁済を受けるためには、手続に従って裁判所に届出を行うことが必要となります。

♠法律上の倒産手続の種類

　会社が倒産処理をする方法はいくつかあります（図表77）。どの方法をとるかによって労働債権の優先順位も変わってきます。

【図表77　倒産手続の種類】

	任意整理	法律上の倒産手続		
		破産	民事再生	会社更生
	清算・再建型	清算型	再建型	
制度	債権者との個別交渉等で債務を減らす方法です。	会社等は解散し、破産管財人が清算事務を行い、すべての財産を分配して清算する方法です。	主として中小企業等を対象に、原則、それまでの経営者が事業経営を継続しながら再建を目指す方法です。	主として大企業を対象に、管財人が更生会社の事業経営と財産管理処分を行いながら再建を目指す方法です。

利用状況	10,077件(60.6%)	5,384(32.4%)	853件(5.1%)	48件(0.3%)
特徴	支払の原則は民法や商法の規定によります。	適用対象の限定はありません。裁判所が監督し、破産管財人を選任します。	適用対象の限定はありません。裁判所等が監督します。	株式会社にのみ適用されます。裁判所が監督し、管財人を選任します。
メリット	裁判所等の監督がなく、スピーディーな解決が図られます。	裁判所の監督があるので公平かつ透明な手続です。	手続に拘束される関係者の範囲を限定するので、簡易迅速です。	全ての利害関係者を拘束するので抜本的な再建計画の策定が可能です。
デメリット	場合によっては"早い者勝ちの回収"になる可能性もあります。	手続が終わるまでに時間がかかる場合も多いです。	無担保債権者の権利のみを制約するので手続きの効力が弱いです。	手続が複雑かつ厳格なので時間と費用がかかります。

出所：東京労働局ホームページより筆者作成

◆倒産処理の方法

倒産処理については、複数の方法があります。債権の優先順位はそれぞれの法律により図表 78 のように定められています。

【図表 78　倒産処理の方法と債権の優先順位】

優先順位	任意整理	法律上の倒産手続		
		破産	民事再生	会社更生
高 ↑	法定納期限等以前から設定された抵当権等の被担保債権	抵当権等の被担保債権	抵当権等の被担保債権	手続開始6か月前以後の賃金等源泉徴収にかかる所得税等の租税債権であって納期限未到来のもの 会社の使用人の預り金等の一部管財人の報酬等〔共益債権〕
	租税債権	管財人の報酬等 破産手続開始前3か月間の未払賃金等	賃金等	
	法定納期限後に設定された抵当権等の被担保債権	納期限が破産手続開始前1年よりも後の租税債権〔財団債権〕		
	賃金等	納期限が破産手続開始前1年より前の租税債権上記以外の賃金等〔優先的破産債権〕	〔一般優先債権〕管財人の報酬等〔共益債権〕	抵当権等の被担保債権〔更正担保権〕
	一般の債権(社内預金含む)		一般の債権(社内預金含む)〔再生債権〕	賃金等(注3)上記以外の租税債権〔優先的更正債権〕
低		一般の債権(社内預金含む)〔破産債権〕		一般の債権(上記以外の預り金等含む)〔更正債権〕

出所：東京労働局ホームページより筆者作成

会社の財産が少なく、賃金債権をすべて回収できなかったときのためにQ28 の賃金立替払制度があります。

4 労働時間の実務ポイント

労働時間ってどういうこと

ANSWER POINT

♤労基法では、労働時間の上限を週40時間、1日8時間と定めています。これを法定労働時間といいます

♤法定労働時間を超える労働を時間外労働といいます。時間外労働は原則禁止ですが、一定の手続（36協定締結届出）により時間外労働は可能です。

♤原則的な労働時間性のほかに、弾力的な労働時間制度として、1か月単位の変形労働時間制、1年単位の変形労働時間制、1週間単位の変形労働時間、フレックスタイム制、専門業務型裁量労働制、企画業務型裁量労働時間制があります。

♤就業規則等で定めた始業・終業時間から休憩時間を引いた時間を所定労働時間といいます。所定労働時間は、法定労働時間以内でなければなりません。

♠労働時間とは

労基法では、労働時間の上限を定めています。これを法定労働時間といいます。法定労働時間は、原則的に週40時間、1日8時間が上限です。

♠変形労働時間制、裁量労働時間制とは

変形労働時間制は、原則的な労働時間制(週40時間、1日8時間)では法定内に労働時間を収めることが難しい業種や業態による季節的、月間の繁閑を考慮し、柔軟に労働時間を定めることで、一定期間の労働時間が平均で法定労働労働時間内に収まるよう時間配分を工夫する制度です。

♠事業場外のみなし労働時間制とは

事業外のみなし労働時間制は、外回り営業や出張など事業場外で労働し、労働時間の算定が困難な場合には、原則として所定労働時間労働したものとみなす制度です。事業外で働いていれば誰でも対象になるわけではなく、「労働時間の算定が困難な場合」に限られます。

♠フレックスタイム制とは

フレックスタイム制、専門業務型裁量労働制、企画業務型裁量労働時間制

は、労働者に自主的な始業終業を委ねることで効率的に働くことができ、労働時間の短縮をすることを目的とした労働時間制度です。

　フレックスタイム制は、2019年4月から改正されました。清算期間の上限が1か月から3か月に延長され、より柔軟な制度となりました。

　改正に伴い、1か月ごとに区切った期間の各期間を平均して週50時間を超えない範囲で労働させることができるようになりました。

【図表79　各種労働時間制度】

労働時間制	対象	労働時間の特徴	制度導入の手順
1ヶ月単位の変形労働時間制		1か月以内の一定期間を平均して、週所定労働が40時間以内に収まる範囲で、特定の日、週について法定労働時間を超えて労働させることができます	対象期間における各日・週の労働時間等を定めた労使協定または就業規則による。（労使協定届出要）
1年単位の変形労働時間制	交替制、シフト制勤務により季節的繁閑、月初・月中・月末繁閑、一定の業種で週末等の繁閑差がある事業場	1か月超え1年以内の一定期間を平均して、週所定労働時間40時間以内の範囲で特定の日や週について、1日及び1週間の法定労働時間を超えて労働させることができる制度を言います。	対象期間における労働日、労働日ごとの労働時間数等を定めた労使協定による。（労使協定届出要）
1週間単位の変形労働時間制		規模30人未満の小売業、旅館、料理・飲食店の事業において、労使協定により、1週間単位で毎日（1日上限10時間）の労働時間を弾力的に定めることができる制度	労使協定による。シフトは週開始前に労働者へ通知が必要（労使協定届出要）
フレックスタイム制	始業終業の時刻を労働者に委ねる制度（始業終業の範囲等の条件は労使協定により定める）	3か月以内の清算期間とその総労働時間を労使協定に定め、労働者はその範囲で始業終業の時刻を自ら決定して労働することができます。	① 就業規則に、フレックスタイム制を導入する旨を規定。② 労使協定により、対象とする労働者の範囲、清算期間、清算期間中の総労働時間等を規定（清算期間が1か月超の場合労使協定届出要）
事業外のみなし労働時間制	営業職等で外回りでかつ労働時間の算定が困難な労働者を対象	就業規則による所定労働時間または労使協定で定めた時間を労働したものとみなす制度	就業規則または労使協定にその定め。労使協定の場合、その協定で定める時間を「当該業務の遂行に通常必要とされる時間」とする。（協定のみなし労働時間が1日8時間を超える場合は届出要）
専門業務型裁量労働制	新商品や新技術の研究開発、情報処理システムの設計、コピーライター、新聞記者 等の専門業務（法令で定める19業務）	対象となる業務を労使で定め、定めた時間働いたものとみなす制度	労使協定に、下記の事項を規定・その事業場で対象とする業務・みなし労働時間・対象労働者の健康・福祉確保措置・対象労働者の苦情処理措置（労使協定届出要）
企画業務型裁量労働時間制	事業の運営に関する事項についての企画、立案、調査及び分析の業務に従事する場合	労使委員会で定めた時間労働したものとみなす制度	事業場毎に労使委員会を設置し、下記事項を決議（4/5以上の多数決）し労基署へ届出・その事業場で対象とする業務・対象労働者の範囲・みなし労働時間・対象労働者健康・福祉確保措置（6か月に1回以上労基署に定期報告）・対象労働の苦情処理措置・本人同意を得ること及び不同意の労働者に対する不利益取扱いの禁止等

♠所定労働時間と法定労働時間

　所定労働時間とは、就業規則または雇用契約で定められた始業時刻から終業時刻までの契約上の労働時間をいいます。この所定労働時間を法定労働時間より長く定めることはできませんが、それより短い時間であれば、会社は自由に所定労働時間を設定できます。例えば、「始業9時、終業17時45分、休憩60分」の場合、所定労働時間は7時間45分となります。

Q31 労働時間になるもの・ならないものは

ANSWER POINT

♤労働時間は、使用者の指揮命令下にある時間のことです。

♤手待時間等や黙示的な指示による場合も労働時間となります。

♤労働時間は、使用者が適正に把握義務が課せられています。

♠労働時間の考え方

　労基法では、労働時間の長さについて上限規制があります。一方、どのような時間が労働時間に該当するかは、労基法上の定義はありません。ただし、「労働者時間の適正な把握のために使用者が講ずべき措置に関するガイドライン」(平成29年1月20日)には、労働時間の考え方が記載されています。

(1)　使用者の明示的・黙示的な指示により労働者が業務を行う時間

(2)　労働時間に該当するか否かは、労働契約や就業規則などの定めよって決められるものではなく、客観的に見て、労働者の行為が使用者から義務づけられたものといえるか否か等によって判断されます。

(3)　例えば、次のような時間は、労働時間に該当します。

　①　使用者の指示により、就業を命じられた業務に必要な準備行為（着用を義務づけられた所定の服装への着替え等）や業務終了後の業務に関連した後始末（清掃等）を事業場内において行った時間

　②　使用者の指示があった場合には即時に業務に従事することを求められており、労働から離れることが保障されていない状態で待機等している時間（いわゆる「手待時間」）

　③　参加することが業務上義務づけられている研修・教育訓練の受講や、使用者の指示により業務に必要な学習等を行っていた時間

♠手待時間も労働時間

　労働時間とは、実際に労働している時間はもちろん、実際には労働していなくても、会社や上司の指揮命令があればすぐに業務にとりかかれるように待機している手待時間も労働時間となります。

　手待時間は、休憩時間とは違い、労働者が使用者の指揮命令下にあるので、労働者が自由に使うことができる時間ではないので、労働時間となります。

4　労働時間の実務ポイント

例として、昼休みの休憩時間に電話番をするなどは、電話がかかってきたら対応するために待機している時間なので、この時間は休憩時間ではなく手待時間（労働時間）として取り扱わなければなりません。

したがって、昼休みの休憩時間に電話番をさせる場合には、交替制等により労働者が休憩時間をとれるようにする必要があります。

♠黙示的な指示による時間も労働時間

指揮命令下にある時間は労働時間であると説明してきましたが、これは実際に命令された時間のみではなく、暗黙の指示での業務または業務に関連して行われる行為も労働時間となります。

教育研修の時間は、その業務との関連性、欠席した場合の不利益の有無、強制または自由参加の有無等により労働時間か否か判断されます。

【図表80　労働時間か労働時間でないかの判定】

労働時間に該当	・手待時間 ・休憩時間中の電話当番 ・休憩時間中の受付当番 ・始業前終業後の清掃時間 ・業務作業等の準備時間 ・作業服への着替え時間 ・教育研修時間（強制参加、業務上必要な　研修等の場合） ・安全衛生教育時間 ・直接的な指揮命令下でなくとも暗黙の指示による時間 ・自発的な残業時間（使用者が黙認している場合は労働時間となる） ・トラック運転手の荷待ち待機時間 ・バス運転手の運行間待機時間
労働時間とならない	・休憩時間 ・作業後の入浴時間 ・一般健康診断の時間 ・教育研修時間であっても参加が自由であ　り参加しなくても不利益がないもの ・通勤時間、出張の往復時間は原則労働時間とはならない

♠労働時間適正な把握義務

使用者には、労働時間を適正に把握する責務があります。労働時間の適正な把握とは、1日何時間働いたかを把握するのではなく、労働日ごとに始業終業時刻を記録し、何時間働いたかを把握・確定する義務があります。

Q32 休日ってなに・その決め方は

ANSWER POINT

♤休日とは、労働契約により労働義務がない日をいいます。

♤休日は、原則、毎週1日以上与えなければなりません（週休制の原則）。
　この休日を法定休日といいます。

♤休日はできるだけ特定することが望ましいとされています。

♤休日は原則として暦日（午前0時～午後12時）を単位として与えなければなりません。

♠休日は週1回は最低与える

　労働契約、就業規則により労働義務のない日を休日といいます。この休日は、少なくとも週1回与えなければなりません。

　例外として、週1回の休日が難しい場合に、4週4日の休日の与え方もできます。これを変形休日制といいます。この変形休日制を採用するには、就業規則等により、4週間の起算日を明らかにする必要があります。

　この休日数については、変形労働時間制を採用している場合でも、守らなければなりません。

♠4週4日の休日の与え方

　4週4日の休日は、特定の4週間に4日の休日があればよく、どの4週間を区切っても4日の休日が確保されていなければならないわけではありません。

【図表81　4週4日の休日の与え方】

| 第1週　休日1日 | 第2週　休日0日 | 第3週　休日2日 | 第4週　休日1日 |
| 第5週　休日0日 | 第6週　休日2日 | 第7週　休日1日 | 第8週　休日1日 |

　図表81の場合は、第2週から第5週までの4週間については休日が3日しかありませんが、第1週～第4週、第5週～第8週までのそれぞれの4週間については4日の休日が確保されていますので、条件を満たしています。

♠休日の決め方

　いつを休日とするか特定しておくとは労基法では定められていませんが、

通達では「労基法 35 条は必ずしも休日を特定すべきことを要求していないが、特定することがまた法の趣旨に沿うものであるから、就業規則の中で単に 1 週間につき 1 日といっただけではなく、具体的に一定の日を休日と定める方法を規定するよう指導されたい」としています。

実際の運用では、休日はできるだけ特定することがのぞまれます。

♠休日の数え方

休日は、原則、暦日を単位として与えます。労基法上の休日は、1 暦日（午前 0 時から午後 12 時の 24 時間）を単位として与えなければなりません。

しかし、交替制などの場合は、図表 82 の 2 つの条件のいずれにも該当した場合には、例外として暦日単位ではなく、継続した 24 時間をもって休日とすることができます。

【図表 82　継続 24 時間の休日とする交替制の条件】

① 番方編成による交替制であることが就業規則等により定められていて、制度として運用されていること。
② 各番方の交替が規則的に定められているものであって、勤務割表などによりその都度設定されるものでないこと。

これらをまとめると図表 83 のようになります。

【図表 83　休日のまとめ】

休日	休日の与え方	休日の単位
原則	週 1 回以上	暦日単位 午前 0 時～午後 12 時
例外	4 週 4 日以上 変形休日	継続 24 時間による休日 交替制等要件あり
例外運用の要件	就業規則等により 4 週間の起算日を明らかにする	交替制の要件を満たすこと （図表 82 参照）

♠休日と休暇の違い

「休日」は契約により労働義務のない日、一方「休暇」は労働義務のある日に使用者が労働義務を免除する日をいいます。同じ休みであっても、労働義務のあり・なしが休日と休暇の違いです。

法律による休暇・休業は、年次有給休暇、産前産後休業、生理休暇、育児休業、介護休業、子の看護休暇などがあります。

労働させてよい時間はどれくらい

ANSWER POINT

♤労基法による労働時間は法定労働時間といいます。

♤労働時間の原則、法定労働時間です。

♤労働時間の例外は、時間外労働です。

♠法定労働時間の考え方

法定労働時間は、1日8時間、週40時間が原則です。労基法32条では、法定労働時間を図表84のように定めています。

【図表84　労基法が定める法定労働時間】

> ① 使用者は、労働者に、休憩時間を除き、1週間について40時間を超えて労働させてはならない。
> ② 使用者は、1週間の各日については、労働者に、休憩時間を除き1日について8時間を超えて労働させてはならない。

つまり、労基法では、法定労働時間の長さについて下記の2つの限度を定めているのです。

① 限度その1…1週間の限度は40時間

② 限度その2…1日の限度は8時間

法定労働時間は、この1週間と1日の限度のそれぞれを遵守する必要があります。

実際に働いている人からすると、毎日残業しているから8時間を超えて働いているし、週休2日制だけれど土曜出勤はよくあるし、限度時間の1日8時間または1週40時間を超えて働いていることも多いでしょう。

これは、労働時間の例外として、時間外労働として労基法では取り扱います。時間外労働についてはQ34、35で説明します。

♠特例措置対象事業場とは

1週の限度時間の40時間については、図表85の4業種で常時使用する労働者が10人未満の事業場は、その限度が1週間44時間となっています。これを「特例措置対象事業場」といいます。

【図表85　特例措置対象事業場】

商業	卸売業、小売業、理美容業、倉庫業、その他の商業
映画・演劇業	映画の映写、演劇、その他興業の事業
保健衛生業	病院、診療所、社会福祉施設、浴場業、その他の保健衛生業
接客娯楽業	旅館、飲食店、ゴルフ場、公園・遊園地、その他の接客娯楽業

　なお、事業場の規模(人数)は、企業全体の規模をいうのではなく、工場、支店、営業所等の個々の事業場の規模をいいます。

♠ 1日の単位、1週間の単位

　労働時間には1週間、1日の長さについて限度があることを説明しましたが、長さをはかるには起算を決める必要があります。

　1日については、原則、午前0時～午後12時までの暦日を単位とし、起算は午前0時となります。

　ただし、夜勤のように1回の勤務が2暦日にまたがる場合には、午前0時を挟んで2つの勤務日にするのではなく、始業時刻の属する日の労働として1回の勤務として取り扱います。

　また、残業で午前0時を超えて勤務した場合は、夜中の12時から次の勤務日が始まるのではなく、翌日の始業時刻から次の勤務日が始まります。

　1週間とは、どのような区切りで7日間とっても労働時間が40時間としなければならないわけではありません。就業規則で1週間の起算日を「月曜日とする」と定めれば「月曜～日曜」が1週間となります。就業規則等で1週間について起算を定めていない場合には、日曜日が起算となり、「日曜～土曜」までが1週間となります。

【図表86　勤務が2暦日にまたがる場合の扱い】

1日については、原則は午前0時～午後12時までの暦日を単位とします。

① 夜勤などで勤務が2暦日をまたぐ場合の扱い。

② 所定労働時間後、時間外労働が翌日まで継続した場合の扱い。

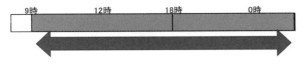

Q34 ３６協定ってなに・その役割は

ANSWER POINT

♧法定労働時間を超える労働と、最低週１日の法定休日労働させることは原則禁止となっていて、労働させた場合には違法となります。

♧労働者代表者と使用者が労使協定を締結して労基署へ届出することによって、合法的に時間外労働、休日労働をさせることができます。この労使協定を３６協定といいます。

♧３６協定協定だけでは時間外労働・休日労働をさせることはできません。

♠３６協定の持つ意味

法定労働時間を超える労働、法定休日労働は違法ですが、法定労働時間内だけで収まらない場合、また法定休日出勤が必要な場合は、あらかじめ３６協定を締結し、管轄の労基署へ届け出ることによって、法定労働時間を超える労働や休日労働をさせても適法となります。

♠３６協定で定める事項

３６協定では、次の事項について定める必要があります。なお、法改正により様式が変更になっています（図表87 参照）。

① 時間外労働が必要な具体的事由

② 業務の種類

③ 労働者の人数

④ 対象期間（１年間に限る）対象期間における１日、１か月、１年について労働時間を延長して労働させることができる時間または労働させることができる休日

♠３６協定の労働者代表は

３６協定は、使用者と労働者代表とで締結しますが、労働者代表は労働者の過半数を代表するものでなければなりません。

労働組合がある場合において、その事業場の過半数以上で組織されていればその組合と締結をすれば足ります。労働組合がない場合、過半数代表を選任する必要があります。過半数代表は、次のいずれにも該当する者とされて

4

労働時間の実務ポイント

88

【図表 87　時間外・休日労働の協定届けの新様式】

様式第９号（第16条第１項関係）

時間外労働
休日労働
に関する協定届

労働保険番号	都道府県・所掌・管轄・基幹番号・枝番号・被一括事業場番号
法人番号	

事業の種類	事業の名称	事業の所在地（電話番号）	協定の有効期間
		（〒　　－　　）（電話番号：　－　　－　　）	

時間外労働		時間外労働をさせる必要のある具体的事由	業務の種類	労働者数（満18歳以上の者）	所定労働時間（１日）（任意）	延長することができる時間数 １日 法定労働時間を超える時間数	所定労働時間を超える時間数（任意）	１箇月（①については45時間まで、②については42時間まで） 法定労働時間を超える時間数	所定労働時間を超える時間数（任意）	１年（①については360時間まで、②については320時間まで） 起算日（年月日） 法定労働時間を超える時間数	所定労働時間を超える時間数（任意）
	① 下記②に該当しない労働者										
	② １年単位の変形労働時間制により労働する労働者										

休日労働	休日労働をさせる必要のある具体的事由	業務の種類	労働者数（満18歳以上の者）	所定休日（任意）	労働させることができる法定休日の日数	労働させることができる法定休日における始業及び終業の時刻

上記で定める時間数にかかわらず、時間外労働及び休日労働を合算した時間数は、１箇月について100時間未満でなければならず、かつ２箇月から６箇月までを平均して80時間を超過しないこと。□
（チェックボックスに要チェック）

協定の成立年月日　　年　月　日
協定の当事者である労働組合（事業場の労働者の過半数で組織する労働組合）の名称又は労働者の過半数を代表する者の　職名　氏名
協定の当事者（労働者の過半数を代表する者の場合）の選出方法（　　）
年　月　日
使用者　職名　氏名　㊞
労働基準監督署長殿

います。

① 労基法41条２号に規定する監理又は管理の地位にある者でないこと。

② 法に規定する協定等をする者を選出することを明らかにして実施される投票、挙手等をする方法による手続により選出された者であること。

♠３６協定だけでは残業をさせることはできない

３６協定の締結・届出により時間外労働・休日労働させても違法とはなりませんが、３６協定は労基法違反とはならない効果だけで、労働者に時間外労働・休日労働をさせることの根拠にはなりません。

時間外労働、休日労働させるには、その就業規則、雇用契約または労働協約にその旨を規定をする必要があります（図表88参照）。

なお、３６協定で定める範囲を超える時間外労働、休日労働をさせた場合には労働基準法違反となります。

【図表 88　時間外・休日労働をさせるためには】

３６協定締結・届出	時間外、法定休日労働させても労働基準法違反とはならない。	刑事上の免罰効果
就業規則等に時間外労働等の義務規定を記載	時間外労働等を命じて労働させることができる。	民事上の効果

時間外労働ってなに・その上限は

ANSWER POINT

♧時間外労働とは、法定労働時間（週40時間、1日8時間）を超えて労働させることをいいます。時間外労働をさせるには、あらかじめ36協定を締結し、労基署へ届け出る必要があります（36協定についてはQ33参照）。

♧時間外労働の上限は、原則的には月45時間、年360時間となります。ただし、臨時的に特別の事業がある場合は、原則的な時間を超えて労働させることができます。

♠時間外労働の上限

　36協定を締結し、労基署へ届出すれば時間外労働を行わせることが可能になりますが、時間外労働には上限があります（図表89）。この上限は、2019年4月（中小企業は2020年4月）から法律により規制され、上限を超える時間外労働には罰則が科せらます。

　時間外労働は、月45時間、年360時間が原則的な上限です。しかし、臨時的で特別の事情がある場合で、労使協定で合意・届出したときのみ、原則的な時間外労働時間を超えて労働させることができます。

♠上限を超える特約条項

　臨時的な特別の事情がある場合でも、時間外労働の上限は次のいずれかの条件の範囲内にしなければなりません。

① 時間外労働が年720時間以内

② 時間外労働と休日労働の合計が月100時間未満

③ 時間外労働と休日労働の合計が複数月（2か月〜6か月）すべての平均で1か月当たり80時間以内

④ 月45時間を越える時間外労働は年6か月が限度

　なお、時間外労働の上限規制については2019年4月から施行されますが、中小企業については2020年4月まで1年間の猶予措置が設けられています。

　また、図表90の事業・業務については、上限規制の適用が5年間猶予さ

れます。

【図表89　時間外労働の上限】

1	2	3	4	5	6	7	8	9	10	11	12

特別条項による時間外上限（年6か月まで）
・年720時間　・複数月平均80時間
・月100時間未満（休日労働含む）

時間外労働（原則）
・月45時間　・年360時間

法定労働時間
・1日8時間　・週40時間

【図表90　時間外労働の上限規制の5年間猶予事業・業務】

事業・業務	猶予期間中の取扱い（2024年3月31日まで）	猶予後の取扱い（2024年4月1日以降）
建設事業	上限規制は適用されません。	●災害の復旧・復興の事業を除き、上限規制がすべて適用されます。 ●災害の復旧・復興の事業に関しては、時間外労働と休日労働の合計について、 ✓月100時間未満 ✓2～6か月平均80時間以内 とする規制は適用されません。
自動車運転の業務		●特別条項付き36協定を締結する場合の年間の時間外労働の上限が年960時間となります。 ●時間外労働と休日労働の合計について、 ✓月100時間未満 ✓2～6か月平均80時間以内 とする規制は適用されません。 ●時間外労働が月45時間を超えることができるのは年6か月までとする規制は適用されません。
医師		具体的な上限時間は今後、省令で定めることとされています。
鹿児島県及び沖縄県における砂糖製造業	時間外労働と休日労働の合計について、 ✓月100時間未満 ✓2～6か月平均80時間以内 とする規制は適用されません。	上限規制がすべて適用されます。

♠時間外労働の上限規制から除外される業務

　新技術・新商品等の研究開発業務については、上限規制の適用が除外されています。上限規制は除外される業務については、1週間当たり40時間を超えて労働した時間が月100時間を超えた労働者に対しては、医師の面接指導を受けさせることが、労働安全衛生法により義務づけられています。

　上限規制が除外された業務であっても、労働者の健康確保のため面接指導を行った医師の意見を勘案し、必要があるときには就業場所の変更や職務内容の変更、有給休暇の付与などの措置を講じなければなりません。

代休・休日振替ってなに・与えるのはどんなとき

ANSWER POINT

♤ 休日である日をあらかじめ勤務日に変更し、勤務日である日を休日にすることを、休日の振替（休日振替）といいます。

♤ あらかじめ振替する手続を経ずに、休日出勤した後に代わりに休日を付与することを代休といいます。

♠ 代休と休日振替の違い

　労基法では、休日は毎週少なくとも1日か、4週間を通じて4日以上与える必要があります。また、休日を特定することまでは規定されていませんが、できるだけ休日を特定することが望ましいとされています。

　一般的に、休日は、日曜祝日または特定の曜日やシフト等により定められています。この特定された休日を業務の都合により出勤日とする場合には、あらかじめ休日と労働日を入れ替えることができます。これを休日の振替（休日振替）といいます。代休とは、上記のようにあらかじめ振替の休日を決めずに休日出勤した後に、代わりに休日を付与することをいいます。

【図表91　代休と休日振替の違い】

	休日振替	代休
概要	休日を労働日をあらかじめ振り替えること。 休日労働とはならない。	休日労働した後、他の労働日を代わりに休ませること。 休日労働として扱う。
実施要件	① 就業規則の振替の規定があること。 ② 振替休日の特定。 ③ 振替休日はできるだけ近い日が望ましい	① あらかじめ36協定（休日出勤）締結届出 ② 代休を制度とする場合は就業規則へ規定が必要。
振替日・代休日の指定	あらかじめ使用者が指定	使用者が指定または労働者の申請により付与。
賃金支払い	振替休日が同一週の場合、休日出勤日については通常の賃金を支給（振替休日に賃金支払は不要）。	休日出勤日について割増賃金（割増分のみ）支払が必要。

その他	出勤した休日を含め週法定労働時間を超過した場合は時間外労働として割増賃金の支払が必要。	休日出勤後代休の付与は任意。

【図表 92　代休と振替休日の違いの例】

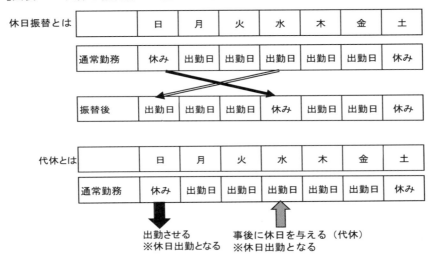

♠代休と休日振替の割増賃金

　休日振替は休日出勤したことにはなりません。一方、代休は後日、休日を付与しても、休日出勤した事実が残ります。このため、代休による休日出勤の場合には、必ずあらかじめ３６協定の締結届出が義務となります。また、出勤した日は休日労働となるので、休日割増賃金の支払も義務となります。

　なお、代休の付与は、義務ではないので必ず付与しなければならないわけではありません。休日振替であっても、その週の労働時間が 40 時間を超えた場合には、25％の時間外割増賃金の支払が必要になります。

♠休日振替の手続

　休日振替の手続について通達では、「就業規則などでできるだけ具体的に事由と振り替えるべき日を定めておくこと、また、振り替えるべき日については、振り替えられた日以降できる限り近接している日が望ましい」とされています (昭 23・7・5 基発 968、昭 63・3・14 基発 150)。

　振替に当たっては、休日労働日と振り替えるべき日はセットで決めることが望まれます。

非常事態のときの時間外・休日労働は

ANSWER POINT

♧災害震災等による臨時の必要がある場合の時間外・休日労働は、３６協定の締結届出がなくても可能です。

♧この場合、３６協定は不要であっても、行政官庁への事前届出・許可が必要になります。

♠臨時の必要がある場合の時間外労働、休日労働は

　災害その他避けることができない事由によって、臨時の時間外労働・休日労働が必要となる場合には、使用者は労基署長の許可により、必要最小限度の範囲内に限り、時間外・休日労働をさせることができます。

　また、事態急迫のため労基署長の許可を受ける暇がない場合には、事後に遅滞なく届出をすることを条件に、先に時間外・休日労働をさせてもかまいません。

　この「災害その他避けることができない事由」とは、災害・緊急・不可抗力その客観的に避けることができない場合に限られています。

　その扱いは、図表93のとおりです。

【図表93　臨時に必要がある場合の時間外労働、休日労働の扱い】

	災害発生等の時間外・休日労働	通常の時間外・休日労働
手続	労働基準監督署許可届出または事後届出は３６協定は不要	事前に３６協定締結届出
時間外等の時間	必要最小限度の範囲内	３６協定の範囲内で時間外・休日労働
根拠規定	就業規則の規定は不要	就業規則で時間外・休日労働の規定が必要
割増賃金	時間外・休日割増賃金の支払が必要	時間外・休日割増賃金の支払が必要
その他	業務繁忙等予見可能なものは不可	業務繁忙等予見可能なものでも可能

♠災害その他避けることができない事由の時間外・休日労働の許可基準

　前述の「災害その他避けることができない事由」の時間外・休日労働の

許可基準は、図表 94 のように定められています（昭 22.9.13 発基 17　昭 26.10.11 基発 696）。

【図表 94　災害その他避けられない事由による時間外・休日労働の許可基準】

①　単なる業務の繁忙やその他これに準ずる経営上の必要は認めないこと。

②　急病人の発生、搬入、ボイラーの爆発、落盤等、人命に影響し、公益を保護するために必要なものは認めること。

③　事業の運営を不可能ならしめるような突発的な機械の故障の修理は認めるが、通常予見される部分的な修理、定期的な手入れは認めないこと。

④　電圧低下により保安等の必要がある場合は認めること。

♠事前に許可を受けられないときは

　事前の許可が受けられず事後に届け出た場合で、労基署長がその時間外労働・休日労働が不適当と認めたときは、その時間に相当する休憩時間または休日を与えるように使用者に対して命ずることができます。

♠東日本大震災に伴う事例

　災害震災等による非常事態としては、東日本大震災に伴う事例が参考になります。

　東日本大震災に伴う事例としては、「東日本大震災に伴うＱ＆Ａ（第3版）8－1」がありますが、そこから抜粋すると次のようになります。

　「今回の震災による被害が甚大かつ広範囲のものであり、一般に早期のライフラインの復旧は、人命・公益の保護の観点から急務と考えられるので、労基法33条1項の要件に該当し得るものと考えられます。

　ただし、労働基準法33条1項に基づく時間外・休日労働はあくまで必要な限度の範囲内に限り認められるものですので、過重労働による健康障害を防止するため、実際の時間外労働時間を月45時間以内にするなどしていただくことが重要です。

　また、やむを得ず長時間にわたる時間外・休日労働を行わせた労働者に対しては、医師による面接指導等を実施し、適切な事後措置を講じることが重要です。

　なお、災害発生から相当程度の期間が経過し、臨時の必要がない場合に時間外・休日労働をさせるときは、36協定を締結し、届出をしていただくこととなります」。

深夜労働ってなに・その適用範囲は

ANSWER POINT

♤労基法は、午後10時～午前5時の（厚生労働大臣が必要と認める場合には午後11時～午前6時）時間帯の労働を深夜労働と規定しています。

♤深夜労働は、その時間帯に働いたときは2割5分以上の率で深夜割増を支払う必要があります。

♤年少者など一定範囲で深夜労働を制限される労働者がいます。

♠深夜労働と割増賃金

　労基法では、原則として午後10時～午前5時の時間帯を深夜と定義して、この時間帯に労働したときには2割5分以上の割増賃金を支払うことを義務づけています。

♠ 18歳未満は深夜労働原則禁止

　18歳に満たない者を労働させてはならないと労基法では定めています。ただし、例外として次の場合に限り深夜労働が認められています（図表95参照）。

① 　交替制によって使用する満16歳以上の男性。

② 　交替制によって労働させる事業について所轄労基署長の許可を受けて午後10時30分まで（厚生労働大臣が必要と認める場合は午前5時30分から）労働させる場。

③ 　災害等臨時の必要がある場合に所轄労基署長許可を受けた場合。

④ 　農林業、畜産業、養蚕業、水産業、保健衛生の事業、電話交換の業務。

【図表95　交替制の深夜労働の扱い】

ANSWER POINT

♧労基法は、時間外労働、休日労働、深夜労働（原則午後10時～午前5時）に労働させた場合には割増賃金の支払を義務づけています。

♧割増賃金の割増率は、1時間当たり時間外労働、深夜労働については2割5分以上、休日労働については3割5分以上で支払わなければなりません。

♧割増賃金の計算基礎は、所定労働時間の労働に対して支払われる「1時間当たりの賃金額」です。

♦割増賃金の支払が必要なのは

割増賃金の支払が必要な時間外労働は、法定労働時を超える場合であって、所定労働時間を超え労働させても、法定労働時間以内であれば割増して支払う義務はありません。

休日労働についても同様で、法定休日に労働させた場合に35％割増で支払う義務があり、所定休日については35％割増は不要です。

【図表96　割増賃金の概要】

割増賃金の種類	該当条件	割増率
時間外	1日8時間、週40時間を超えたとき	25％以上
	時間外労働が月60時間を超えたとき	50％以上※2
深夜労働	午後10時～午前5時までに労働させたとき	25％以上
休日労働	法定休日に労働させたとき	35％以上

※1　時間外労働が月45時間超、年360時間超の場合は、25％を超える率で支払うよう努めることが必要。
※2　中小企業の月60時間超50％以上割増は2023年4月から施行。

♦割増賃金の計算に含める手当

割増賃金の計算に当たっては、月給制の場合に基本給の他各種手当も含めた給与を1か月の所定労働時間で割って、1時間当たりの賃金額を算出します。

ただし、各種手当のうち次の①家族手当、②通勤手当、③別居手当、④子女教育手当、⑤住宅手当、⑥臨時に支払われた賃金、⑦1か月を超える期間ごとに支払われる賃金については、基礎となる賃金から除外することができます。

これらの賃金は、労働とは直接関係がなく、個人の事情により支給されているものであるため除外されます。

ただし、前掲①〜⑤については、名称だけでなくそれぞ家族数、通勤距離、家賃に比例して支給されているものに限ります。一律に支給されいるような場合には、①〜⑤の名称であっても割増賃金の計算基礎に含まれます。

【図表97　月給制の場合の割増賃金計算例】

> | 設例 | 基本給314,000円　精勤手当10,000円　通勤手当25,000円
年間休日122日、1日の所定労働時間8時間 |
>
> $$\frac{1年間の所定日数(365-122)\times8}{12}=162時間（年平均月所定労働時間）$$
>
> $$\underset{324,000}{基本給＋精勤手当}\div\ 162時間＝2,000円\ \ 1時間当たりの賃金$$

♠時間外労働が深夜になるときは

時間外労働や休日労働に深夜労働が重なる場合や時間外労働が深夜まで及んだ場合、時間外割増（25％）＋深夜割増（25％）のあわせて5割以上の割増賃金の支払が必要となります。

休日労働日については、8時間を超えてもさらに時間外割増をする必要はありません。しかし、休日労働が深夜に及んだ場合には、休日割増（35％）＋深夜割増（25％）という形で6割以上の割増賃金の支払が必要となります（図表98参照）。

【図表98　月給制の場合の時間外労働・休日労働の割増率】

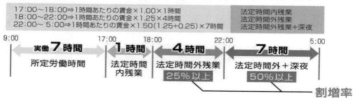

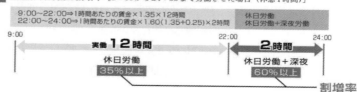

Q40 時間外労働が月60時間を超えたときの割増賃金は

ANSWER POINT

♤法定労働時間を超える時間外労働は2割5分以上の割増賃金支払が必要です。また、月60時間を超える時間外労働に対しての割増率は5割以上となります。

♤中小企業について月60時間超の割増率5割以上は2023年3月までは猶予されています。

♤月60時間超の割増賃金は支払わずに代替休暇を付与することも可能です。

♠60時間を超える時間外労働の割増率

時間外労働は、以前は割増率は2割5分以上支払うことのみ義務づけられていましたが(Q39参照)、労働者の健康保持と労働以外の生活確保をできるよう、2010年より1か月60時間を超える時間外労働について割増率が5割以上に引き上げられました。

また、あわせて努力義務ではありますが、月45時間超えるか、年360時間を超える時間外労働については、2割5分を超える割増率となるように努めることとされています。

【図表99 60時間を超える時間外労働の割増割計算例】

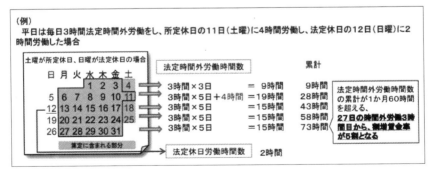

♠中小企業への適用

1か月60時間を超える時間外労働への5割以上の割増については、中小企業は2023年3月までは猶予されています。それまでは25%の割増率でよいことになっています。

【図表100　時間外労働の割増率適用の推移】

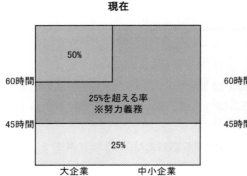

♠ 60時間を超える時間外が深夜になるときは

　深夜労働の時間帯に1か月60時間を超える時間外労働をさせた場合は、深夜割増率25％＋時間外割増50％＝75％以上の割増賃金となります。

　法定休日の労働は含みませんが、それ以外の所定休日出勤が40時間を超える労働となる場合には、時間外労働に含まれます。

♠代替休暇制度とは

　ところで、月60時間を超える残業の場合は、割増賃金支払に代えて有給の休暇を付与する制度（代替休暇）を設けることができます。代替休暇制度は、①代替休暇の時間数の具体的な算定方法、②代替休暇の単位、③代替休暇を与えることができる期間、④代替休暇の取得日の決定方法、割増賃金の支払の事項について労使協定を締結することが必要です。

　ただし、代替休暇の対象となる割増賃金は法令の25％を超える部分で25％以下の部分は代替休暇でなく割増賃金での支払が必要です。

【図表101　割増賃金支給と代替休暇制度】

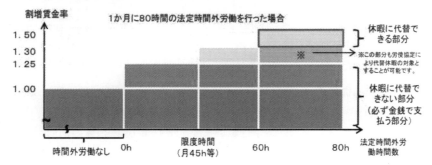

Q41 変形労働時間制ってなに

ANSWER　POINT
♤法定労働時間（1日8時間、1週40時間）の枠にとらわれず、10時間労働の日や、48時間労働の週など設定できます。ただし、変形労働時間について週当たり平均40時間（特例事業は44時間）を超えることはできません。
♤変形労働時間制導入には、就業規則の定めや労使協定の締結が必要です。

♠変形労働時間制

　法定労働時間は、1日8時間、1週40時間が上限です。これらを超えて労働させた場合は、割増賃金を支払わなければなりません。

　例えば、1日目に10時間、2日目に6時間働いた場合、1日目は2時間の残業になります。「2日合わせて16時間だから、1日当たり8時間で残業なしということになるのでは？」とはなりません。しかし、変形労働時間制を導入し、かつシフトを組んで運用すれば、可能になります。

♠ならして平均1週（40時間）法定労働時間以内

　変形労働時間制には、後述する1週間単位、1か月単位、1年単位の3種類があります。どれも共通しているのは、変形期間全体でならしたときに、1週間当たりの平均が法定労時間を超えないようにすることです。

　例えば、図表102のように1週間の各労働日の所定労働時間を設定して、1週では40時間とした場合でも、原則どおりならば木曜日は2時間の残業になりますが、変形労働時間制を使えば時間外労働にはなりません。

【図表102　変形労働時間制の活用例】

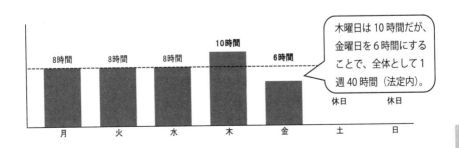

また、図表103のように第2週の労働時間を長くし、第3週の労働時間を短くすることで、全体としては週当たり平均で法定労働時間内になるような設定をすることや、年間を通して閑散期には労働時間を短くして、繁忙期には労働時間を長くすることができます。

【図表103　ならし週当たり平均法定労働時間】

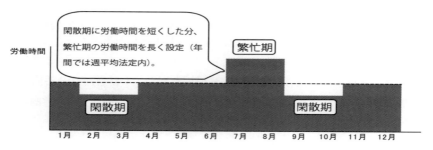

	週の労働時間
1週目	40時間
2週目	**48時間**
3週目	**32時間**
4週目	40時間

2週目は48時間だが、3週目を32時間とすることで、全体として週平均40時間（法定内）。

労働時間

閑散期に労働時間を短くした分、繁忙期の労働時間を長く設定（年間では週平均法定内）。

繁忙期

閑散期　　　　　閑散期

1月　2月　3月　4月　5月　6月　7月　8月　9月　10月　11月　12月

♠変形労働の種類

　変形労働時間制には、その変形期間の長さに応じて図表104の3種類があります。詳細については、Q42からQ44で説明します。

【図表104　3種類の変形労働時間制】

	1週間単位の非定型的変形労働時間制	1か月単位の変形労働時間制	1年単位の変形労働時間制
基本となる変形期間単	1週間	1か月以内	1か月超1年以内
業種や従業員数による制限	常時労働者数30人未満の小売業、旅館、料理店、飲食店	なし	なし
手続	労使協定（要届出）	就業規則または労使協定(要届出)	労使協定（要届出）
週平均労働時間	40時間以内	40時間以内（特例事業は44時間以内）	40時間以内
所定労働時間の上限	1日10時間	特になし	原則として： 　1日　10時間 　1週　52時間 連続労働日数6日

1か月単位の変形労働時間制ってなに・その要件は

ANSWER POINT

♤1か月単位の変形労働時間制について、就業規則等に定めるか、労使協定を締結します。

♤1週を超え1か月以内の対象期間ごとにあらかじめ勤務シフトを決めて、事前に従業員に通知します。

♤対象期間において、1週間当たり平均40時間（特例事業場は44時間）以内となるように、労働時間を設定する必要があります。

♠どんな場合に適しているか

　1か月単位の変形労働時間制は、例えば月初や月末が繁忙期でそれ以外は閑散期とか、特定の曜日の労働時間を長く、それ以外の日を短いというように、1か月の中の業務の繁閑等に合わせて労働時間を設定することができます。

♠就業規則に定める

　1か月単位の変形労働時間制を導入する場合、就業規則（図表105参照）または労使協定（図表106参照）に定める必要があります。

【図表105　1か月単位の変形労働時間制を導入する場合の就業規則例】

（始業時刻・終業時刻および休憩時間）
第〇条　毎月1日を起算日とする1か月単位の変形労働時間制とし、所定労働時間は1か月を平均して1週間40時間以内とする。

　　2　各労働日の始業時刻、終業時刻および休憩時間は次のとおりとする。
　　　なお、労働日の予定については、対象期間の始まる前日までに通知する。

	始業	終業	休憩
Aシフト	9:00	17:00	12:00~13:00
Bシフト	9:00	19:00	12:00~13:00

（休日）
第△条　休日は、毎週日曜日および会社が定めた日とする。

【図表106　1か月単位の変形労働時間制を導入する場合の労使協定例】

1か月単位の変形労働制に関する労使協定

　〇〇株式会社と従業員代表〇〇〇〇は、1か月単位の変形労働時間制に関し、次のとおり協定する。

第1条　所定労働時間は、1か月単位の変形労働時間制によるものとし、1か月を平均して週40時間を超えないものとする。
　　　　所定労働時間は、次のとおりとする。
　　①　毎月1日から24日まで　9:00〜17:00（12:00〜13:00）の7時間
　　②　毎月25日から末日まで　8:00〜18:00（12:00〜13:00）の9時間

第2条　起算日は毎月1日とする。

第3条　休日は毎週土曜日および日曜日とする。

第4条　本協定の変形労働時間制は、次のいずれかに該当する従業員を除き、全員に適用する。

第5条　本協定の有効期限は令和〇年1月1日から同年12月31日までとする。

令和〇年〇月〇日

〇〇株式会社
代表取締役　　〇〇　〇〇　　　印

従業員代表
営業課　〇〇　〇〇　　　印

　なお、労使協定で定めた場合には、協定書を労基署へ届け出る必要があります。

♠対象期間を決める

　変形労働時間制を使う対象期間を決めます。通常は、1か月単位とすることが多いですが、4週間単位などにすることも可能です。

　1か月とする場合、1日〜末日としてもいいですが、労働時間は給与計算と密接に関係するため、給与の締め日と合わせると事務作業の負担軽減につながります。一度期間を決めたら途中で変更することは大変なので、事前にどの期間で区切るのがやりやすいか考えてから利用するようにしましょう。

♠労働日と労働時間を決める

　次に、変形期間内の労働日と労働日毎の労働時間（勤務シフト）を決めます。

1週間当たり平均で法定労働時間内となるためには、対象期間の総労働時間が図表107の式で計算した上限時間以内となるようにすることが必要です。

【図表107　上限時間の算式と上限時間】

$$上限時間 = \frac{暦日数 \times 40時間}{7}$$

＊特例事業は44時間で計算

暦日数	上限時間
31日	177.1時間（194.8時間）
30日	171.4時間（188.5時間）
29日	165.7時間（182.2時間）
28日	160時間（176時間）

（　）は特例事業の場合

　対象期間を1か月ごとに区切った場合、暦日数が31日、30日、28日（閏年は29日）になります。

　図表107のように31日の月ならば1か月合計して177.1時間以内となるように勤務シフトを作成すればいいことになります。

　図表108の勤務シフト例では、毎週金曜日は10時間労働、2週目は48時間労働で法定労働時間を超えていますが、残業にはなりません。

　なお、対象期間の勤務シフトは、その期間が始まる前に従業員に通知することが必要です。

【図表108　勤務シフト例】

月	火	水	木	金	土	日
	1/16 8時間	17 8時間	18 6時間	19 10時間	20 休日	21 休日
22 8時間	23 8時間	24 6時間	25 6時間	26 10時間	27 8時間	28 休日
29 8時間	30 8時間	31 6時間	2/1 6時間	2 10時間	3 休日	4 休日
5 8時間	6 8時間	7 休日	8 6時間	9 10時間	10 6時間	11 休日
12 休日	13 8時間	14 8時間	15 6時間			

Q43　１年単位の変形労働時間制ってなに・その要件は

ANSWER POINT

♤対象期間が１か月を超え１年以内とした変形労働時間制です。

♤労使協定を締結して、あらかじめ対象期間の労働日、労働時間等を定めます。

♤締結した労使協定は、労基署へ届出することが必要です。

♠対象期間を決める

　対象期間は１か月を超える期間で、最長１年です。１月１日から１年間とか、会社の事業年度に合わせて１年間など、自由に決められます。１か月超１年以内ならば、３か月とか半年の期間で設定することも可能です。

♠労働日と労働時間を決める

　対象期間の労働日と労働日ごとの労働時間を、年間カレンダーなどで事前に決めます。しかし、対象期間が長くなると、あらかじめすべての労働日と労働時間を定めることはできない可能性もあります。そのような場合は、最初の１か月における労働日と各労働時間を定め、それ以降の期間については、期間ごとの労働日数と総労働時間を労使協定に定めればよいことになっています。

　初回以降の期間については、それぞれの期間の初日の 30 日前までに労働者代表者の同意を得て書面で通知します。

【図表 109　対象期間１年間（１月１日開始）の例】

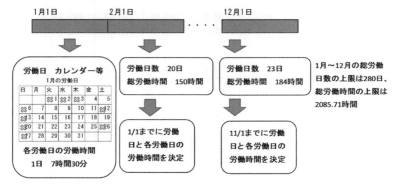

4

労働時間の実務ポイント

106

労働時間は、対象期間において平均 1 週 40 時間以内となるようにしなければなりませんので、対象期間の上限時間は図表 110 の式で求められます。対象期間が 1 年（365 日）ならば、およそ 2,085 時間です。

【図表 110　対象期間の上限時間を求める式と上限時間】

$$上限時間 = \frac{暦日数 \times 40時間}{7}$$

対象期間	上限時間
1年（365日）	2085.71時間
6か月（183日）	1045.71時間
4か月（122日）	697.14時間
3か月（92日）	525.71時間

♠労働日数と労働時間についての注意

年間の総労働時間が上限以内であったとしても、1 年単位の変形労働時間制では、図表 111 のように設定できる労働日数や労働時間の限度が決まっています。

【図表 111　設定できる労働日数や労働時間の限度】

	限　度
対象期間の労働日数	1年当たり280日（ 対象期間が3か月以内の場合は制限なし）
1日の労働時間	10時間　（ タクシー運転手の例外あり）
1週の労働時間	52時間
連続勤務日数	6日　（ 特定期間では12日）
対象期間が3か月を超えるとき	48時間を超える週は連続3週まで。対象期間を3か月ごとに区分した各期間で、48時間を超える週は3回まで。（積雪地域の例外あり）

♠特定期間

対象期間の中で、特に忙しい時期に特定期間を定めることができます。特定期間では週 1 回の休日を入れることで、図表 112 のように連続 12 日勤務が可能となります。

【図表 112　特定期間の連続 12 日勤務】

♠労使協定が必要

　1年単位の変形労働時間制を使う場合は、必ず労使協定（図表113）を締結し、労基署へ届出が必要です（図表114）。年間カレンダー（図表113）などを作成している場合は、それも添付します。

【図表113　労使協定の例】

> **繁忙期に週48時間を超える所定労働時間を定める場合**

1年単位の変形労働時間制に関する労使協定
○○株式会社と従業員代表○○○○は、1年単位の変形労働時間制に関し、下記のとおり協定する。

記

（勤務時間）
第1条　所定労働時間は、1年単位の変形労働時間制によるものとし、1年を平均して週40時間を超えないものとする。
2　1日の所定労働時間、始業・終業の時刻、休憩時間は次の通りとする。
　①　12月、3月
　　所定労働時間＝1日8時間30分
　　（始業＝午前8時30分、終業＝午後6時、休憩＝正午～午後1時）
　②　前記①以外の期間(4月、5月、6月、7月、8月、9月、10月、11月、1月、2月)
　　所定労働時間＝1日7時間30分
　　(但し、日曜日の所定労働時間は終業時刻を1時間30分くり上げ6時間とする。)
　　（始業＝午前9時、終業＝午後5時30分、休憩＝正午～午後1時）

（起算日）
第2条　対象期間の起算日は平成○年○月○日とする。

（休日）
第3条　休日は、別紙年間カレンダーの通りとする。

（特定期間）
第4条　特定期間は次の通りとする。
　7月4日～7月17日

（対象となる従業員の範囲）
第5条　本協定による変形労働時間制は、次のいずれかに該当する従業員を除き、全従業員に適用する。
　一　18歳未満の年少者
　二　妊娠中または産後1年を経過しない女性従業員のうち、本制度の適用免除を申し出た者
　三　育児や介護を行う従業員、職業訓練または教育を受ける従業員その他特別の配慮を要する従業員に該当する者のうち、本制度の適用免除を申し出た者

（有効期間）
第6条　本協定の有効期間は起算日から1年間とする。

平成○年○月○日

　　　　　　　○○株式会社代表取締役　○○○○印
　　　　　　　従業員代表製造第二課係長　○○○○印

〔別紙年間カレンダー〕平成○年○月～平成○年○月

4 April

S	M	T	W	T	F	S
				1	2	3
4	5	6	7	8	9	10
11	12	13	14	15	16	17
18	19	20	21	22	23	24
25	26	27	28	29	30	

5 May

S	M	T	W	T	F	S
						1
2	3	4	5	6	7	8
9	10	11	12	13	14	15
16	17	18	19	20	21	22
23/30	24/31	25	26	27	28	29

6 June

S	M	T	W	T	F	S
		1	2	3	4	5
6	7	8	9	10	11	12
13	14	15	16	17	18	19
20	21	22	23	24	25	26
27	28	29	30			

7 July

S	M	T	W	T	F	S
				1	2	3
4	5	6	7	8	9	10
11	12	13	14	15	16	17
18	19	20	21	22	23	24
25	26	27	28	29	30	31

8 August

S	M	T	W	T	F	S
1	2	3	4	5	6	7
8	9	10	11	12	13	14
15	16	17	18	19	20	21
22	23	24	25	26	27	28
29	30	31				

9 September

S	M	T	W	T	F	S
			1	2	3	4
5	6	7	8	9	10	11
12	13	14	15	16	17	18
19	20	21	22	23	24	25
26	27	28	29	30		

10 October

S	M	T	W	T	F	S
					1	2
3	4	5	6	7	8	9
10	11	12	13	14	15	16
17	18	19	20	21	22	23
24/31	25	26	27	28	29	30

11 November

S	M	T	W	T	F	S
	1	2	3	4	5	6
7	8	9	10	11	12	13
14	15	16	17	18	19	20
21	22	23	24	25	26	27
28	29	30				

12 December

S	M	T	W	T	F	S
			1	2	3	4
5	6	7	8	9	10	11
12	13	14	15	16	17	18
19	20	21	22	23	24	25
26	27	28	29	30	31	

1 January

S	M	T	W	T	F	S
						1
2	3	4	5	6	7	8
9	10	11	12	13	14	15
16	17	18	19	20	21	22
23/30	24/31	25	26	27	28	29

2 February

S	M	T	W	T	F	S
		1	2	3	4	5
6	7	8	9	10	11	12
13	14	15	16	17	18	19
20	21	22	23	24	25	26
27	28					

3 March

S	M	T	W	T	F	S
		1	2	3	4	5
6	7	8	9	10	11	12
13	14	15	16	17	18	19
20	21	22	23	24	25	26
27	28	29	30	31		

【図表114　協定届の例】

様式第4号（12条の4第6項関係）

1年単位の変形労働時間制に関する協定届

事業の種類	事業の名称	事業の所在地（電話番号）	常時使用する労働者数
一般機械器具製造業	○○○○株式会社	○○区○○町3-4-5（電話○○○○-○○○○）	150　人

該当労働者数（満18歳未満の者）	対象期間及び特定期間（起算日）	対象期間中の各日及び各週の労働時間並びに所定休日	対象期間中の1週間の平均労働時間数	協定の有効期間
120　人（　　人）	対象期間　○年○月○日～○年○月○日）特定期間　7月4日～7月17日 1年（平成○年○月○日～○年○月○日）	（別紙）	37　時間　20　分	平成○年○月○日から1年間

労働時間が最も長い日の労働時間数（満18歳未満の者）	労働時間が最も長い週の労働時間数（満18歳未満の者）	対象期間中の最も長い週の労働時間数	対象期間中の総労働日数	251　日
8　時間30　分（　　時間　　分）	51　時間00　分（　　時間　　分）			

労働時間が48時間を超える週の最長連続週数	3　週	対象期間中の最も長い連続労働日数	6　日間
対象期間中の労働時間が48時間を超える週数	7　週	特定期間中の最も長い連続労働日数	12　日間

旧協定の対象期間	1年	旧協定の労働時間が最も長い日の労働時間数	8　時間50　分
旧協定の労働時間が最も長い週の労働時間数	48　時間00　分	旧協定の対象期間中の総労働日数	252　日

協定の成立年月日　　平成○年○月○日

協定の当事者である労働組合の名称又は労働者の過半数を代表する者の　職名　製造第二課　係長　氏名　○○　○○

協定の当事者（労働者の過半数を代表する者の場合）の選出方法（　投票により選出　）

平成○年○月○日

使用者　職名　○○○○株式会社　代表取締役社長　氏名　○○○　○○○　　㊞

○○　労働基準監督署長　殿

記載心得
1　法第60条第3項第2号の規定に基づき満18歳未満の者に変形労働時間制を適用する場合には、「該当労働者数」、「労働時間が最も長い日の労働時間数」及び「労働時間が最も長い週の労働時間数」の各欄に括弧書きすること。
2　「対象期間及び特定期間」の欄のうち、対象期間については当該変形労働時間制における対象期間の起算日を括弧書きすること。
3　対象期間中の各日及び各週の労働時間並びに所定休日については当該変形労働時間制に関し定めた別紙に記載して添付すること。
4　「旧協定」とは、則第12条の4第3項に規定するものであること。

Q44 1週間単位の変形労働時間制ってなに・その要件は

ANSWER POINT

♤従業員数が常時30人未満小売業、旅館、料理店、飲食店限定で使用できる制度です。

♤労使協定を締結し、労基署に届け出ることが必要です。

♤緊急でやむを得ない場合は、前日までに予定を変更することができます。

♠業種・規模限定

1週間単位の非定型的変形労働時間制は、他の変形労働時間制と異なり、業種と事業所の規模が限定されています。常時使用する労働者が30人未満の、小売業、旅館、料理店、飲食店限定で使用できる制度です。

「常時30人未満」とは、いつでも30人未満ということなので、たまたま30人未満になる時期があっても対象外です。

例えば、そのような小規模な旅館などでは、団体の予約が入っていたり、全く予約が入っていない日があったり、日々の労働時間を就業規則などであらかじめ定めることが難しいと考えられます。このような場合に「1週間単位の非定型的変形労働時間制」を使うことで、柔軟に労働時間を設定することができます。

♠労働日と労働時間を決める

1週間の労働日と労働日ごとの労働時間について、その週が始まる前日までに勤務シフト表などの書面で通知します。

労働時間は、1日の上限が10時間、1週間で40時間以内とする必要があります。

例えば、図表115のようなシフトになります。

【図表115 1週間単位の変形労働時間制のシフト例】

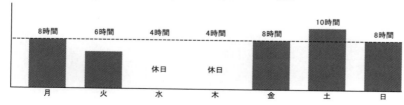

4
労働時間の実務ポイント

♠労使協定が必要

労使協定を締結して、図表116のような協定届を労基署に届け出る必要があります。

【図表116　協定届の例】

<table>
<tr><td colspan="4" align="center">1週間単位の非定型的変形労働時間制に関する協定届</td></tr>
<tr><td align="center">事業の種類</td><td align="center">事　業　の　名　称</td><td align="center">事業の所在地（電話番号）</td><td align="center">常時使用する労働者数</td></tr>
<tr><td align="center">飲食店</td><td align="center">（株）〇〇</td><td align="center">東京都台東区〇〇1−2−3</td><td align="center">10人</td></tr>
<tr><td align="center">業務の種類</td><td align="center">該当労働者数
（満18歳以上の者）</td><td align="center">1週間の所定
労働時間</td><td align="center">変形労働時間制による期間</td></tr>
<tr><td align="center">接客</td><td align="center">10人</td><td align="center">40時間</td><td align="center">平成〇年〇月〇日から
平成△年△月△日まで</td></tr>
</table>

協定の成立年月日　　平成〇年　〇月　〇日
協定の当事者である労働組合の名称
　　　　又は労働者の過半数を代表する者の　職名　一般社員
　　　　　　　　　　　　　　　　　　　　　氏名　〇〇　〇〇
協定の当事者（労働者の過半数を代表する者の場合）の選出方法
　平成〇年　〇月　〇日

　　　　　　　　　　　　　　　　　　職名　代表取締役
　　　　　　　　　　　　　　　　使用者
　　　　　　　　　　　　　　　　　　氏名　△△　△△　　㊞

上野　労働基準監督署長殿

♠予定変更はできる

　緊急でやむを得ない場合は、予め通知した労働時間を変更することができます。この場合は、前日までに書面で通知することが必要です。

　緊急でやむを得ない場合というのは、台風などの著しい気候の変化や災害などに伴う予定の変更が対象となります。したがって、台風の影響で予約がキャンセルや変更になった場合は、労働日や労働時間の変更をすることができます。一方で、急な団体の予約が入ったような場合は、緊急でやむを得ない場合にはあたりませんので、労働日や労働時間の変更はできません。

　しかし、後者の場合でも、業務上は出勤してもらう必要があると思います。この場合は、残業や休日出勤等をお願いして、その分の賃金を支払うことで対処することになります。

ANSWER POINT

♤あらかじめ決められた労働時間までは、法定労働時間を超えていても時間外労働にはなりません。

♤時間外労働のカウントは、1日、1週、変形期間の順に行います。

♤時間外労働（法定外）と所定外労働（法定内）があることに注意します。

♠1日の時間外労働

まず、最初に、1日について時間外労働を見ます。

図表117の6時間労働と定めた日について、6時間を超えて法定の8時間以内の労働時間は所定外労働時間としてカウントします。8時間を超えて労働した時間は、時間外労働としてカウントします。

10時間労働と定めた日については、10時間までは所定内労働時間です。10時間を超えた分がようやく時間外労働になります。

【図表117　1日についての時間外労働】

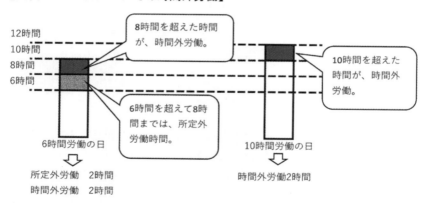

♠1週の時間外労働

次に、1週の時間外労働を見ます。このとき、すでに1日の時間外労働としてカウントした時間は除きます。

図表118のように、週の所定労働時間が38時間（法定労働時間以内）の場合は、すでに1日ごとにカウントした時間外労働を除いた労働時間のうち、40時間を超えた分が時間外労働となります。

【図表 118　1 週の時間外労働—所定労働時間が 38 時間の場合】

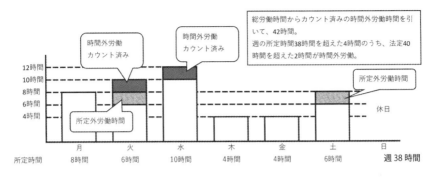

　図表 119 のように、週の所定労働時間が 42 時間（法定労働時間超）の場合は、カウント済みの時間外労働を除いた労働時間のうち、42 時間を超えた分が時間外労働になります。

【図表 119　1 週の時間外労働—所定労働時間が 42 時間の場合】

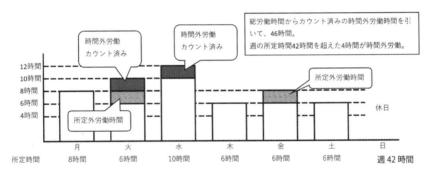

♠変形期間について

　最後に変形期間について時間外労働を見ます。変形期間においては、変形期間の法定労働時間を超えた時間が時間外労働となります。ただし、上で説明した、1 日、1 週の時間外労働としてカウント済の時間は除きます。

【図表 120　1 か月単位の変形労働時間　暦日 31 日の月の場合】

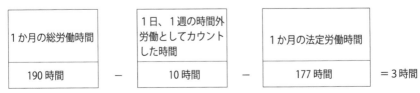

この月の時間外労働時間＝10 時間＋3 時間＝13 時間

Q46 フレックスタイム制ってなに・その要件は

ANSWER POINT

♤ 従業員が自由に出退勤できる制度です。

♤ 出退勤自由なフレキシブルタイムと必ず就業しなければならないコアタイムを設けることもできます。

♤ 制度を行うには労使協定の締結が必要で、清算期間が 1 か月を超える場合は協定書を労基署に届け出ます。

♠ 出退勤が自由

　フレックスタイム制度は、従業員が自由に出退勤をすることができる制度です。しかし、いくら自由と言っても、誰もいない夜中に出社して明け方帰るというようなことをされると困ってしまいます。

　そこで、最低限のルールを図表 121 のような労使協定に定めて運用する必要があります。

【図表 121　フレックスタイム制を定めた労使協定の例】

○○産業株式会社と○○産業労働組合とは、労働基準法第 32 条の 3 の規定にもとづき、フレックスタイム制について、次のとおり協定する。
　（フレックスタイム制の適用社員）
第○条　企画部に所属する従業員にフレックスタイム制を適用する。
　（清算期間）
第○条　労働時間の清算期間は、毎月の 26 日から翌月 25 日までの 1 箇月間とする。
　（総労働時間）
第○条　清算期間における総労働時間は、1 日 7 時間に清算期間中の所定労働日数を乗じて得られた時間数とする。
　　　　　総労働時間＝ 7 時間 × 1 箇月の所定労働日数
　（1 日の標準労働時間）
第○条　1 日の標準労働時間は、7 時間とする。
　（コアタイム）
第○条　必ず労働しなければならない時間帯は午前 10 時から午後 3 時までとする。
　（フレキシブルタイム）
第○条　適用社員の選択により労働することができる時間帯は、次のとおりとする。
　　　　　始業時間帯＝午前 6 時から午前 10 時までの間
　　　　　終業時間帯＝午後 3 時から午後 7 時までの間
　（超過時間の取扱い）
第○条　清算期間中の実労働時間が総労働時間を超過したときは、会社は、超過した時間に対して時間外割増賃金を支給する。
　（不足時間の取扱い）
第○条　清算期間中の実労働時間が総労働時間に不足したときは、不足時間を次の清算期間にその法定労働時間の範囲内で繰り越すものとする。
　（有効期間）
第○条　本協定の有効期間は、平成○年○月○日から 1 年とする。ただし、有効期間満了の 1 箇月前までに、会社、組合いずれからも申し出がないときには、さらに 1 年間有効期間を延長するものとし、以降も同様とする。

　　平成○年○月○日

　　　　　　　　　　　　　　　　　　　　　　　○○産業株式会社
　　　　　　　　　　　　　　　　　　　　　　　　代表取締役　○○○○○　㊞
　　　　　　　　　　　　　　　　　　　　　　　○○産業株式会社労働組合
　　　　　　　　　　　　　　　　　　　　　　　　執行委員長　○○○○○　㊞

出所：東京労働局労働基準部

4　労働時間の実務ポイント

114

♠ フレキシブルタイムとコアタイム

出退勤が自由となる時間帯として、フレキシブルタイムを決めます。さらに「必ず就業している」時間帯としてコアタイムを設けることもできます。

コアタイムを設ける場合は、フレキシブルタイムの大部分がコアタイムとなるのは制度の趣旨から外れるので気をつけましょう。

【図表 122　フレキシブルタイムとコアタイムのイメージ】

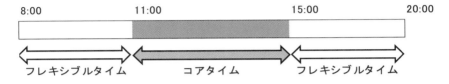

♠ 清算期間と清算時間

日々の労働時間をあらかじめ決めることができないため、例えば 1 か月に 168 時間労働するというように、期間（清算期間）とその間に労働すべき時間（清算時間）を定めておく必要があります。

一般的には、清算期間は 1 か月として、清算時間はその月の所定労働日数 × 8 時間とすることが多いようですが、1 か月に 168 時間というように毎月固定にしても構いません。ただし、週平均 40 時間を超えないようにしなければなりません。

♠ 標準時間

フレックスタイム制度でも、有給休暇や特別休暇を取る場合があります。このとき実際の労働はありませんが、カウントしなければ労働時間不足となってしまいます。

したがって、あらかじめ何時間労働したものとみなすか決めておく必要があります。これを標準時間といいます。

♠ 清算期間は最長 3 か月まで

2019 年 4 月以降は、清算期間を最長 3 か月まで設定することができるようになりました。例えば清算期間を 3 か月にした場合は、図表 123 の上方のように清算期間を 1 か月ごとにした場合には超過時間、不足時間が発生しますが、清算期間を 3 か月にすることで、3 か月の中で労働時間を調整することができます。

なお、1 か月を超える清算時間を設定した場合は、労使協定を労基署へ届

け出ることが必要です。

【図表 123　清算期間を３か月とした場合のイメージ】

清算期間を1か月とした場合は、4月に超過時間、6月に不足時間が発生する。

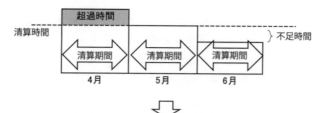

清算期間を3か月にすることで、4月の超過時間と6月の不足時間を相殺できる。

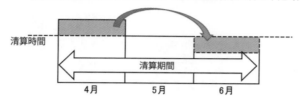

♠労働時間の算定と過不足の取扱い

　フレックスタイム制は、始業・就業の時刻を労働者にゆだねてはいますが、きちんと実労働時間を把握した上で、清算期間における総労働時間として定めた時間と過不足が生じた場合は、次のように取り扱います。

例：○月の清算期間における総労働時間が 160 時間の場合

	実労働時間	過不足時間	法定外労働時間
労働者Ａ	189 時間	＋29 時間①	17 時間 35 分②
労働者Ｂ	150 時間	－10 時間③	0 時間

①は、当月の賃金支払時において清算が必要になります。

②は、２割５分以上の率の割増賃金の支払が義務づけられています。

※１箇月について 60 時間を超える時間外労働があった場合、その超えた時間の労働については、５割以上の率の割増賃金の支払が必要です（中小企業は適用が猶予されています）。

③は、当月の賃金支払時に清算（控除）する方法と、所定の賃金は当月分として支払、不足の時間分を翌月の総労働時間に加算して労働させる方法があります。翌月の総労働時間に加算する場合の加算できる限度は、その法定労働時間の総枠 の範囲内となりますのでご注意ください。

Q47 フレックスタイム制での 時間外労働や不足時間の計算は

ANSWER　POINT

♤清算時間を超えて労働した時間が時間外労働となります。

♤不足時間については、その月で賃金控除するか、翌月へ加算して調整する 方法があります。

♤清算期間が1か月を超える場合、週平均50時間を超えて労働した時間は 時間外労働となります。

♠清算時間を超えた時間が時間外労働

　フレックスタイム制では、従業員は決められた清算時間分を労働すればよ いので、1日8時間を超えて労働した日や1週40時間を超えた週があっても、 最終的な総労働時間が清算時間内であれば、時間外労働にはなりません。そ のため、総労働時間のうち、清算時間を超えた分の労働時間が時間外労働と なります。

　清算期間が1か月以内の場合は、時間外労働となった分について残業代 を支払う必要があります。清算期間が1か月を超える場合については、後 述します。

【図表124　清算時間を超えた時間が時間外労働】

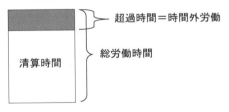

♠清算期間が1か月を超える場合

　清算時間を超えて労働した分が時間外労働となる点は、清算期間が1か 月以内の場合と変わりません。

　ただし、1か月を超える期間を清算期間と定めた場合は、その清算期間を 1か月ごとに区切り、区切った期間において労働時間が1週間当たり平均 50時間を超える場合は、超えた部分が時間外労働となり、残業代の支払が 必要となります。

【図表125　清算期間が1か月を超える場合の扱い】

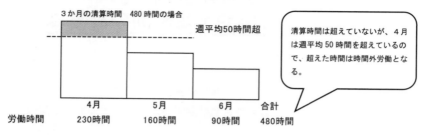

週平均50時間となる1か月当たりの時間数

暦日数	労働時間
31日	221.4時間
30日	214.2時間
29日	207.1時間
28日	200時間

♠労働時間が不足したときは

　労働時間が精算時間に不足した場合は、一般的にはその月の賃金から不足した時間数分を控除します（賃金控除の計算方法については、就業規則等の定めに従います）。

　そのほか、賃金の控除はせずに、翌月の労働時間に加算することもできます。ただし、この場合に加算できる時間数は、翌月の労働時間が法定労働時間を超えないところまでが限度となります

【図表126　労働時間が不足した場合の扱い】

不足時間を翌月に加算する例

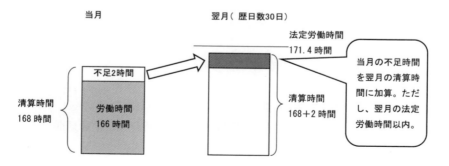

♠コアタイムに遅刻または早退したときは

　コアタイムは、必ず出勤する時間帯ですから、その時間に出勤が間に合わなければ遅刻となりますし、コアタイム中に退勤すれば早退になります。

通常ならば、遅刻・早退は働かなかった時間として賃金控除の対象となりますが、フレックスタイム制では、労働時間がその月の精算時間に達しているかどうかで判断しますので、コアタイムに遅刻・早退があっても、精算時間分働いていれば、賃金控除はできません。

ただし、ルール違反であることは間違いないので、当然に注意、指導することが必要です。改善されなければ、懲戒処分をしたり、昇給・昇格や賞与などの評価に反映させたりすることが考えられます。

♠欠勤したときは

欠勤の場合も、通常は欠勤1日につき1日分の賃金を控除しますが、同様に1か月の総労働時間が精算時間に達していれば賃金控除できません。

しかし、フレックスタイム制は、出勤時刻、退勤時刻について労働者が選択することができるのであって、出勤しなくてもいいというものではありません。職場の秩序の問題もありますので、たとえ精算時間分勤務していても、正当な理由なく欠勤をする場合は、コアタイムの遅刻早退と同様に評価や懲戒処分で適切に対応することが必要です。

♠休日・深夜労働したときは

休日に労働した場合の労働時間は、所定労働日の労働時間と同様に総労働時間に含めることができます。休日労働については、割増率の違いもあり、総労働時間に含めることについて議論は残るものの、これを明確に禁止する規則はないことから、総労働時間に含めることは可能とされています（コンメンタール）。

これに対して、休日労働時間を別に扱い、休日手当を支払う取扱いも問題ありません。

深夜に労働した場合は、深夜労働時間分について深夜割増賃金を支払う必要があります。

♠有給休暇を取得したときは

有給休暇を取得した場合は、労使協定で定めた標準時間労働したものとしてカウントします。

標準時間を8時間と定めている場合であれば、有給休暇や、夏期休暇などの特別休暇を取得した日については、休暇1日につき8時間を総労働時間に加算します。

事業場外労働のみなし制ってなに・その要件は

ANSWER POINT

♧会社外で仕事をする従業員の労働時間の把握が困難な場合に、あらかじめ決められた時間労働したものとみなす制度です。

♧みなし時間が法定労働時間を超える場合は、労使協定を締結して労基署に届け出ます。

♤1日について外勤と内勤がある場合は、外勤のみなし時間と内勤の実労働時間の合計が労働時間となります。

♠どういう場合に適用できるか

会社外で業務を行う場合で、会社からの指揮監督が及ばず、労働時間の算定が困難な場合に適用することができます。

したがって、次のような場合は、外で仕事をしていても、指揮監督や労働時間の算定が可能であるため、みなし労働時間制は適用できないとされています。

①　上司など時間管理する者が一緒にいる場合

②　携帯電話等で随時会社の指示を受けながら業務を行う場合

③　あらかじめ、訪問先、帰社時刻等当日の業務の具体的指示を受けた後、指示どおりに業務を行って帰社する場合

外回りが多い営業社員などに適用したいところですが、近年では携帯電話、スマートフォンの普及や通信技術の発達により、社外にいたとしても連絡をとれないということはほぼありませんから、指揮監督や労働時間の算定をするは十分可能です。したがって、会社外で仕事をしているからといって、安易にみなし労働時間制を適用できると考えるのは危険です。

図表127のように裁判でも多くのケースで、事業場外のみなし労働時間制の適用が否定されています。

【図表127　事業場外みなし労働時間性が認められなかった裁判例】

件名	業務内容
東急トラベルサポート 残業代等請求事件	旅行会社の添乗員業務
ほるぷ賃金等請求事件	プロモーター社員の展示会場での展示販売業務
千里山生活協同組合賃金等請求事件	共同購入運営部門での配達業務
大東建託時間外割増賃金請求事件	テナント営業
サンマーク残業手当等請求事件	情報誌の広告営業
和光商事解雇無効確認等請求事件	営業社員の外勤

♠みなし労働時間の扱いは

みなし時間は、次のどちらかで決定します。

① 所定労働時間

② 通常必要な時間として労使協定で定めた時間

1日社外で働いた場合も、1日の一部を社外で働いた場合も、どちらもみなし時間労働したことになります。1日の一部を社外で働いた場合に、残りの一部を社内で働いた時間については、労働時間を把握することができるので、みなし時間との合計がその日の労働時間になります。

【図表128　みなし労働時間の扱い】

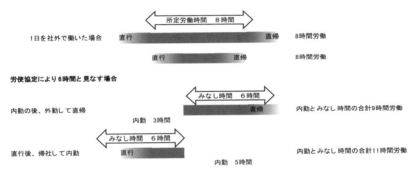

通常、必要な時間を労使協定で定める場合は、図表129のように労使協定で定めます。

【図表129　事業場外みなし労働時間の協定例】

○○商事株式会社と従業員代表者○○○○は、就業規則第○条に基づいて、事業場外労働の労働時間の算定に関して、次のとおり協定する。

（対象従業員）

第1条　本協定は、営業部に所属する販売促進課○○地区担当及び同課△△地区担当の従業員で、主として事業場外において業務に従事する者に適用する。

（みなし労働時間）

第2条　前条に定める従業員が、労働時間の全部又は一部について、事業場外で勤務した場合であって、労働時間を算定することが困難な労働日については、就業規則第○条第2項に定める事業場外の勤務における労働時間は次の表のとおりとみなす。

業　務　の　種　類	3月・12月における時間	左以外の期間における時間
営業部販売促進課○○地区担当	9	7
営業部販売促進課△△地区担当	10	4

（休憩時間）

第3条　第1条の従業員に対しても就業規則第○条に定める休憩時間を与える。ただし、事業場外で勤務により所定の休憩時間が取れない場合は、別の時間帯に休憩を取るものとする。

(有効期間)
第4条　本協定の有効期間は、○○○○年○月○日から1年間とする。ただし、
　　　　会社及び労働者代表者から改定の申出がない場合には、1年ごとに自動
　　　　更新するものとする。

　　○○○○年○月○日

　　　　　　　　　　　　　　　○○商事株式会社　代表取締役○○○○　　　印
　　　　　　　　　　　　　　　従 業 員 代 表 者　　　　　　　○○○○　　　印

　このみなし労働時間が法定労働時間の8時間を超えるときは、図表130
のような労使協定を労基署に届け出る必要があります。

【図表130　事業場外労働に関する協定届の例】

様式第12号（第24条の2第3項関係）

事業場外労働に関する協定届

事 業 の 種 類	事 業 の 名 称	事 業 の 所 在 地 （電話番号）		
化粧品販売業	株式会社○○○	○○区○○1丁目○○番○○号 （03－○○○○－○○○○）		
業 務 の 種 類	該 当 労 働 者 数	1日の所定 労 働 時 間	協 定 で 定める時間	協 定 の 有 効 期 間
販売促進課○○地区担当	20人	7時間30分	9時間00	平成○年 4月1日から 1　年　間
販売促進課△△地区担当	3人	7時間30分	10時間00	
時 間 外 労 働 に 関 す る 協 定 の 届 出 年 月 日			平 成 ○ 年 ○ 月 ○ 日	

（注）「協定で定める時間」は、平成○年12月1日から1ヶ月間、及び平成○年3月
　　　1日から1ヶ月間において適用する。

協定の成立年月日　　　　　　　　平成○年○月○日

協定の当事者である労働組合の名称又は労働者の過半数を代表する者の
　　　　　　　　　　　職　名　株式会社○○○営業部　販売促進課　主任
　　　　　　　　　　　氏　名　○○○○

協定の当事者（労働者の過半数を代表する者の場合）の選出方法
　（投票による選挙　　　　　　　　　　　　　　　　　　　　　　　　　　　）

平成○年○月○日
　　　　　　　　　　　　　　使用者　職　名　株式会社○○○　　代表取締役
　　　　　　　　　　　　　　　　　　氏　名　○○○○

 ○　○　　　労働基準監督署長殿

記載心得
「時間外労働に関する協定の届出年月日」の欄には、当該事業場における時間外
労働に関する協定の届出の年月日（届出をしていない場合はその予定年月日）を
記入すること。

4
労働時間の実務ポイント

Q49 裁量労働制ってどういう制度のこと

ANSWER POINT
♤仕事の進め方や労働時間を、労働者の判断にゆだねる制度です。
♤1日の労働時間は、あらかじめ定めた時間を働いたものとみなします。
♤専門業務型と企画業務型の2種類があります。

♠裁量労働制とは

　仕事の進め方や仕事の時間配分を従業員の判断にゆだねる制度です。

　どのように仕事を進めていくのか、いつ出勤して、いつ休憩して、いつ帰るのか、すべて従業員に任せることになります。

　当然、このような特別な働き方は、誰にでも適用できる制度ではなく、後述する専門業務として認められた業務（専門業務型）や、経営に大きな影響を与える企画、立案等の業務（企画業務型）に限って適用することができます。

♠決められた時間労働したとみなす

　仕事の時間配分を従業員に任せると、何時間労働したのか会社が把握することが難しくなります。したがって、1日のみなし労働時間を例えば「8時間」と決めて、その日の実際の労働時間が長くても短くても、8時間労働したことにします。

　みなし労働時間は、労働日について適用されるため、休日には適用されません。また、深夜労働は、適用されます。したがって、休日労働と深夜労働の時間数については、きちんと把握しなければなりません。

♠専門業務・企画業務とは

　裁量労働制には、専門業務型と企画業務型の2種類があります。

　研究開発やデザイナーなどの専門性の高い業務は、会社でいちいち仕事の進め方を指示したり、何時に出社して、何時に帰りなさいと決めたとしても、思うように仕事も進まず、成果も出にくいことが想像できます。

　このように、専門性が高く、仕事の進め方や時間配分について従業員にゆだねたほうがよいと認められる職種について、専門業務型裁量労働制を使うことができます。

123

適用できる職種は、図表131のように厚生労働省が定めたものに限ります。

【図表131　専門業務型裁量労働制対象業務】

①	新商品もしくは新技術の研究開発または人文科学もしくは自然科学に関する研究の業務
②	情報処理システム（電子計算機を使用して行う情報処理を目的として複数の要素が組み合わされた体系であつてプログラムの設計の基本となるものをいう。⑦において同じ）の分析または設計の業務
③	新聞もしくは出版の事業における記事の取材もしくは編集の業務または放送法（昭和25年法律第132号）第2条第4号に規定する放送番組もしくは有線ラジオ放送業務の運用の規正に関する法律（昭和26年法律第135号）第2条に規定する有線ラジオ放送もしくは有線テレビジョン放送法（昭和47年法律第114号）第2条第1項に規定する有線テレビジョン放送の放送番組（以下「放送番組」と総称する）の制作のための取材もしくは編集の業務
④	衣服、室内装飾、工業製品、広告等の新たなデザインの考案の業務
⑤	放送番組、映画等の制作の事業におけるプロデューサーまたはディレクターの業務
⑥	広告、宣伝等における商品等の内容、特長等にかかる文章の案の考案の業務（いわゆるコピーライターの業務）
⑦	事業運営において情報処理システムを活用するための問題点の把握またはそれを活用するための方法に関する考案もしくは助言の業務（いわゆるシステムコンサルタントの業務）
⑧	建築物内における照明器具、家具等の配置に関する考案、表現または助言の業務（いわゆるインテリアコーディネーターの業務）
⑨	ゲーム用ソフトウェアの創作の業務
⑩	有価証券市場における相場等の動向または有価証券の価値等の分析、評価またはこれに基づく投資に関する助言の業務（いわゆる証券アナリストの業務）
⑪	金融工学等の知識を用いて行う金融商品の開発の業務
⑫	学校教育法（昭和22年法律第26号）に規定する大学における教授研究の業務（主として研究に従事するものに限る）
⑬	公認会計士の業務
⑭	弁護士の業務
⑮	建築士（一級建築士、二級建築士および木造建築士）の業務
⑯	不動産鑑定士の業務
⑰	弁理士の業務
⑱	税理士の業務
⑲	中小企業診断士の業務

　企画業務型は、事業運営上の重要な決定が行われる企業の本社などにおいて企画、立案、調査および分析を行う従業員を対象としています。それぞれの制度の詳細についてはQ50、Q51で解説します。

専門業務型裁量労働制の要件は

ANSWER POINT

♧専門業務型裁量労働制は、制度を適用できる業務が決まっています。

♧労使協定を締結して、労基署への届出が必要です。

♧休日は、みなし労働時間制度の対象外です。**深夜労働**は、みなし労働時間の対象になります。会社は、長時間労働防止のため、**労働時間を把握しな**ければなりません。

♠専門業務型裁量労働制を適用できる業務は

専門業務型裁量労働制は、適用できる業務が Q48 の図表 127 の 19 業務に決まっています。しかし、単純にこれらの業務についている従業員なら誰でも対象となるわけではなく、仕事の進め方や時間配分に裁量が与えられていなければなりません。

例えば、情報処理システムの仕事をする従業員には、自らの裁量でシステムの根幹を構築したり、分析を行う者もいれば、単に指示を受けてこれに従ってプログラミングをするような者もいます。前者のような働き方ならば、対象になりますが、後者の場合は専門業務型裁量労働制の対象になりません。

♠労使協定の締結

対象となる業務を行う従業員については、労使であらかじめ決定した労働時間働いたものとみなします。

対象業務や対象者の範囲、みなし時間などは、労使協定に定めて、労基署に届け出る必要があります。労使協定で定める事項は図表 132 のとおりです。

【図表 132　専門業務型裁量労働制の協定事項】

①	制度の対象とする業務。
②	対象となる業務遂行の手段や方法、時間配分等に関し労働者に具体的な指示をしないこと。
③	労働時間としてみなす時間。
④	対象となる労働者の状況に応じて実施する健康・福祉を確保するための措置の具体的内容。

⑤	対象となる労働者からの苦情の処理のため実施する措置の具体的内容。
⑥	協定の有効期間（３年以内とすることが望ましい）。
⑦	④および⑤に関し労働者ごとに講じた措置の記録を協定の有効期間およびその期間満了後３年間保存すること。

届け出る就業規則・労使協定の例、協定書の記載例は、図表 133、134のとおりです。

【図表 133　専門業務型裁量労働制の就業規則・協定例】

〔就業規則規定例〕
第○条　専門業務型裁量労働制は、労使協定で定める対象労働者に適用する。
　②　前項で適用する労働者（以下「裁量労働適用者」という。）が、所定労働日に勤務した場合には、第○条に定める就業時間に関わらず、労使協定で定める時間労働したものとみなす。
　③　前項のみなし労働時間が所定労働時間を超える部分については、賃金規程第○条により割増賃金を支給する。
　④　裁量労働適用者の始業・終業時刻は、第○条で定める所定就業時刻を基本とするが、業務遂行の必要に応じ、裁量労働適用者の裁量により具体的な時間配分を決定するものとする。
　⑤　裁量労働適用者の休憩時間は、第○条の定めによるが、裁量労働適用者の裁量により時間変更できるものとする。
　⑥　裁量労働適用者の休日は第○条で定めるところによる。
　⑦　裁量労働適用者が、休日又は深夜に労働する場合については、あらかじめ所属長の許可を受けなければならないものとする。
　⑧　前項により、許可を受けて休日又は深夜に業務を行った場合、会社は、賃金規程第○条により割増賃金を支払うものとする。

〔労使協定例〕
　○○株式会社と○○労働組合は、労働基準法第38条の3の規定に基づき専門業務型裁量労働制に関し、次のとおり協定する。
第1条　適用対象
　　　　本協定は、次の各号に掲げる従業員（以下「裁量労働適用者」という。）に適用する。
　　　(1) 研究開発部において新商品又は新技術の研究開発の業務に従事する従業員
　　　(2) 情報システム部において情報処理システムの分析又は設計の業務に従事する従業員
第2条　専門業務型裁量労働制の原則
　　　　裁量労働適用者に対しては、会社は、業務遂行の手段及び時間配分の決定等につき具体的な指示をしないものとする。
第3条　労働時間の取り扱い
　　　　裁量労働適用者が所定労働日に勤務した場合は、就業規則第○条に定める就業時間に関わらず、1日9時間勤務したものとみなす。
第4条　時間外手当
　　　　みなし労働時間が就業規則第○条に定める所定労働時間を超える部分については、時間外労働として取り扱い、賃金規程第○条の定めるところより割増賃金を支払う。
第5条　休憩・休日
　　　　裁量労働適用者の休憩・所定休日については、就業規則の定めるところによる。
第6条　裁量労働適用者の出勤等の手続
　　　　裁量労働適用者は、出勤した日については、出退室時にIDカードを勤怠管理システム端末のカードリーダに通して、出退勤時刻を記録しなければならない。

2　裁量労働適用者が、出張等業務の都合により事業場外で従事する場合には、事前に所属長の了承を得てこれを行わなければならない。所属長の了承を得た場合には、第3条に定める時間労働したものとみなす。

　　3　裁量労働適用者が、所定休日に勤務する場合には、休日労働に関する協定の範囲内で事前に所属長に申請し、許可を得なければならない。所属長の許可を得た場合、裁量労働適用者の休日労働に対しては、賃金規程第〇条に定めるところにより割増賃金を支払う。

　　4　裁量労働適用者が、午後10時から午前5時までの深夜に勤務する場合には、事前に所属長に申請し、許可を得なければならない。所属長の許可を得た場合、裁量労働適用者の深夜業に対しては、賃金規程第〇条に定めるところにより割増賃金を支払う。

第7条　裁量労働適用者の健康と福祉の確保

　　　　裁量労働適用者の健康と福祉を確保するために、次の措置を講ずるものとする。

　　(1) 裁量労働適用者の健康状態を把握するために次の措置を実施する。

　　　イ　所属長は、入退室時のIDカードの記録により、裁量労働適用者の在社時間を把握する。

　　　ロ　裁量労働適用者は、2箇月に1回、自己の健康状態について所定の「自己診断カード」に記入の上、所属長に提出する。

　　　ハ　所属長は、ロの自己診断カードを受領後、速やかに、裁量労働適用者ごとに健康状態等についてヒアリングを行う。

　　(2) 使用者は、(1) の結果を取りまとめ、産業医に提出するとともに、産業医が必要と認めるときには、次の措置を実施する。

　　　イ　定期健康診断とは別に、特別健康診断を実施する。

　　　ロ　特別休暇を付与する。

　　(3) 精神・身体両面の健康についての相談室を厚生室に設置する。

第8条　裁量労働適用の中止

　　　　前条の措置の結果、裁量労働適用者に裁量労働を適用することがふさわしくないと認められた場合または裁量労働適用者が裁量労働の適用の中止を申し出た場合は、使用者は、当該労働者に専門業務型裁量労働制を適用しないものとする。

第9条　苦情の処理

　　　　裁量労働適用者から苦情等があった場合には、次の手続きに従い、対応するものとする。

　　(1) 裁量労働相談室を次のとおり開設する。

　　　イ　場所　　　　　総務部

　　　ロ　開設日時　　　毎週金曜日10：00～12：00と17：00～19：00

　　　ハ　相談員　　　　〇〇〇〇

　　(2) 裁量労働相談室で取り扱う苦情等の範囲は、次のとおりとする。

　　　イ　裁量労働制の運用に関する全般の事項

　　　ロ　裁量労働適用者に適用している評価制度、これに対応する賃金制度等の処遇制度全般

　　(3) 相談者の秘密を厳守し、プライバシーの保護に努めるとともに、必要に応じて実態調査を行い、解決策等を労使に報告する。

第10条　勤務状況等の保存

　　　　使用者は、裁量労働適用者の勤務状況、裁量労働適用者の健康と福祉を確保するために講じた措置、裁量労働適用者からの苦情について講じた措置の記録をこの協定の有効期間の始期から有効期間満了後3年間を経過する時まで保存することとする。

第11条　協定の有効期間

　　　　平成〇年〇月〇日から平成〇年〇月〇日までの1年間とする。

　　　　平成〇年〇月〇日

　　　　　　　　　　　株式会社〇〇〇〇　　代表取締役　　〇〇〇〇　　印

　　　　　　　　　　　〇〇〇〇労働組合　　執行委員長　　〇〇〇〇　　印

【図表134　専門業務型裁量労働制に関する協定届（記載例）】

様式第13号（第24条の2の2第4項関係）

専門業務型裁量労働制に関する協定届（記載例）

事業の種類	事業の名称	事業の所在地（電話番号）
製造業	○○株式会社　△△研究所	〒102−8306　東京都千代田区×区虎ノ門1−2−1（03−3512−1613）

業務の種類	業務の内容	該当労働者数	1日の所定労働時間数	協定で定める時間	労働者の健康及び福祉を確保するために講ずる措置（労働者の労働時間の状況の把握方法）	労働者からの苦情の処理に関して講ずる措置	協定の有効期間
新商品・新技術の研究開発または人文科学・自然科学に関する研究業務	研究所において製品技術などに関し●●の研究設計所によって、開発・試験などを行う。	10名	7時間30分	9時間	2ヶ月に1回、所属長が健康状態についてヒアリングを行い、必要に応じて特別健康診断の実施や、特別休暇の付与を行う。（IDカード）	毎週金曜日10：00〜12：00と17：00〜19：00に総務部に成果労働相談窓口を設け、裁量労働制の運用、評価副制度および評価全制度等の処遇制度全般の欠陥を除き、本人のプライバシーに配慮した上で、実態調査を行い、解決策を方向に斡旋する。	平成○年○月○日から平成○年○月○日まで

時間外労働に関する協定の届出年月日　　平成○年○月○日

協定の成立年月日　　平成○年○月○日
協定の当事者である労働組合の名称又は労働者の過半数を代表する者の　職名　　　○○労働組合　執行委員長
　　　　　　　　　　　　　　　　　　　　　　　　　　　　　　　氏名　　　○○○○

協定の当事者（労働者の過半数を代表する者の場合）の選出方法　　（　　　　　　　　　　）

平成○年○月○日

使用者　職名　　○○株式会社　代表取締役
　　　　氏名　　○○○○　　　　　㊞

中央　　労働基準監督署長　　殿

記載心得

1 「業務の内容」の欄には、業務の性質上当該業務の遂行の方法を大幅に当該業務に従事する労働者の裁量にゆだねる必要がある旨を具体的に記入すること。
2 「労働者の健康及び福祉を確保するために講ずる措置（労働者の労働時間の状況の把握方法）」の欄には、労働基準法第38条の3第1項第4号に規定する措置の内容を具体的に記入するとともに、同号の労働者の労働時間の状況の把握方法を具体的に記入すること。
3 「労働者からの苦情の処理に関して講ずる措置」の欄には、労働基準法第38条の3第1項第5号に規定する措置の内容を具体的に記入すること。
4 「時間外労働に関する協定の届出年月日」の欄には、当該事業における時間外労働に関する協定の届出の年月日（届出をしていない場合はその予定年月日）を記入すること。ただし、協定で定める時間が労働基準法第32条又は第40条の労働時間を超えない場合には記入を要しないこと。

♠労働時間の計算

所定労働日は、労使協定で定めたみなし時間労働したことになります。

1日の労働時間を8時間と決めた場合、所定労働日数が21日の月ならば、その月の労働時間は168時間となります。

みなし時間を1日9時間と決めることもできます。この場合は、毎日1時間の残業があることになり、その分残業代を支払う必要があります。

休日労働と深夜労働は、みなし時間が適用されません。労働時間を把握して、通常の給与のほかに休日手当や深夜手当を支払う必要があります。

また、長時間労働による健康被害を防止するため、在社時間の確認をしてそのような事態にならないように努めることも必要です。

♠不適正な運用はリスク大

はじめに説明したとおり、専門業務型裁量労働制は対象業務に該当していても、仕事の進め方や時間配分に自己の裁量が認められていなければ適用することができません。現実に、労働者から専門業務型裁量労働制の運用が不適正として訴えた事例もあります。また、厚生労働省も、「裁量労働制の不適正な運用が複数の事業所で認められた企業の経営トップに対する都道府県労働局長による指導の実施と企業名公表を行う」ことを発表しています。

【図表135　専門業務型裁量労働制の不適切な運用例】

情報処理システムの業務やゲーム用ソフトウェアの創作業務において、他人の具体的な指示に基づくなど、裁量権のないプログラミング等を行う者に裁量労働制を適用する。
デザインの考案業務において、単に図面の作成や製品等の業務を行う者に裁量労働制を適用する。
放送番組の制作業務において、音量調整やフィルム作成等技術的編集業務を行う者に裁量労働制を適用する。
対象労働者の業務に、専門業務以外の業務が含まれている。
出社時間が決まっているなど、時間配分の決定について会社が具体的な指示をしている。

まずは複数の事業所を持つような企業から指導を強化していくようですが、いずれ中小企業にも拡大していくでしょう。

運用が不適正とされた場合は、労働時間を「みなし時間」とすることができなくなります。したがって、実際の労働時間が採用されますから、過去に遡って時間外労働等があれば割増賃金の支払が必要となります。場合によっては多額の未払賃金を請求されることも考えられます。適正な運用を心がけることが重要です。

企画型裁量労働制の要件は

ANSWER POINT

♧本社等で事業の運営に関する「企画、立案、調査および分析の業務」についている労働者に適用できます。

♧対象者は、対象業務を適切に行うための知識、経験がある者に限られます。

♧労使委員会の決議と対象者本人の同意が必要です。対象者は、労使委員会で決議した時間を労働したものとみなします。

♦対象となる事業場・業務と対象者の範囲

図表 136 の①から③のいずれかに該当する事業場で、④〜⑦のすべてに該当する業務が対象となります。

対象労働者の範囲は、図表 136 の⑧、⑨のどちらにも該当する者です。

具体的には、大卒で 5 年以上の職務経験があって、一定の役職（主任や職務等級○級以上など）以上の者です。同じ仕事をしていても、新卒社員や経験の浅い者は対象にできません。

【図表 136　対象となる事業場・業務と対象者の範囲】

(1)　対象となる事業場（いずれかに該当すること）

①	本社、本店
②	当該事業場の属する企業等にかかる、事業の運営に大きな影響を及ぼす決定が行われる事業場
③	本社、本店である事業場の具体的な指示を受けることなく、独自に事業の運営に大きな影響を及ぼす事業計画や営業計画の決定を行っている支社、支店等

(2)　対象となる業務（すべてに該当すること）

①	事業の運営に関する事項（対象事業場の属する企業、対象事業場にかかる運営に影響を及ぼす事項）についての業務
②	企画、立案、調査および分析の業務（企画、立案、調査および分析という相互に関連し合う業務を組み合わせて行うことを内容とする業務であって、部署が所掌する業務ではなく、個々の労働者が担当する）業務
③	当該業務の性質上これを適切に遂行するには、その遂行の方法を大幅に労働者の裁量にゆだねる必要がある業務
④	当該業務の遂行の手段および時間配分の決定等に関し使用者が具体的な指示をしないこととする業務

(3)　対象労働者の範囲（すべてに該当すること）

①	対象業務を適切に遂行するための知識、経験等を有する労働者
②	対象業務に状態として従事している者

♦労使委員会の決議

　対象となる業務や対象者の範囲のほかに、図表 132 の事項について決議します。制度を実施するには、労使委員会で 5 分の 4 以上の賛成が必要です。

【図表 137　労使委員会で決議すべき事項】

①	対象と な る 具体的業務の範囲
②	対象者の範囲
③	労働し たも の と みなす 時間
④	対象者の勤務状況に応じ て 実施する 、 健康および福祉を 確保するための具体的措置
⑤	対象者から の苦情の処理を 実施する ための具体的措置
⑥	対象者から の同意を 得なければならないこと 、 および不同意の者に対し て 不利益な 扱いをし ないこと
⑦	決議の有効期間
⑧	制度の実施状況にかかる 対象者ごと の記録を 保存する こと

♠制度を有効にするには

　労使委員会の決議は、労基署に届出します。決議例は図表 138 と決議届の例は図表 139 のとおりです。

【図表 138　決議例】

○○株式会社本社事業場労使委員会は、企画業務型裁量労働制につき、下記のとおり決議する。
（対象業務）
第1条　企画業務型裁量労働制を適用する業務の範囲は、次のとおりとする。
　1　企画部で経営計画を策定する業務
　2　人事部で人事計画を策定する業務
（対象労働者）
第2条　企画業務型裁量労働制を適用する労働者は、前条で定める業務に常態として従事する者のうち、入社して7年目以上でかつ職務の級が主事6級以上である者とする。（就業規則第○条で定める管理監督者を除く。）
（対象労働者の事前の同意）
第3条　対象労働者を対象業務に従事させる前には本人の書面による同意を得なければならないものとする。この同意を得るに当たっては、使用者は、本決議の内容、同意した場合に適用する評価制度及び賃金制度の内容、同意しなかった場合の配置及び処遇について対象労働者に説明するものとする。
（不同意者の取扱い）
第4条　前条の場合に、同意しなかった者に対して、同意しなかったことを理由として、処遇等で、本人に不利益な取扱いをしてはならないものとする。
（みなし労働時間）
第5条　第2条に定める者のうち、第3条に基づき同意を得た者（以下「裁量労働従事者」という。）が、所定労働日に勤務した場合には、就業規則第○○条に定める就業時間に関わらず、1日8時間労働したものとみなす。
（裁量労働従事者の出勤等の際の手続）
第6条　裁量労働従事者は、出勤した日については、所定の出勤簿に押印しなければならない。
　2　裁量労働従事者が、出張等業務の都合により事業場外で従事する場合には、あらかじめ、所属長の承認を得てこれを行わなければならない。所属長の承認を得た場合には、前条に定める労

（裁量労働適用の中止）
第8条　前条の措置の結果、裁量労働従事者に企画業務型裁量労働制を適用することがふさわしくないと認められた場合又は裁量労働従事者が企画業務型裁量労働制の適用の中止を申し出た場合は、使用者は、当該労働者に企画業務型裁量労働制を適用しないものとする。
（裁量労働従事者の苦情の処理）
第9条　裁量労働従事者から苦情等があった場合には、次の手続に従い対応するものとする。
　1　裁量労働相談室を次のとおり開設する。
　　イ　場所　総務部
　　ロ　開設日時　毎週金曜日12:00 〜13:00 と17:00 〜19:00
　　ハ　相談員　○○○○
　2　取り扱う苦情の範囲を次のとおりとする。
　　イ　裁量労働制の運用に関する全般の事項
　　ロ　裁量労働従事者に適用している評価制度、これに対応する賃金制度等の処遇制度全般
　3　相談者の秘密を厳守し、プライバシーの保護に努める。
（決議の変更）
第10条　決議をした時点では予見することができない事情の変化が生じ、委員の半数以上から労使委員会の開催の申出があった場合には、有効期間の途中であっても、決議した内容を変更する等のための労使委員会を開催するものとする。
（勤務状況等の保存）
第11条　使用者は、裁量労働従事者の勤務状況、裁量労働従事者の健康と福祉確保のために講じた措置、裁量労働従事者からの苦情について講じた措置、企画業務型裁量労働制を適用することについて裁量労働従事者から得た同意に関する労働者ごとの記録を決議の有効期間の始期から有効期間満了後3年間を経過する時まで保存することとする。
（評価制度・賃金制度の労使委員会への開示）
第12条　使用者は、裁量労働従事者に適用される評価制度、これに対応する賃金制度を変更する場合、事前にその内容について

働時間労働したものとみなす。

（裁量労働従事者の健康と福祉の確保）

第7条 裁量労働従事者の健康と福祉を確保するために、次の措置を講ずるものとする。

1 裁量労働従事者の健康状態を把握するために次の措置を実施する。

イ 所属長は、入退室時のIDカードの記録により、裁量労働従事者の在社時間を把握する。

ロ 裁量労働従事者は、2カ月に1回、自己の健康状態について所定の「自己診断カード」に記入の上、所属長に提出する。

ハ 所属長は、ロの自己診断カードを受領後、速やかに、裁量労働従事者ごとに健康状態等についてヒアリングを行う。

2 使用者は、1の結果をとりまとめ、産業医に提出するとともに、産業医が必要と認めるときには、次の措置を実施する。

イ 定期健康診断とは別に、特別健康診断を実施する。

ロ 特別休暇を付与する。

3 精神・身体両面の健康についての相談室を○○に設置する。

委員に対し説明をするものとする。

（労使委員会への情報開示）

第13条 使用者は、労使委員会において、裁量労働従事者の勤務状況、裁量労働従事者の健康と福祉確保のために講じた措置、裁量労働従事者からの苦情について講じた措置の情報を開示するものとする。

（決議の有効期間）

第14条 本決議の有効期間は、平成○○年4月1日から平成○○年3月31日までの3年間とする。

平成○○年3月23日

○○株式会社本社事業場労使委員会

委員 ○○○○ 印 ○○○○ 印
　　 ○○○○ 印 ○○○○ 印
　　 ○○○○ 印 ○○○○ 印
　　 ○○○○ 印 ○○○○ 印

【図表139　決議届の例】

また、決議の届出に加えて、制度を実施するためには、対象者の同意が必要です。もし対象者が同意しなかった場合は、制度を適用することはできません。

また、同意しなかったことについて、解雇等の不利益な取扱いをしてはいけません。

制度が適用される対象者は、労使委員会で決議された時間を毎日働いたものとみなします。

なお、決議が行われた日から6か月以内ごとに1回、労基署へ定期報告もしなければなりません（図表140参照）。

【図表140　定期報告の例】

様式第13号の4（第24条の2の5第1項関係）

企画業務型裁量労働制に関する報告

報告期間　○○年○月から　○○年○月まで

事業の種類	事業の名称	事業の所在地（電話番号）
	○○○ 株式会社　本社事業場	○○区○○1丁目2番3号 電話○○○-○○○○-○○○○
その他の事項		

業務の種類	労働者の範囲	労働者数	労働者の労働時間の状況（労働時間の把握方法）	労働者の健康及び福祉を確保する措置の実施状況
経営計画の策定	企画部で、入社7年目以上、主任6級以上	10	平均9時間、最長12時間20分 ［ICカード］	特別健康診断の実施（○○年5月14日）
人事計画の策定	人事部で、入社7年目以上、主任6級以上	10	平均9時間30分、最長14時間 ［ICカード］	与○慰問診断の労働○○年5月分 特別休暇の付与

平成 ○○ 年 8 月 11 日

○○労働基準監督署長殿

使用者　職名　○○○　株式会社　氏名　○○○　常務取締役　○○○　印

記載心得
1　「業務の種類」の欄には、労働基準法第38条の4第1項第1号に規定する業務として決議した業務を具体的に記入すること。
2　「労働者の範囲」及び「労働者数」の欄には、労働基準法第38条の4第1項第2号に規定する労働者の範囲及びその数を記入すること。
3　「労働者の労働時間の状況」の欄には、労働基準法第38条の4第1項第4号に規定する労働時間の状況について把握した時間のうち、平均的なもの及び最長のものの状況を具体的に記入すること。また、労働時間の状況を実際に把握した方法を具体的に（　）内に記入すること。
4　「労働者の健康及び福祉を確保するための措置の実施状況」の欄には、労働基準法第38条の4第1項第4号に規定する措置として講じた措置の実施状況を具体的に記入すること。

高度プロフェッショナル制度ってなに・その要件は

ANSWER POINT

♤労働時間にしばられず、成果に応じた賃金を支払う制度です。

♤高度な専門知識が必要な職種で、年収1,075万円以上で本人が同意した者が対象となります。

♤導入のためには、労使委員会において対象業務、対象者、健康確保措置などについて5分の4以上の多数で決議することが必要です。

♠労働時間にかかわらず成果に対して賃金を支払う制度

労基法では、賃金は労働時間の対価として考えられています。そのため、労働時間を管理して働いた時間分の賃金を支払うということになっています。

工場の生産ラインのように、従事した時間分の成果が期待できれば、これで問題ないのですが、いわゆる事務職等のホワイトカラーでは、必ずしもそうとはいえません。

そこで、従事した時間と成果の関連性が高くない業務については、成果に対して賃金を支払うようにすることはできないかというニーズが出てきました。いわゆる「脱時間給」です。しかし、無差別に脱時間給を許してしまうと、長時間労働が蔓延するおそれがあります。

このため、一定の高度な知識が必要な業務で、高収入な労働者に限定して、これまでの時間外労働や休日に関する労働時間の枠組みを外すことができるようにしたのが、「高度プロフェッショナル制度」です。

♠導入の流れ

高度プロフェッショナル制度は、導入の要件が細かく決められています。

制度導入には、労使委員会において、①対象業務、②対象者、③健康確保措置の内容について、5分の4以上の賛成を得る必要があります。その後、④対象者の同意を得て、制度を適用することが可能になります。

なお、本人の同意は、いつでも撤回することができます。

労使委員会で決定する事項は他にもあり、それをまとめると図表136のようになります。

【図表141　労使委員会決議事項】

① 対象は、高度専門職のみ
・高度の専門的知識等を必要とし、従事した時間と成果との関連が高くない業務
　具体例：金融商品の開発業務、コンサルタントの業務、研究開発業務など
② 対象は、希望する方のみ
・職務を明確に定める「職務記述書」等により同意している方
③ 対象は、高所得者のみ
・年収が「労働者の平均給与額の３倍」を「相当程度上回る水準」以上の方＝交渉力のある労働者…具体額は「1,075万円」を想定

♠対象となる従業員の要件は

　高度な専門知識を持ち、高い年収を得ている方が対象となります。具体的には図表142のような業務を行う方で、年収1,075万円以上と想定されています。

【図表142　対象となる従業員の要件】

① 対象は、高度専門職のみ
・高度の専門的知識等を必要とし、従事した時間と成果との関連が高くない業務
　具体例：金融商品の開発業務、コンサルタントの業務、研究開発業務など
② 対象は、希望する方のみ
・職務を明確に定める「職務記述書」等により同意している方
③ 対象は、高所得者のみ
・年収が「労働者の平均給与額の３倍」を「相当程度上回る水準」以上の方＝交渉力のある労働者…具体額は「1,075万円」を想定

♠健康確保措置等

　制度を適用した場合、長時間労働となることが懸念されることから、対象者の長時間労働を抑制し、健康を害さない図表143のような措置をとることが必要です。

【図表143　健康確保措置の内容】

● **年間104日以上**、かつ、**４週４日以上の休日確保**を義務づけ

● 加えて、以下のいずれかの措置を義務付け
　　　　　　　　※どの措置を講じるかは労使委員会の５分の４の多数で決議
　① **インターバル規制**（終業・始業時刻の間に一定時間を確保）
　　　　　＋　深夜業（22〜５時）の回数を制限（１か月当たり）
　② **在社時間等の上限の設定**（１か月または３か月当たり）
　③ １年につき、**２週間連続の休暇取得**（働く方が希望する場合には１週間連続×２回）
　④ **臨時の健康診断の実施**（在社時間等が一定時間を超えた場合または本人の申出があった場合）

● 在社時間等が一定時間（1か月当たり）を超えた労働者に対して、医師による面接指導を実施（**義務・罰則つき**）面接指導の結果に基づき、職務内容の変更や特別な休暇の付与等の事後措置を講じる

在宅勤務・テレワークって どんな働き方のこと

ANSWER ± POINT

♤テレワークとは、インターネットなどの通信手段を使い、出社せずに自宅等で業務を行う働き方です。

♤育児や介護、遠隔地で通勤が困難なケースでも就業することができます。

♤労働時間の管理が難しいなどの課題もあります。

♠在宅勤務とテレワーク

在宅勤務とは、出社せず自宅にいながら業務を行うことです。

テレワークは、インターネットなどの情報通信技術を活用して、自宅やカフェ、サテライト施設などから会社に出社せずに仕事をするような働き方です。

在宅勤務イコールテレワークとは限りませんが、情報通信技術が発達した現代では、在宅勤務はテレワークで行われるという理解でも間違いないと思います。

【図表 144　在宅勤務とテレワーク】

３つの形態から、柔軟に選択して活用を！

① 在宅勤務
② サテライトオフィス勤務
③ モバイルワーク

① **在宅勤務**
自宅を就業場所とする働き方です。通勤による時間的・身体的な負担が軽減され、また時間を有効活用できるため、仕事と家庭生活の両立に役立ちます。

② **サテライトオフィス勤務**
所属オフィス以外の、通勤や業務に便利な場所にオフィスやワーキングスペースを設ける働き方です。時間の有効活用に加え、業務に集中できる環境で就労できます。

③ **モバイルワーク**
移動中（交通機関の車内など）や顧客先、カフェなどを就業場所とする働き方です。時々で働く場所を柔軟に選んで運用できるため、業務効率化に繋がります。

出所：厚生労働省リーフレット「テレワークを活用してみませんか」より

♠メリットは

テレワークを活用すれば、育児や介護などの理由で出社が難しい従業員が、在宅のまま働くことも可能になります。介護等で退職しなければならないケースが増えていますが、在宅勤務が可能となれば引き続き働くことができ、ワークライフバランスの向上により、優秀な人材の離職防止も期待できます。

また、通勤の必要がありませんので、従業員はその時間を有効活用することができます。とくに、都心部では通勤ラッシュを回避することができ、ラッシュによる従業員の心身の負担が軽減されます。

　テレワーク制度があることによる、会社のブランド力アップも期待できるでしょう。このほかにも、万一の災害時などによる業務継続の手段としても可能性が広がります。

♠デメリットは

　テレワークや在宅勤務では、会社の情報が社外へ出ることになります。情報通信技術は進歩していますが、情報セキュリティについては細心の注意を払う必要があるでしょう。セキュリティー強化やテレワーク規定等によるルール遵守の徹底は必要です。

　また、出社しないので、勤務状況を確認することが困難となります。仕事ぶりを直接見ることはできないので、業務報告の方法についてあらかじめ決めておくことが必要です。

　勤怠管理についても、通常の社員と同じように打刻することができるシステムが整っていればいいですが、そうでなければ、メール等で始業・終業や休憩時間の報告を受けて別に管理する必要があります。

　育児や介護等で在宅勤務をする場合は、プライベートと業務の線引きが難しく、労働時間の管理について一層難しくなると考えられます。自律的、自己管理ができるよう従業員への教育が必要になるでしょう。

♠事業場外のみなし労働時間制を使う

　在宅勤務では、図表145のすべての条件を満たすときに事業場外のみなし労働時間制を使うことができます。

【図表145　事業場外のみなし労働時間制を使う条件】

①	当該業務が、起居寝食等私生活を営む自宅で行われること。
②	当該情報通信機器が、使用者の指示により常時通信可能な状態におくこととされていないこと。
③	当該業務が、随時使用者の具体的な指示に基づいて行われていないこと。

　かみ砕いて言えば、「自宅で、携帯電話やインターネットの接続のオンオフの自由があり、仕事の進め方も自由に行える」ような状態といえます。事業場外のみなし労働時間制を使う場合はQ48を参照してください。

ANSWER POINT

♤農水産業、管理監督者および機密の事務を取り扱う者、監視または断続業務、宿日直を行う者です。

♤管理監督者性については、裁判で争われることも多く、慎重な判断が必要です。

♤監視または断続業務、宿日直については、労基署の許可が必要です。

♠適用除外を受けるのは

労働時間規制が適用除外となっているのは、図表 146 の①から③に当たる者です。

【図表 146 労働時間規制の適用除外者】

①	農業、養蚕、畜産、水産業に従事する者
②	監督もしくは管理の地位にある者、または機密の事務を取り扱う者
③	監視または断続的労働に従事する者で、労基署の許可を受けた者

これらに該当する場合は、労働時間と休日について労働時間規制が適用除外になります。つまり、1 日 8 時間、週 40 時間の法定労働時間と、毎週 1 回（または 4 週に 4 日）の法定休日にしばられることなく働くことができます。

深夜労働については、業務の種類にかかわらず 22 時から 5 時という時間帯に適用されるため、適用除外にはなりません。

♠農水産業には労働時間規制が馴染まない

農業、畜産、養蚕、水産業は、自然的な影響を大きく受けるため、これらに従事する者には労働時間を規制することがなじまないことから、労働時間規制の適用除外となっています。

♠管理監督者とは

管理もしくは監督の地位にある者（以下、管理監督者）は、経営者と一体となる地位にあって、経営に直接影響する権限を持ち、自己の勤務に自由裁

量があることなどが条件です。

　よく、「課長から管理職」というように社内の管理職を決めることがあります。が、社内の管理職イコール管理監督者ではありません。店長も社内の管理職と位置づけられることがありますが、他の店員と同様の業務を行う場合や、店員の労働条件などの決定権がないような場合は、管理監督者にはなりません。

　役職で言えば最低でも部長級と考えられますが、部長と呼ばれていても大きな権限がなく、出社、退社時刻を管理され、社長や上司の指示のもとに業務を行うような場合は、管理監督者とは言えません。あくまでも実態での判断が必要です。

　賃金も管理監督者の地位としてふさわしい金額をもらっていることが必要です。具体的にいくら以上という定めはありませんが、一般の従業員と比べて、十分な待遇であることが必要です。管理監督者の判断については裁判で争われることも多く、ほとんどが管理監督者性を否定したものです。管理監督者として処遇する場合は、慎重に決定することが重要です。

【図表147　管理監督者の要件】

役職等	役職名称にかかわらず、実態として経営者と一体と考えられるような権限がある役職であること。支社長、工場長、人事部長などが考えられる。
労働時間	自己の裁量があること。始業時刻に出勤することを義務づけるなど、時間的拘束を受けないこと。
賃金	一般の社員と比べて相応な待遇であること。管理監督者の地位としてふさわしい金額であること。

　機密の事務を扱う者とは、「秘書その他職務が経営者または管理もしくは監督の地位にある者の活動と一体不可分であって、出社退社等について厳格な制限を受けない者」とされています。秘書といっても、単に社長のスケジュール管理や連絡の取次だけをするような者はこれには該当しません。

♠監視、断続的業務、宿日直

　監視や断続的業務、宿日直とは、図表148のような場合です。これらの業務が労働時間規制の適用除外とされているのは、労働密度が薄く、労働時間、休憩、休日について規制しなくても、労働者保護の観点から問題ないと考えられているためです。

　しかし、実際に監視・断続的業務と一般の業務の区別をつけることは難し

く、具体的にどういう業務が該当するかあらかじめ明記することは難しいため、労基署の許可を受けることが必要となっています。

【図表148　監視断続業務宿日直の要件】

	要　件	認められない例
監視または断続的労働従事者	(1) 監視労働に従事する者とは、原則として一定部署にあって監視するのを本来の業務とするものですが、精神的緊張の高い業務、危険または有害な場所における業務等は、許可の対象になりません。 (2) 断続的労働に従事する者とは、本来作業が間欠的に行われ、作業時間が継続することなく、手待時間が多い業務に従事する者です。	交通関係の監視、車両誘導を行う駐車場等の監視等精神的緊張が高い業務。 プラント等における計器類を常態として監視する業務。 危険または有害なな書における業務。 修繕係等通常は業務閑散であるが、事故発生に備えて待機するもの。
宿日直勤務者	宿日直勤務は、常態としてほとんど労働する必要のない勤務のみを認めるもので、定期的巡視、緊急の電話・文書の収受、非常事態に備えての待機等を目的とするものに限られます。 行政解釈としては次のとおり。 ① 本来の業務の延長と見られる業務の処理でないこと ② 宿日直勤務の頻度は、日直月1回、宿直は週1回を基準とすること ③ 相当の手当を支給すること ④ 宿直にあっては相当の睡眠設備を有すること	病院の宿日直のように、常態として急患対応などがある場合。

♠宿日直の手当

　労基署の許可を受けて監視、断続的業務、宿日直をする従業員に支払う賃金は、相当の手当が支給される必要があります。

　具体的には図表149のような通達が出ていて、通常よりも低い賃金でもよいことになります。

【図表149　宿日直の手当】

> 宿直勤務1回についての宿直手当（深夜割増賃金を含む）または日直勤務1回についての日直手当の最低額は、当該事業場において宿直または日直に勤務に就くことの予定されている同種の労働者に対して支払われている賃金（割増賃金の基礎となる賃金に限る）の1人1日平均額の3分の1を下回らないものであること。

　例えば、宿直の業務を行う予定の従業員の平均的な賃金が1日当たり12,000円だとすると、1回の宿直につき4,000円以上の賃金を支払えばよいことになります。

5 休憩・年次有給休暇の実務ポイント

休憩時間ってどういう時間のこと

ANSWER POINT
♤休憩時間とは、労働から離れて休むことが保障されている時間です。
♤休憩時間の長さは、1日の労働時間によって決まります。
♤休憩時間は、労働時間の途中に与えなければなりません。
♤休憩時間は、自由に利用させなければなりません
♤休憩時間は、一斉に与えることが原則です。

♠休憩時間は労働から疲労を回復させるための時間

　疲労を回復させるためには、労働から離れることを保障されている必要があります。

　作業中の手待時間、電話番の時間、待機時間は、休憩時間には該当しません。完全に労働から離れることができる時間が休憩時間となります。手待時間、待機時間などは、実際に作業をしていなくても、労働から離れることが保障されていないので、労働時間として扱うことになります。

♠労働時間の長さによって決まる休憩時間

　労働時間が6時間を超える場合は45分以上、8時間を超える場合は1時間以上の休憩時間を与えなければなりません。6時間以内ならお昼をはさんでも休憩は不要です。

　例えば、労働時間が7時間30分の場合、休憩時間は最低45分で足ります。しかし、この労働時間を1時間延長して労働させる場合、労働時間が8時間を超えるので、別途15分の休憩を与えて合計1時間にしなければなりません。

♠休憩時間の与えるタイミング

　休憩時間を始業・終業時に与えることは認められておらず、必ず労働時間の途中に与えなければなりません。途中であれば分割して与えること可能ですし、中間の時間帯に与えなくても構いません。

　また、あまり細かく分割することは、休憩する意味が損なわれるので、ある程度の時間を確保することが必要ですが、例えば午前10分、昼休憩40分、午後10分の合計60分に分割して与えることは問題ありません。

【図表 150　休憩時間の概要①】

労働時間	休憩時間	与え方
6 時間超	45 分以上	①　労働時間の途中
8 時間超	1 時間以上	②　自由利用
		③　一斉休憩（例外あり）

【図表 151　一斉付与適用除外】

業種により適用除外	①運輸業 ②商業 ③金融広告業 ④映画、演劇業　⑤通信業 ⑥保健衛生業　⑦接客娯楽業 ⑧官公署
労使協定により適用除外	上記以外の業種

【図表 152　休憩時間の概要②】

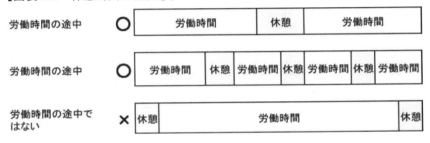

♠休憩時間中の外出

　休憩時間は、労働者が自由に使える時間でなければなりません。しかし、休憩時間も拘束時間の一部ですので、外出を許可制にすることは特段問題ありません。

♠仮眠時間が休憩時間でないとされたケース

　作業に従事していない仮眠時間について労働時間に該当するか争われた裁判で、次のような判例が出ています。

　「従業員が作業していない仮眠時間について休憩時間を与えるかどうかは、労働者が仮眠時間において使用者の指揮命令下にあったかどうかで客観的に定まるものである。従業員が作業に従事していない仮眠時間であっても、労働から離れることが保障されていない場合には、労基法上の労働時間に当たるというべきである」(大星ビル管理事件 2002 年 2 月 28 日最高裁)。

　このように仮眠時間であっても、指揮命令下で労働から離れることが保障されていない限り、休憩時間ではなく労働時間として扱う必要があります。

Q56 休憩時間に制限を設けるには

ANSWER POINT
♧休憩時間は、自由に利用させなければなりません
♧休憩時間は、一斉に与えることが原則です。

♠休憩時間は自由利用が原則

　休憩時間は、労働者が労働から解放されることが保障された時間であり、自由に使える時間でなければなりません。休憩時間に電話番をさせたりした場合には、労働者が自由に使うことが保障された時間ではないので、休憩時間ではなく労働時間となります。このような場合は、休憩を交替制にするなど労働者に別途休憩時間を与える必要があります。

♠休憩時間には制限を設けられる

　休憩時間は自由利用が原則ですが、一定の制限を設けることは可能です。通達でも「休憩時間の利用について事業場の規律保持上必要な制限を加えることは、休憩の目的を損なわない限り差し支えないこと」(昭 22.9.13 発基 17 号) や「休憩時間中の外出について所属長の許可を受けさせるのは、事業場内において自由に休息し得る場合には必ずしも違法にはならない」(昭 23.10.30 基発 1575 号) とされています。

　また、図表 153 の業種は、法律上、休憩時間の自由利用から除外されています (労基則 33 条)。

【図表 153　休憩時間の自由利用が除外されている対象者】

①	警察官、消防吏員、常勤の消防団員および児童自立支援施設に勤務する職員で児童と起居をともにする者
②	乳児院、児童養護施設、知的障害児施設、盲ろうあ児施設および肢体不自由児施設に勤務する職員で児童と起居をともにする者

♠休憩時間を交代でとらせるには

　休憩時間は、個人別に与えるのではなく、事業所単位で一斉に与えなければなりません。ただし、前掲 Q 55 の図表 151 の業種は一斉に与えなくてもよいとされています。

また、労使協定を締結したときは、一斉に与えなくてもかまいません。

休憩時間の一斉付与適用除外の労使協定では、図表154の事項を定めます。

【図表154　休憩時間の一斉付与について労使協定で定める事項】

①	一斉休憩から除外する労働者の範囲
②	一斉休憩適用除外する労働者の休憩の与え方

休憩時間の一斉付与適用除外の労使協定書の例は、図表155のとおりです。なお、この労使協定は労基署への届出は不要です。

【図表155　休憩時間を交代で与える場合の労使協定書の例】

一斉休憩の適用除外に関する労使協定書

株式会社○○と、労働者代表○○は休憩時間について下記のとおり協定する。

1．営業の業務に従事する社員については、班別の交替により休憩時間を与えるものとする。

2．各班の休憩時間は次のとおりとする。
　1班　午前11時～正午
　2班　正午～午後1時
　3班　午後1時～午後2時

3．本協定は平成○年○月○日から施行する。

平成○年○月○日

株式会社○○
代表取締役○○　　印

労働者代表　　○○○　　印

♠フレックスタイム制の休憩時間

フレックスタイム制の労働者であっても、原則として一斉付与休憩の対象となります。フレックスタイム制の労働者を一斉付与適用から除外する場合には、前掲の労使協定が必要となります。

その場合、「休憩を取る時間帯を労働者に委ねる場合には、各日の休憩時間の長さを定め、それを取る時間帯を労働者に委ねる旨記載しておけばよい」(昭63.3.14基発150)とされています。

Q57 勤務間インターバル制度って どういう制度のこと

ANSWER POINT

♤勤務間インターバル制度とは、終業から翌日の始業時刻までに一定の時間を確保する制度です。

♤勤務間インターバル制度導入により、翌日業始業時刻が遅れるときの考え方は2通りあります。

♤政府は、2020年までに勤務間インターバル制度導入率10%を目標にしています。

♠勤務間インターバル制度は2019年4月から適用

　勤務時間の終了時刻から翌日の始業時刻までに一定の休息時間を確保する「勤務間インターバル制度」が2019年4月1日から施行されました。

　これは、労働者の睡眠、生活時間、睡眠時間を確保することを目的としており、労働時間等設定改善法により勤務間インターバルを講ずるよう努力することが規定されています。

♠勤務間インターバル制度とは

　始業9時〜終業18時の企業で、前日23時まで残業した場合、従来どおりであれば、翌日も始業時刻は9時のままです。

　しかし、勤務間インターバル制度を導入していて、インターバルの時間を11時間と設定していた場合には、前日残業の23時から11時間を経過した翌日10時が始業時刻となります。これにより、始業時刻が1時間後ろとになり、労働者の睡眠時間や残業による疲労回復を図ることができます。

【図表156　勤務間インターバル制度のイメージ】

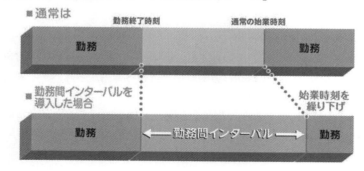

♠勤務間インターバル制度を導入する場合の規定例

　勤務間インターバル制度を導入する場合には、①インターバル（休憩時間）と翌日所定労働時間が重複する部分を労働したとみなす場合と、②始業終業時刻を繰り下げる場合の2つの方法があり、それぞれの規定例は図表157、158のとおりです。

【図表157　インターバルと翌日所定労働時間が重複する部分を労働したとみなす場合の規定例】

> 勤務間インターバル
> 第〇条　社員は1日の勤務終了後、次の勤務開始までに少なくとも11時間の継続した休息時間を与える。
> 　2　前項の休息時間の満了時刻が、次の勤務の所定始業時刻以降に及ぶ場合、当該始業時刻から満了時刻までの時刻は労働したものとみなす。
> 　3　ただし、災害その他避けることができない場合には、その限りではない。

【図表158　始業終業時刻を繰り下げる場合の規定例】

> 勤務間インターバル
> 第〇条　社員は1日の勤務終了後、次の勤務開始までに少なくとも11時間の継続した休息時間を与える。
> 　2　前項の休息時間の満了時刻が、次の勤務の所定始業時刻以降に及ぶ場合、翌日の始業時刻は、前項の休息時間の満了時刻まで繰り下げる。終業時刻についても繰り下げる。
> 　3　ただし、災害その他避けることができない場合には、その限りではない。

♠2020年までに企業導入率10%の政府目標

　勤務間インターバル制度は、過労死等の防止のための対策に関する大綱により、2020年までに企業導入率10%の政府目標が設定されています。

♠勤務間インターバル制度の導入状況・検討予定

　平成30年の就労条件総合調査によれば、勤務間インターバル制度導入状況別の企業割合では「導入している」が1.8%、「導入を予定または検討している」が9.1%、導入の予定も検討もしていないが89.1%となっています。
　実際に終業時刻から始業時刻までの間隔が11時間以上空いている労働が「全員」の企業割合は40.5%、「ほとんどの全員」が33.5%。また「ほとんどいない」の企業割合は2.1%、「全くいない」が6.8%となっています。

ANSWER POINT

♤年次有給休暇は、休日とは別の労働者の疲労回復を図るための休暇です

♤年次有給休暇が付与されるためには２つの要件があります

♤パートアルバイトであっても、週１日以上勤務していれば所定労働日数に応じて年次有給休暇が付与されます。

♤年次有給休暇は、「労働者の請求する時季」に与えなければなりません。

♠有給休暇の目的

年次有給休暇は、労働者の疲労を回復させることを目的として、休日とは別に賃金を保障して一定の日数を付与する休暇です。

年次有給休暇取得した日の賃金については、①平均賃金、②所定労働時間労働した場合に支払われる通常の賃金、③健康保険法による標準報酬日額に相当する賃金のどれで計算するかを就業規則により定めます。

なお、③の標準報酬日額の場合は、労使協定の締結を必要とします。

♠年次有給休暇付与の条件は

年次有給休暇付与されるための要件は、①６か月以上継続して勤務していること、②全労働日の８割以上出勤していること 、の２つです。

入社した初年度は上記①②を要件としますが、２年目以降は、初回の年次有給休暇付与日を基準日として、１年ごとに８割以上出勤していた場合に付与されます。８割未満の出勤率の年は年次有給休暇付与はありません。

♠年次有給休暇の付与日数は

年次有給休暇の日数は、正社員・フルタイム労働者に付与される日数と、パートで労働日数労働時間が少ない場合の付与日数（比例付与）の２パターンがあります（図表 159、160）。

【図表 159　正社員・フルタイム労働者に付与される日数】

勤続期間	６か月	１年 ６か月	２年 ６か月	３年 ６か月	４年 ６か月	５年 ６か月	６年 ６か月以上
付与日数	10 日	11 日	12 日	14 日	16 日	18 日	20 日

週所定労働日数	1年間の所定労働日数	勤　続　期　間						
		6か月	1年6か月	2年6か月	3年6か月	4年6か月	5年6か月	6年6か月以上
4日	169日〜216日	7日	8日	9日	10日	12日	13日	15日
3日	121日〜168日	5日	6日	6日	8日	9日	10日	11日
2日	73日〜120日	3日	4日	4日	5日	6日	6日	7日
1日	48日〜 72日	1日	2日	2日	2日	3日	3日	3日

♠年次有給休暇出勤率の算定方法

　年次有給休暇の出勤率は、図表161の計算式により算出します。

【図表161　年次有給休暇出勤率の算式】

$$\text{出勤率} = \frac{\text{出勤日数（算定期間の全労働日のうち出勤した日数}}{\text{全労働日（算定期間の総暦日数から就業規則等で定めた休日を除いた日数）}}$$

■全労働日から除外れる日
・使用者の責めに帰すべき事由によって休業した日
・正当なストライキその他の正当な争議行為により労務が全く提供されなかった日
・休日労働させた日
・法定外の休日等で就業規則等の休日とされる日等であって労働させた日

■出勤したものと取り扱う日
・業務上の負傷・疾病等により療養のため休業した日
・産前産後の女性が労働基準法第65条の規定により休業した日
・育児・介護休業法に基づき育児休業または介護休業した日
・年次有給休暇を取得した日

♠労働者の請求する時季は

　有給休暇は、原則として「労働者の請求する時季」に与えなければなりません（労基法39条5項）。請求する「時季」とは、具体的な日付でも季節を含めた期間でもよいとされています。一方、事業主には、労働者が指定した時季の休暇により「事業の正常が運営を妨げる」場合、他の時季に休暇を与えることができる時季変更権があります。

♠不利益取扱いの禁止

　使用者は、労働者が年次有給休暇取得したことを理由に、賃金の減額その他不利益な取扱いをすることを禁止されています（労基法附則136条）。

ANSWER POINT

♧年次有給休暇は、半日単位や1時間単位で与えることができます。

♧時間単位の取得には、その日数について上限があります。

♧時間単位の年次有給休暇も時季変更権の対象となります。

♠半日単位での有給休暇

　本来、年次有給休暇は、「1日単位」で与えることが原則です。年次有給休暇の半日単位での取得については、労働者が希望し、使用者が同意すれば労使協定の締結されていない場合でも可能です。

　「半日単位での付与については、年次有給休暇の取得促進にも資するものと考えられることから、労働者がその取得を希望して時季を指定し、これに使用者が同意した場合であって、本来の取得方法による休暇取得の阻害とならない範囲で適切に運用される限りにおいて、問題がないものとして、取り扱うものとする」と定めています（平7・7・27　基監発第33号）。

♠半日の考え方

　半日単位の付与には、①昼休憩を境にして午前と午後で半日、②所定労働時間を半分に分ける、方法があります

　人によって異なった取扱いにならないよう、①②いずれの方法にするかは、就業規則等であらかじめ定めておいたほうがよいと思われます。

♠時間単位の年次有給休暇

　年次有給休暇は、労働者疲労回復を目的としていることから、1日あるいはまとまった休暇取得が本来の趣旨でした。しかし、取得率の低さや使い勝手を考慮して、1時間単位での取得についても認めることになりました。

　1時間単位の取得は、労使協定締結により上限を5日以内の範囲で取得できます。

　時間単位の年次有給休暇労使協定では、次の①～④を規定します。

① 時間単位年休の対象労働者の範囲…対象者の範囲は、事業の正常な運営との調整を図る観点から、労使協定でその範囲を定めることとされていま

す。それ以外、取得目的などにより対象範囲の設定は認められていません。

　例：○工場ラインの労働者は対象外　×育児を行う者に限る

② 　時間単位年休の日数…５日以内の範囲で規定、前年度からの繰越しがある場合でも、その年度で取得できるのは繰越し分を含め５日以内になります。

③ 　時間単位年休１日の時間数…１日分の年休に対応する時間数を所定労働時間数から定めます。時間に満たない端数がある場合には、時間単位に切り上げてから計算します。

　例：１日の所定労働時間が７時間30分の時間単位年休

　　　　７時間30分を切り上げて、１日８時間とする

　　　　８時間×５日＝40時間分の時間単位年休

④ 　１時間以外の時間を単位とする場合はその時間数…２時間、３時間などを定めます、ただし、１日の所定労働時間を上回ることはできません。

　所定労働時間が８時間で年休が20日あり、時間単位で取得している場合の事例は、図表162のようになります。

【図表162　事例】

	年次有給休暇残日数 （時間単位年休取得可能日数）		残時間数
最初	20 日	(5) 日	
３時間の年休取得	19 日	(4) 日	5 時間
１日の年休取得	18 日	(4) 日	5 時間
４時間の年休取得	17 日	(4) 日	1 時間
５時間の年休取得	16 日	(3) 日	4 時間

♠時間単位年休の採用と半日単位年休は併用可能

　時間単位年休を導入しても、半日単位年休とは異なるものなので、半日単位の年休取得をしても時間単位で取得できる時間数に影響はありません。

♠時間単位の年次有給休暇の扱い

　時間単位の年次有給休暇も時季変更権の対象となりますが、時間単位で請求した休暇を日単位への変更、日単位による取得を請求した場合に、時間単位に変更することは、時季変更に当たらず認められません。

　また、労使協定において時間単位年休を取得できない時間帯を定めたり、所定労働時間の中途に時間単位年休の取得を制限すること、１日において取得できる時間単位年休の時間数を制限すること等は認められません。

Q60 年次有給休暇時季変更権ってなに・変更はいつでもできるってホント

ANSWERPOINT

♤時季変更権は、労働者が時季指定した日に事業の正常な運営が困難となる場合に認められる使用者の権利です。

♤時季変更権は、客観的に業務上の支障がある場合のみ行使できます。

♠有給休暇の変更

　年次有給休暇は、労働者が指定した時季に与えることが原則です。しかし、指定された時季に年次有給休暇を与えると「事業の正常な運営を妨げる場合」には、使用者はその時季を変更するこが認められています。これを時季変更権といいます。

♠事業の正常な運営を妨げるとは

　事業の正常な運営を妨げる場合とは、例えば業種として年末年始が繁忙期の事業所などで、その時季に年次有給休暇を取得されると、事業の正常な運営を妨げる場合には、時季変更権を行使できると解されます。

　しかし、時季変更権は、ただその時季が忙しいから行使できるものではなく、事業の運営を妨げる場合に限り認められる権利ですので、事業主の都合だけで変更できるものではありません。

　通達では、「事業の正常な運営を妨げる場合とは個別的、具体的に客観的に判断すべきものである」と定めています（昭27.7.27基収第2622号）。

【図表163　有給休暇の時季変更権】

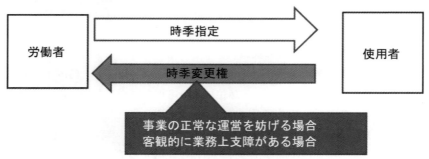

労働者　　時季指定　　使用者
時季変更権

事業の正常な運営を妨げる場合
客観的に業務上支障がある場合

5
休憩・年次有給休暇の実務ポイント

Q61 年次有給休暇を全員一斉に取得させることは

ANSWERPOINT

♧年次有給休暇を会社から労働者に計画的に取得させる制度があります。これを「計画的付与」といいます。

♧計画的付与は、一斉付与、個別付与があります。また、この制度の導入には、一定の手続が必要となります。

♠有給休暇の計画的付与

年次有給休暇の取得を促進させるために、年次有給休暇の計画的付与という制度があります。これは、会社から年次有給休暇の時季を指定して全員一斉に取得させる方式です。土日祝祭日休日にプラスしたり、年末年始休暇にプラスしたりして年次有給休暇を消化させる方法です。

また、全員一斉でなく、一定期間、例えば夏期期間（7月～8月）に労働者ごとに個別に取得させる方式があります。

ただし、すべての年次有給休暇を会社が指定して取得させることができるわけではなく、労働者の保有する年次有給休暇のうち5日については、本人が自由に取得できるよう残しておく必要があります。

♠計画的付与を実施するときは

計画的付与の制度導入には、次の手続を踏む必要があります。

① 就業規則に計画的付与に関する規定をすること。

② 労使協定を締結すること。

①の就業規則には、「労働者代表と労使協定を締結したときには、その定めによる時季に計画的に取得させるものとする」等の規定が必要です。その上で、②労使協定で図表164の事項などについて定めます。

【図表164 労使協定で定めるべき事項】

---

1 計画的付与の対象者

計画的付与の時季に育児休業や産前産後休業の労働者または定年や退職予定の労働者などは対象から除外します。あるいは部署限定も可。

2 対象となる年次有給休暇の日数

最低5日は労働者の自由取得分として残しておく必要がありますので、5日を超

える日数について定めます。

　3　計画的付与の具体的な方法

　　一斉付与による場合には、その取得日を定めます。

　　グループ単位、個人単位の場合には、それぞれの具体的な取得日を定め、個人取得日管理表などを作成して管理します。

　4　年次有給休暇の付与日数が少ない者の取扱い

　　一斉付与の場合には、入社後年次有給休暇付与されていない者などについて、下記のようにその措置を定めます。

　・一斉付与日については、特別の有給を付与する

　・一斉付与日については、休業手当として平均賃金の60％を支払う

　5　計画的付与日の変更

　　やむを得ず計画的付与日を変更しなければならなくなることが予測される場合に備え、計画的付与日を変更する手続を定めます。

【図表165　労使協定例（お盆を計画的付与とする場合）】

　　株式会社●●と労働者代表●●は、年次有給休暇計画的付与について下記のとおり定める。

1　従業員が保有する2019年度の年次有給休暇のうち3日分については、下記の日程で付与するものとする。
　・8月13日～8月15日
2　従業員が保有する年次有給休暇日数から5日を差し引いた日数が5日に満たない者については、上記の日数について特別有給休暇を与える。
3　事業運営上やむを得ない事由により指定日を出勤日とすることがある。その場合は、従業員と協議の上、指定日を変更するものとする。

　　　●●年●月●日

　　　　　　　　　　　　　　　　　　　　　　　　株式会社●●
　　　　　　　　　　　　　　　　　　　　　　　　代表取締役●●

　　　　　　　　　　　　　　　　　　　　　　　　株式会社●●
　　　　　　　　　　　　　　　　　　　　　　　　労働者代表●●

♠年次有給休暇のない者等の取扱い

　一斉付与方式による計画的付与の場合、年次有給休暇のない者等について、特別の休暇を与えるかそうでない場合は、労基法26条の休業手当の支払が必要となります。

Q62 年次有給休暇は必ず取得させないといけないってホント

ANSWERPOINT

♤ 2019 年 4 月から年次有給休暇を 10 日以上付与される労働者は、年 5 日取得が義務化されます。

♤労働者ごとに、事業主が時季指定をして付与した日から 1 年以内に 5 日以上の年次有給休暇を取得させなければなりません。

♤年次有給休暇管理簿の作成も義務化されました。

♤時季指定について就業規則の規定も必要です。

♠有給休暇取得の義務化

年次有給休暇は、本来、労働者から時季を指定して取得する制度ですが、取得率が低く、また年休を取得しない労働者もいるため、2019 年 4 月からは 10 日以上付与される労働者について、年 5 日の年休取得が義務化されました。

【図表 166　年 5 日の年休取得が義務化】

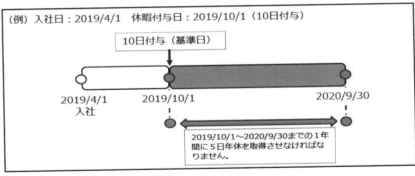

これにより、年次有給休暇が 10 日以上付与される労働者は（管理職、パート含め）全員時季を指定して 5 日以上取得させることが会社の義務となりました。

♠労働者の意見聴取

時季指定するときは、労働者の意見を聴取しなければなりません。また、できる限り労働者の希望に沿うよう、労働者の意見を尊重するよう努める必要があります。

♠対象にならない労働者

　すでに年5日以上の年休を請求している場合、またすでに5日以上取得している労働者については、時季指定は不要となります。

　また、労使協定で定めて計画的付与としてその年に与える日数も、それがまだ先であったとしても取得したものとみなすことができます。

【図表167　対象にならない事例】

```
(1)　労働者が自ら5日取得　→　使用者時季指定不要
(2)　労働者が自ら2日取得　→　使用者時季指定3日必要
(3)　労働者が自ら1日取得＋計画的付与3日　→　使用者時季指定1日必要
```

♠有給休暇の管理

　年次有給休暇の5日取得の義務化に伴って、年次有給休暇管理簿の作成が必要となりました。

　管理簿は、労働者ごとに、時季、日数、基準日を記載したものを作成し、年休を与えた期間、期間満了後3年間保存する義務があります。

【図表168　年次有給休暇管理簿】

年次有給休暇取得数等	基準日	2019/4/1 ← **基準日**						
	取得日数	7日 ← **日数**						
	年次有給休暇を取得した日付	2019年	2019年	2019年	2019年	2019年	2019年	2019年
		4月17日	5月9日	5月10日 ← **時季**		月25日	6月26日	6月27日

♠就業規則への規定

　時季指定に関しては、就業規則への規定が必要となります。年次有給休暇を含め休暇に関する事項は就業規則の絶対的必要記載事項ですので、使用者が年休の時季を指定する場合には、就業規則に年休の時季について記載する必要があります。計画的付与（Q61参照）とは違い労使協定は不要です。

【図表169　就業規則の規定例】

```
年次有給休暇の時季指定
第●条　年次有給休暇が10日以上付与された労働者に対し、会社は付与日から1
　　　年以内にその保有する年次有給休暇のうち5日について、労働者の意見聴取
　　　し、その意見を尊重した上で、あらかじめ時季を指定して取得させる。
　　　　ただし、労働者が年次有給休暇を取得した日数があるときは、その日数分
　　　を5日から控除するものとする。
```

ANSWERPOINT

♤年次有給休暇は、在職期間中のみ可能で、退職日以降は使えません。

♤退職予定者から退職直前の年次有給休暇の時季指定があった場合には、会社の時季変更権は行使できません。

♤年次有給休暇の買取りは違法ですが、退職時について買い取ることは違法とまではいえません。

♠退職者に対する有給休暇の時季変更

年次有給休暇の目的は、労働者の疲労を回復させ労働力の維持培養にありますから、退職予定者から取得の請求があっても拒否できるように思えます。

しかし、一方で年次有給休暇は、「労働者の指定する時季に与えなければならない」と規定されています。このため、事業主が時季変更権を行使して他の日に年次有給休暇を変更できるとしても、退職日までの間に限られます。

退職予定者が保有している年次有給休暇をすべて消化して退職しようとしている場合、事業主が時季変更権を行使すると、年次有給休暇をすべて消化できない事態になるときは、使用者は時季変更権の行使はできないのです。

つまり、会社の時季変更権より退職予定者の年次有給休暇の時季指定権の行使が優先されます。

このようなケースについては、通達でも「年次有給休暇の権利が労働基準法に基づくものである限り、当該労働者の解雇予定日を超えての時季変更権は行えない」(昭49.1.11 基収5554) としています。

【図表170　退職者に対する有給休暇の扱い】

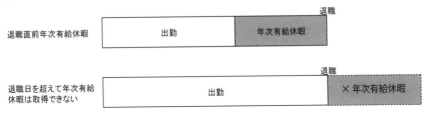

♠引継ぎと有給休暇の消化

退職時に年次有給休暇を消化したい労働者と、引継ぎ業務を行ってもらい

たい会社との間で、有休消化についてトラブルになる場合があります。

　退職者については、時季変更権は行使できないことから、有休消化と業務引継を両立させるには労働者と話合いの上、退職日を予定日より後にずらしてもらうことができれば一番よい方法です。

　しかし、退職者の次の転職先の入社日が決まっているような場合には、それもできません。

♠退職者に対する有給休暇の買上げ

　年次有給休暇の買上げは、原則禁止されています。「年次有給休暇の買上げを予約し、これに基づいて労基法第39条の規定により請求し得る年次有給休暇を減じ、請求された日数を与えないことは、労基法第39条違反である」とされています（昭30.11.30 基収4718）。

　年次有給休暇は、2年で時効となるため、未消化分は消滅してしまいます。消滅する年次有給休暇を買い上げることは、買上げの予約とはならないため、こちらも違法とはなりません。退職後も未消化の年次有給休暇は消滅してしまうことから、これを買取りしても違法とまではいえないのです。

♠有給買取り時の金額

　退職時に年次有給休暇を買い取る場合、その金額や買取り日数などの条件は労基法に定められていないので、労使の合意によって決めることになります。

　退職時の年次有給休暇の買上げは、義務ではなく、労使の同意によって決めることです。したがって、退職者から買取りを要望されても、拒否することもできます。しかし、退職のつど、労働者ごとのケースバイケースの対応ではトラブルになる可能性があります。

　したがって、退職時に年次有給休暇を買い上げる場合の条件は、あらかじめ決めておくことが望ましいといえます。

♠退職者とのトラブルを防止するには

　そもそも年次有給休暇は、在職中に消化するもので、退職時にまとめて消化する性質のものではありません。また、2019年4月からは10日以上年次有給休暇を保有する労働者については、年5日取得が義務化となっています。退職時にまとめて年次有給休暇を取得するようなことにならないように着実に消化を進めていくことが望ましいことといえるでしょう。

6 退職・解雇・懲戒解雇 （労働契約の解除）の実務ポイント

Q64 会社を辞めるときの退職願・辞表・退職届の違いは

ANSWER POINT

♤退職する際、一般的には書面で会社に退職の意思を伝えますが、退職願・辞表・退職届の意味合いは異なります。

♤退職願を提出した場合は、会社が承諾すれば雇用契約の合意解約となり、退職となります。

♤退職願を提出しただけでは、退職は成立しておらず、特別な事情がある場合を除き、従業員が退職を撤回することができます。

♠退職の際に提出する書類は

　会社を本人の意思で退職する際には、退職の意思を伝えるため、一般的には書面で会社に届出を行います。その届出は「退職願」、「辞表」、「退職届」などがありますが、それぞれの届出にどのような違いがあるかわかるでしょうか。どれも同じように感じますが、それぞれ意味合いが異なります。

♠退職願・辞表・退職届の違い

　「退職願」とは、言葉のとおり、届出をもって退職を願い出るものです。退職の申出を会社が承諾すれば、そこでようやく雇用契約の合意解約となり、退職となります。

　つまり、会社が承諾するまでは退職が成立しておらず、会社に委ねている状態となります。

　「辞表」とは、役員や公務員が職を辞する際に使うもので、一般の会社では通常使いません。

　「退職届」とは、退職願とは異なり、会社への明確な退職の意思表示となります。退職を一方的に申し出ることとなり、原則として撤回することができません。実務上は、断定した文面なら退職届、願い出ていれば退職願と考えればよいと思います。

　なお、退職については、退職願や退職届のように書面で会社に申し出ることが必須なわけではなく、口頭でも構わないのですが、後で「言った言わない」で揉めたり、退職理由でトラブルになることもあるので、労使お互いのためにも書面で提出してもらうようにしましょう。

6

退職・解雇・懲戒解雇（労働契約の解除）の実務ポイント

160

♠退職願の取消しはできるか

前述したように、退職届は原則として撤回することはできませんが、退職願をいったん提出した従業員が、退職日の前にやはり退職を取り消したいと言ってきた場合はどうなるでしょうか。

退職願は、雇用契約の合意解約を従業員から会社に申し込んだと考えられ、提出しただけでは合意解約は成立していません。合意解約が成立するまでの間は、会社側に特別な事情がある場合を除き、従業員が退職を撤回することができるのです。

【図表171　退職願と退職届の違い】

書面の種類	内　　　容	撤回の可否
退職願	退職の申出。会社が承諾すれば合意解約により退職。	可能
退職届	最終的な強い退職の意思表示。会社が受け取った時点で退職成立。	原則として不可

♠合意解約の成立時期は

それでは、合意解約はいつ成立するのでしょうか。

合意解約は、従業員からの申込みを会社が承諾したときに成立します。会社の承諾は、代表取締役の承諾まで求められているのではなく、使用者（人事部長など）の了承が会社の承諾とみなされます。

また、「会社に不測の損害を与えるような段階になってからの撤回は信義に反し無効である」という判例もあります。（宮崎地判　昭47.9.25）。

すでに退職願を提出した従業員の補充要員を採用したなどの場合は、実質的に会社が承諾したのと同じことになります。実務上、退職願を受け取ったときは、了承日がわかるようにしておくことをおすすめします。

♠退職の際は、必ず書面で提出してもらう

一般的に、通常の退職の際は、書面でのやり取りをしているかと思いますが、例えば無断欠勤が続き、そのまま退職となった場合、書面でのやり取りがないまま退職手続を行うケースが見られます。このような場合であっても、本人の退職の意思を示す書面を郵送してもらうようにすることが必要です。

依頼しても反応がないようであれば、「○月○日までに連絡がなければ○月○月付で退職とする」といった書面を送るようにしましょう。その際は、内容証明等の本人が受け取ったことを後で証明できるような方法で行うことが肝要です。

ANSWER POINT

♤退職届は、従業員が一方的に雇用契約の解約を通知したことになるので、撤回をした際に撤回を認めるか否かは会社に決定権があります。

♤退職届を提出しても、その意思表示に瑕疵（心裡留保、錯誤、詐欺、脅迫）があった場合には無効・取消となります。

♤法律上は、退職届提出後、2週間が経てば退職は成立しますが、完全月給制のように「期間によって報酬を定めた場合」は、月末で退職しようとする場合、月の前半に申し入れなければならないといった定めがあります。

♠退職届を撤回するときは

　退職届は、Q64で説明したように退職願とは異なり、従業員が一方的に雇用契約の解約を通知したことになります。この場合は一方的な通知ですから、会社が承諾するか否かは関係ありません。

　もちろん、会社が退職を慰留することはあるかもしれませんが、退職届を提出したときに解約は成立しています。

　そのため、退職届を提出したときは、それを撤回するには会社の同意が必要になります。

　これは、退職願で合意解約が成立した後、つまり退職願を会社が承諾した後に、退職を撤回しようとする場合も同じです。このような場合は、撤回を認めるか否かは会社に決定権があります。

　退職届と退職願は、あまり深く考えないで使用しているケースが多くみられますが、その意味合いは大きく異なるのです。

♠退職届が無効・取消になるときは

　退職届を提出してもその意思表示に瑕疵（心裡留保、錯誤、詐欺、脅迫）があった場合には、民法の定めにより無効・取消になります。

　例えば、懲戒解雇に相当する事実がないのにこれを信じて退職の意思表示をしたり、退職するように脅迫された結果、退職の意思表示をした場合などは無効となります。

　また、公序良俗違反の場合も無効となります。

【図172　退職届が無効・取消になるとき】

心裡留保 （民法93条）	意思表示は、表意者がその真意ではないことを知ってしたときであっても、そのためにその効力を妨げられない。 　ただし、相手方が表意者の真意を知りまたは知ることができたときは、その意思表示は、無効となる。
錯誤 （民法95条）	意思表示は、法律行為の要素に錯誤があったときは、無効とする。 　ただし、表意者に重大な過失があったときは、表意者は自らその無効を主張することはできない。
詐欺、脅迫 （民法96条）	詐欺または強迫による意思表示は、取り消すことができる。
公序良俗違反 （民法90条）	公の秩序または善良な風俗に反する事項を目的とする法律行為は、無効となる。

♠退職日の変更は

　ところで、退職届を提出した従業員から退職日を変更したいと言われたときはどうなるでしょうか。

　最初に提出した退職届の退職日より前に変更したいと言われたときは、解約の成立のいかんにかかわらず変更できます。これは、最初に提出した退職届による退職が成立しても、そこまでの雇用契約の解約を改めて希望していることになるからです。

　反対に、退職願の退職日より後に変更したいと言われたときは、合意解約の成立の有無が重要になります。退職届の提出後や、退職願の合意解約が成立した後であれば、退職願の撤回と同じように、退職日を後ろに変更するには会社の同意が必要になります。

♠退職に関する民法の定め

　通常、退職については、民法には「雇用は、解約の申入れの日から2週間を経過することによって終了する」という定めがあり、退職届を提出した後2週間が経てば退職は成立します。

　しかし、完全月給制のような「期間によって報酬を定めた場合」は、「解約の申入れは、次期以後についてすることができる。ただし、その解約の申入れは、当期の前半にしなければならない」と民法で定められており、例えば労働者が月末で退職しようとする場合は、月の前半に申し入れなければなりません。月の後半に申し入れた場合は、翌月末退職という対応をすることが可能です。

Q
65
退職届を撤回・無効・取消できるのは

ANSWER POINT

♤自社で働いていた社員を競合する会社に就職したり、競合する会社を設立したりするなどを禁止する競業避止義務を課すことがあります。

♤競業避止に違反しただけでは損害賠償請求をすることは困難ですが、競業避止違反に不法行為が加われば、損害賠償請求が認められることもあります。

♤漏洩したら会社の利益に及ぼすほどの極めて高い機密情報を扱っているような役職者を対象に、一定の地域、期間、範囲を限定して課すことは認められます。

♠競業避止義務とは

　会社を退職した社員が同業に就職した場合、会社としては、その社員が自社で勤務していた際に知り得た情報やノウハウ等を再就職後の会社で使用するのか心配ではないでしょうか。ましてや同じ地域での同業他社に就職した場合、その情報やノウハウを使われると、営業的にも自社の脅威にもなり得ます。

　そのため、競合する会社に就職したり、競合する会社を設立したりするなどの行為を禁止する競業避止義務を課すことがあります。

　しかし、退職した本人にしてみれば、就業が著しく制限されることになります。憲法上の「職業選択の自由」の観点からしてもこのような競業避止義務は課せられるのでしょうか。

♠競業避止義務の有効性

　経済産業省「競業避止義務契約の有効性について」によると、判例から「①守るべき企業の利益があるかどうか、②従業員の地位が、競業避止義務を課す必要性が認められる立場にあるものといえるか、③地域的な限定があるか、④競業避止義務の存続期間や⑤禁止される競業行為の範囲について必要な制限が掛けられているか、⑥代償措置が講じられているか、といった項目について」判断するとしています。

　漏洩したら会社の利益に及ぼすほどの極めて高い機密情報を扱っているよ

うな役職者を対象に、一定の地域、期間、範囲を限定して課すことは認められる可能性が高いです。

♠引抜きは違法ではないか

　一般社員に対しては、適正な範囲の競業避止義務を就業規則に定めていたり、退職時に誓約したにもかかわらず、その範囲に違反して退職者がライバル会社や同業を立ち上げたとしても、現実に損害賠償を請求することは難しいと考えられます。

　例えば、競業避止義務に違反し、なおかつ不適当な引抜きを行ったような場合では、不法行為が成立しますので、損害賠償請求が認められることもあります。

　また、競業避止義務を就業規則に定めていなくても、営業秘密に関しては、信義則上、あるいは不正競争防止法上の守秘義務があります。このため、同業種に転職したり自ら会社を立ち上げた退職者が、顧客名簿を流用して営業したような場合には損害賠償請求が認められます。

　しかし、単純に競業避止義務に違反して、同業種に転職したり、会社を立ち上げただけの場合は、損害賠償請求までは認められません。

【図表173　競業避止と損害賠償の関係】

適正な競業避止義務

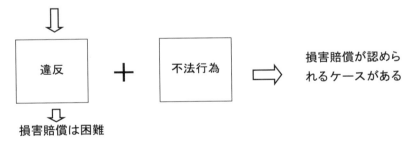

♠就業規則や退職時の誓約書に競業避止義務について載せる必要性

　前述のとおり、通常の一般社員については、競業避止を課しても不法行為や損害が発生しなければ、損害請求等については難しいものがあります。それでも就業規則や退職時の誓約書に競業避止義務について記載しておくことをおすすめします。

　周知することや誓約してもらうことにより、モラルを欠くような転職や同業設立といったことを抑止するには効果的だからです。

Q67　退職勧奨・退職強要ってどんなとき

ANSWER POINT

♤退職勧奨というのは、会社が従業員に対して会社を退職することをすすめて、従業員がそれを受け入れたことによって成立します。

♤退職勧奨を受諾するか否かは従業員の意思決定に任されていますので、無理に退職を強要してはいけません。

♤退職勧奨を拒否されたからといって、業務上の必要性がない嫌がらせ目的の配置転換をしたり、降格などの懲戒処分をすることは違法です。

♠退職勧奨とは

　退職勧奨というのは、文字どおり会社が従業員に対して会社を退職することをすすめて、従業員がそれを受け入れたことによって成立します。

　Q69でも説明しますが、解雇は会社が一方的に労働契約を解消するものなので、相当な理由がなければ認められません。そのため、会社と労働者が合意して退職する退職勧奨は、トラブルにつながるリスクが解雇より低いといえます。

　しかし、この「会社を退職することをすすめる」が一歩間違えると、「会社を辞めなさい」につながります。「会社を辞めなさい」だと解雇になります。この境目ははっきりしていません。

　通常、退職を勧奨するときは口頭で行うので、言葉のあやで少し厳しい言葉が発せられることもあります。この言葉が解雇通知をしたと捉えられることもあるのです。

　退職勧奨をするときは、言葉を慎重に選ばなければなりません。

♠退職勧奨と退職強要

　退職勧奨自体は、雇用契約の合意解約の申入れですから違法ではありません。また、対象者の選定は、使用者の裁量の範囲と考えられます。

　しかし、すべての退職勧奨が認められるわけではありません。労働者が、自由意思により退職勧奨に応じる場合は問題となりませんが、使用者による労働者の自由な意思決定を妨げる退職勧奨は、違法な権利侵害に当たるとされる場合があります。

6

退職・解雇・懲戒解雇（労働契約の解除）の実務ポイント

実際に2～3年間にわたり退職勧奨を続け、3～4か月の間に10回以上の出頭を命じたり、長いときには2時間に及ぶ説得をしたケースでは、違法な退職勧奨として、損害賠償が命じられました（最一小判　昭55.7.10）。

　また、女性に対して妊娠を理由として退職勧奨を行なったケースでは、そもそも女性が婚姻・妊娠・出産を理由に退職すると定めたり、解雇したりすることを禁じた雇用均等法8条（当時）の趣旨に反するので、違法であるとの判決もあります（大阪地堺支判　平14.3.13）。

　後者のように対象者の選定が違法な場合は言うまでもありませんが、そのほかの場合でも、退職を強要してはいけません。退職勧奨を受諾するか否かは、従業員の意思決定に任されています。退職勧奨を実施するときは、これを忘れてはいけません。

【図表174　退職勧奨を行なうときに注意する点】

●対象者が明確に拒否している場合は、特別な事情がないのに退職勧奨を続けないこと
●退職勧奨の回数を多くても5回程度にとどめること
●1時間以上に及ぶような退職勧奨をしたり、あまりにも多くの人で1人に対して退職勧奨をしないこと（多くても2人程度）
●侮蔑的な言葉をかけたり、応じない場合に懲戒処分などの不利益になるなど、退職を強要したと受け止められる言動は慎むこと
●窓のない小部屋など監禁と受け止められるような場所で行なわないこと

♠退職勧奨に応じてもらったときは

　退職することを合意したときは、退職願や退職届の代わりに退職勧奨同意書や雇用契約合意解約書などの書面を提出してもらいます。

　退職勧奨は、ともすれば解雇通知があったと受け取られやすいので、書面がないと後々のトラブルにつながります。

♠退職勧奨を拒否されたときは

　退職勧奨を拒否されたからといって、業務上の必要性がない嫌がらせ目的の配置転換をしたり、降格などの懲戒処分をすることは違法です。

　ただし、退職勧奨の理由となった事案が懲戒処分に値するものであり、正規の手続を踏んだ懲戒処分を行うことは違法ではありません。

　書面の内容は、「○年○月○日に申し渡された退職勧奨に同意し、○年○月○日付で退職致します」といったように、退職者本人が同意して退職することを証明するようにしましょう。

解雇制限ってなに・その禁止要件は

ANSWER POINT

♧業務上の傷病による休業期間およびその後30日間、および産前産後休業期間およびその後30日間は解雇することができません。

♧通勤上の傷病や私傷病による休業期間や育児休業期間などは、解雇制限に該当しません。

♧労基法以外にも男女雇用機会均等法、育児・介護休業法、労働組合法で解雇制限について定めています。

♠解雇制限とは

　解雇とは、会社が一方的に労働者と労働契約を解除することです。解雇された労働者は、当然生活に影響が出ますので、別の会社に就職するなどをする必要があります。

　しかし、病気中や産休中などの方は、すぐに就職活動をすることができません。そのため、労基法19条で、「解雇制限」について定めています。

【図表175　解雇制限の原則】

①	労働者が業務上負傷し、または疾病にかかり、療養のために休業する期間およびその後30日間
②	女性労働者が労基法65条の規定によって産前産後休業する期間およびその後30日間

　この①、②の期間は、原則として解雇することができません。仮にこの期間中に該当労働者による重大な過失などが判明したとしても、この期間中は解雇することができません。

♠通勤災害や育児休業は解雇制限に該当しない

　解雇制限の原則①は、業務上の傷病による休業期間およびその後30日間ですので、通勤災害の傷病や私傷病の場合は該当しません。また、業務上の傷病であっても、医師に療養のための休業と認められなければ解雇が制限される休業にはなりません。

　また、②は産前産後休業する期間およびその後30日間ですので、育児休

業期間やその後 30 日間は解雇制限には該当しません。

♠解雇制限の例外

　前述のように、業務上の傷病による休業期間およびその後 30 日間、および産前産後休業期間およびその後 30 日間は解雇することができませんが、図表 176 の例外に当たる場合は、制限期間内でも解雇することが可能です。

【図表 176　解雇制限の例外】

①	業務上の傷病が療養の開始後 3 年を経過しても治らない場合において使用者が平均賃金の1200日分（打切補償）を支払う場合
②	天災事変その他やむを得ない事由のために事業の継続が不可能となった場合（ただし、労基署の認定を受けなくてはならない）

　なお、図表 176 ①の打切補償を支払う場合には労働者を解雇できますが、この規定は労災保険制度により、「療養開始後 3 年を経過した日に傷病補償年金を受けている場合」、または「療養開始後 3 年を経過した日後に傷病補償年金を受けることになった場合」は、使用者が打切補償を支払ったとみなし、解雇制限が解除されます。

　また、図表 176 ②の事由により解雇する場合は、管轄の労基署に「解雇制限解雇予告除外認定申請書」を提出して認定を受ける必要があります。

♠契約社員の解雇制限

　契約期間を定めている契約社員やパート社員などが、契約満了する際に業務上の傷病で休業していたり、産前産後の休業をしているときがあります。

　このケースの場合は、契約満了による退職であり、解雇ではありませんので、解雇制限の適用もありません。

♠労基法以外の法律による解雇制限

　労基法以外の法律による解雇制限は、図表 177 のとおりです。

【図表 177　労基法以外の法律による解雇制限】

男女雇用機会均等法9条	婚姻、妊娠、出産、産前産後休業を理由としたもの
育児・介護休業法10条	育児休業を申し出、取得したこと
育児・介護休業法16条	介護休業を申し出、取得したこと
労働組合法7条	労働者が労働組合に加入したことや労働組合活動をしたこと

普通解雇の要件・正当性の基準は

ANSWER POINT

♧解雇には、大きく分けて普通解雇と懲戒解雇の2種類があります。

♧安易に解雇をすると、不当解雇で訴えられる可能性もあり得ます。

♧解雇は、最終手段ですので、会社が解雇を回避するために努力をしていた かということが解雇の有効性を判断する上で重要になります。

♠解雇の種類

　解雇とは、会社側から一方的な労働契約の解消を行うことです。解雇には、大きく分けて普通解雇と懲戒解雇の2種類があります。

　普通解雇の要件は、図表178のとおりです。

【図表178　普通解雇の要件】

普通解雇 — 整理解雇、懲戒解雇以外の解雇
労働契約の継続が困難な事情があるときに限られます。 ・勤務成績が著しく悪く、指導を行っても改善の見込みがないとき ・健康上の理由で、長期にわたり職場復帰が見込めないとき ・著しく協調性に欠けるため業務に支障を生じさせ、改善の見込みがないとき

出所：厚生労働省「労働基準法のあらまし」より

　従業員が充分な労働力の提供ができないために解雇する場合を普通解雇、経営の縮小などにより解雇する場合を整理解雇（Q70参照）、重大な違反行為に対して、罰として行う解雇の場合が懲戒解雇となります（Q71参照）。

♠解雇権濫用の法理

　解雇は、労働契約法16条に「解雇は、客観的に合理的な理由を欠き、社会通念上相当であると認められない場合は、その権利を濫用したものとして、無効とする」と定められています。

　会社が解雇を行うためには就業規則の解雇事由に労働者の行為が該当することが条件となりますが、就業規則に定めた解雇事由に該当しても、その程度や頻度、状況などから、解雇が適当かどうか慎重に判断しなくてはなりません。安易に解雇をすると、不当解雇で訴えられる可能性もあり得ます。

　解雇は、最終手段としてできるだけ避けて、退職勧奨による退職（Q67）

を検討することも必要です。

♠能力不足による解雇

「他の社員よりミスが多い」「他の社員より著しく仕事が遅い」といった「能力不足」により解雇ができないだろうかと思っている経営者の方もいらっしゃるかと思います。しかし、解雇は最終手段ですので、それまでに会社としても解雇を回避するために「やるべきことをやっていたか」ということが、解雇の有効性を判断する上では非常に重要になってきます。

まずは、教育や指導です。「他の社員よりミスが多い」のであれば、それを改善するために、社員に寄り添って充分な教育・指導をしていたかが問われます。例えば、新入社員に対して数週間、数か月で「見切りをつける」といった解雇は、認められない可能性が高いでしょう。

次に、配置転換です。1つの業務に対しては能力を発揮できなくても、他の業務であれば能力を発揮することもあり得ます。すぐに能力不足と判断するのではなく、配置転換して判断することも必要です。

なお、高度な能力を有していることを前提として、高い賃金などの労働条件で中途採用された中途社員については、若手社員より解雇が認められやすい傾向があります。

また、勤務態度が不良で解雇をする場合は、懲戒処分を段階的に行います。まずは譴責として書面による注意や始末書を取ります。それでも改善しないようであれば減給や出勤停止、このような手順を踏んでも改善の見込みがないようでしたら退職勧奨、最終的には解雇という流れです（図表179）。

なお、指導や注意については、会社としての対応が証拠として残るように、必ず口頭だけでなく書面等で行うようにしましょう。

【図表179　解雇までのフローチャート】

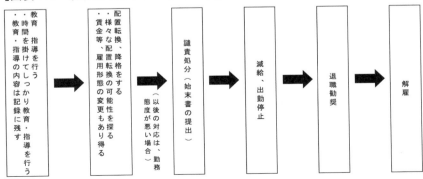

・教育・指導を行う
・教育・指導に時間を掛けてしっかり教育・指導の内容は記録に残す教育・指導を行う

→

・配置転換、降格をする可能性を探る
・賃金等、雇用形態の変更もあり得る様々な配置転換の可能性を探る

→

譴責処分（始末書の提出）
（以後の対応は、勤務態度が悪い場合）

→

減給、出勤停止

→

退職勧奨

→

解雇

♠退職と解雇の違い

会社と従業員の間には、労働をする、給与を払う等を内容とする労働契約が存在しています。

この労働契約は、退職や解雇によって終了します。退職であっても、解雇であっても、労働契約が終了することに変わりはないのですが、この2つは大きく違います。

♠退職の種類

一言で「退職」といっても、定年や死亡などの「自然退職」と、従業員の自発的な契約の解除となる「任意退職」に分かれます。

【図表180　自然退職と任意退職】

```
●自然退職の例
 ①　定年に達したことによる退職
 ②　契約期間の満了による退職
 ③　休職期間が満了しても復職できないことによる退職
 ④　従業員から役員に就任したことによる退職
 ⑤　死亡による退職

●任意退職の例
 ①　転職などを目的とした従業員の自発的な意思による退職
 ②　希望退職の募集や退職勧奨に応じた場合の退職
```

「退職勧奨」は、解雇に近いようですが、最終的に従業員の同意を得て雇用契約を終了させますので、「任意退職」の区分に入ります。

また、契約期間の満了による退職は、契約が反復更新されていて実質的に契約期間がない契約に等しい場合など、会社が一方的に契約を終了させることに制約を受ける場合があります。

♠解雇の種類は

労働契約を会社が一方的に解除する「解雇」については、会社の解雇の自由を認めつつも、Q68のような制約があります。また、解雇権の濫用を防ぐために、前述のように解雇権濫用の法理が存在します。

なお、解雇には、①従業員側にその主たる原因がある場合、②会社側にその原因がある解雇があり、一般的には普通解雇（整理解雇含む）、懲戒解雇に分かれます。

6 退職・解雇・懲戒解雇（労働契約の解除）の実務ポイント

172

ANSWER　POINT

♤整理解雇は、会社の経営上の理由により行う解雇なので、「整理解雇の 4
要件」を満たしていないと解雇権の濫用として無効になる可能性があります。

♤整理解雇の 4 要件のほとんどは、整理解雇を行う前の過程の問題であり、
その準備が重要です。

♤整理解雇は、解雇回避努力がなされた後の最後の手段として行われたもの
でなければなりません。

♠整理解雇の 4 要件

　業績悪化により、人件費の削減を目的に、社員を解雇することを「整理解
雇」といいます。整理解雇は、会社の経営上の理由により行う解雇なので、
多くの判例を見ても、図表 182 の「整理解雇の 4 要件」を満たしていないと、
解雇権の濫用として解雇が無効になる可能性があります。

【図表 182　整理解雇の 4 要件】

①	企業経営上やむを得ない必要性があるか？
②	解雇回避の努力を十分にしたか？
③	解雇対象者の人選に合理性があったか？
④	社員に対して十分な説明や協議を行ったか？

　これらの要件を総合的に考慮して、解雇の有効性は判断されることになり
ます。

♠整理解雇を行うための手順

　整理解雇の 4 要件のほとんどは、整理解雇を行う前の過程の問題です。具
体的には、整理解雇を行う際にまず最初に考えるべきことは、本当に整理解
雇をする必要があるのかということです。当然、社員にも説明しなければな
らないので、整理解雇が必要な理由をまとめておくことが必要です。

　また、整理解雇の前に解雇回避の努力をしなければなりません。解雇を回
避するためには、割増退職金を支払って退職勧奨を行ったり、再就職会社へ

再就職の支援を依頼するなど、お金がかかります。そのため、資金も必要となることが一般的です。

　次にスケジュールの検討です。通常、整理解雇を行う場合には、解雇回避の1つとして、希望退職を募集しなければなりません。「いつ希望退職の募集の告知を行うか」「どのくらいの期間募集するのか」「希望退職が集まらなかった場合に追加の募集をするのか」等、ある程度のことは想定して準備をしなければなりません。

　そして、希望退職の募集を行っても目標の削減数に達しない場合に、整理解雇を行うことになります。

♠解雇可否の主な手段

　社員にとって解雇とは、生活の糧を失うことですから、会社はこれを極力回避しようと努める義務があります。ましてや整理解雇は、社員には全く責任がないにもかかわらず、会社の事由により解雇されるものですので、一般的に整理解雇は、「解雇回避努力がなされた後の最後の手段として行われたものでなければならない」とされています。

　解雇回避の努力義務は、裁判になった場合には整理解雇の4要件の中で最も詳細に検討される項目です。十分に手を尽くさずに解雇した場合は、整理解雇は無効とされます。

　解雇回避の手段としては、図表183のようなものが考えられます。

【図表183　解雇回避の手段】

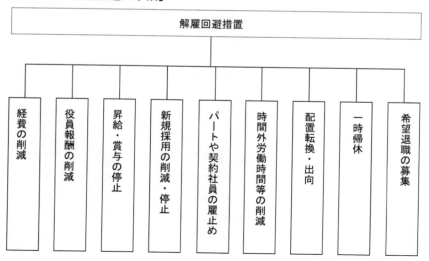

Q71 　懲戒解雇ってなに・その行使要件は

ANSWER　POINT

♤就業規則に限定された事由以外で懲戒解雇処分を行うことは難しいので、必ず就業規則に明示しましょう。

♤充分な検討をして懲戒解雇した場合でも、裁判で有効性が認められるとは限らないため、できる限り諭旨退職処分等を検討すべきでしょう。

♤解雇事由が「労働者の責に帰すべき事由」に該当する場合は、労基署長から「解雇予告除外認定」を受けることによって、解雇予告手当を支払わずに解雇することができます。

♠懲戒解雇とは

　懲戒解雇は、懲戒処分の中で最も重い処分です。会社の中での「死刑宣告」ともいわれ、一般的には退職金も支給されません。労働者の経歴にも大きな影響を及ぼすものになりますので、処分に当たっては「厳格かつ慎重」に有効性の判断を行うことが必要です。

　懲戒解雇処分の際に注意すべきことが懲戒解雇事由です。通常、就業規則の懲戒処分に関する記述は、懲戒処分の事由として雇用の継続を前提とした処分（譴責・戒告・出勤停止・降格等）と労働契約を解消するための処分（諭旨退職、懲戒解雇）に区分されます。

　懲戒解雇は、その後の社員の改善の機会をすべて奪うことになるため、裁判所においても、懲戒解雇処分の重大さと労働者が被る不利益の度合いを考慮し、労働者保護の観点から就業規則に明記された根拠事由に基づいて限定的に判断する立場をとります。

　したがって、就業規則に限定された事由以外で懲戒解雇処分を行うことは難しく、また処分したときの事由だけで懲戒解雇の有効性を判断しますので、後から懲戒解雇処分として事由を追加して主張することはできません。

　なお、懲戒解雇を行う場合には、そこに至った経緯や事情の聴取を行い、本人に反論の機会を与えるなどして、充分な検討を行う必要があります。

♠できる限り諭旨退職の検討を

　懲戒解雇処分が無効とされた判例は、これまでも数多くあります。処分を

決める際には、事案の性質や本人の反省の程度、会社の規模、さらに本人の地位や会社における過去の処分事例等を総合的に判断する必要があります。

充分な検討をして懲戒解雇した場合でも、裁判で有効性が認められるとは限りません。そのため、仮に懲戒解雇相当と認められる事案であったとしても、できる限り諭旨退職処分等を検討すべきでしょう。

♠解雇予告手当の支払

会社が社員を即日解雇する場合には、労基法20条に基づいて解雇予告手当を支払わなくてはなりません。しかし、解雇事由が「労働者の責に帰すべき事由」に該当する場合は、あらかじめ労基署長から「解雇予告除外認定」を受けることによって、解雇予告手当を支払わずに解雇することができます。

この「労働者の責に帰すべき事由」とは、予告期間を置かずに、即時に解雇されてもやむを得ないと認められるほどに重大な服務規律違反または背信行為でなければなりません。

例えば、図表184の場合などがあります。

【図表184　労働者の責に帰すべき事由の基準例】

・職場内における盗取、横領、傷害等刑法犯に該当する行為があった場合(極めて軽微なものを除く)
・賭博、風紀びん乱等により職場規律を乱した場合
・採用条件の要素となるような経歴の詐称
・原則として2週間以上正当な理由なく無断欠勤し、出勤の督促にも応じない場合

解雇予告除外認定には、行政通達によって図表184の判断基準が示されていることから、会社の行う懲戒解雇処分事由が必ずしも認定されるとは限りません。

しかし、たとえ除外認定が得られなかった場合でも、懲戒解雇処分そのものは行うことができます。逆に、認定が得られたとしても、懲戒解雇が有効として労基署のお墨付きがもらえたわけではありません。

♠懲戒解雇をしたときの退職金の支払

退職金を支給している会社の場合、懲戒解雇をしたときに退職金を減額または支給しないようにするには、就業規則等に「懲戒解雇の場合には退職金を減額し、または支給しない」といった規定があらかじめ設けられていることが必要です。就業規則や退職金規程等を見直しておきましょう。

Q72 解雇予告が必要なのはどんなとき

ANSWER POINT

♤会社が労働者を解雇しようとする場合には、少なくとも30日前に解雇の予告をするか、30日分以上の平均賃金を解雇予告手当として支払わなければなりません。

♤解雇予告と解雇予告手当を併用することも可能です。この場合、解雇予告手当の日数分と解雇予告の日数を合わせて30日分以上にしなくてはなりません。

♤解雇予告は、天災事変などのやむを得ない事由のために事業の継続が不可能となった場合や労働者の責めに帰すべき事由によって解雇する場合は、労基署長の認定を受ければ不要になります。

♠解雇予告とは

これまでも説明してきたとおり、解雇とは会社が一方的に労働契約を解消することです。解雇された労働者は、給与を受けることも当然できなくなり、生活に大きな影響を及ぼします。そのため、労基法20条で「解雇予告」について定めています。

解雇予告とは、会社が労働者を解雇する場合には、少なくとも30日前に解雇の予告をすることです。また、解雇予告をしないで解雇する場合は、30日分以上の平均賃金を解雇予告手当として支払わなければなりません。

♠解雇予告と解雇予告手当の併用

解雇予告と解雇予告手当は、併用することも可能です。例えば、20日後に解雇したいときは、解雇予告をするとともに、10日分の解雇予告手当を支給すれば構いません。

【図表185　解雇予告と解雇予告手当の併用】

11月10日に解雇予告して11月30日に解雇する場合

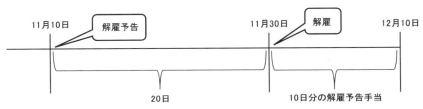

♠解雇予告の例外

このように、労働者を解雇するときは解雇予告や解雇予告手当の支払いが必要になりますが、図表 186 の場合には、例外として行わなくても構いません。

だだし、どちらの場合も労働基準監督署長の認定を受けなければなならず、会社が勝手に判断することはできません。

【図表 186　解雇予告の例外】

①	天災事変その他やむを得ない事由のために事業の継続が不可能となった場合
②	労働者の責めに帰すべき事由に基づいて解雇する場合

♠解雇予告の適用除外

解雇予告には、対象とならない労働者もいます。図表 187 のいずれかの労働者に対しては、解雇予告が適用除外とされています。

【図表 187　解雇予告の適用除外対象者】

①	1 か月未満の日々雇い入れられる者
②	2 か月以内の期間を定めて使用されるもので、所定の契約期間を超えない者
③	季節的業務に 4 か月以内の期間を定めて使用されるもので、所定の契約期間を超えない者
④	14 日以内の試用期間の者

♠解雇予告手当を支払うタイミング

解雇予告手当を支払うタイミングは、給与支払日でよいのでしょうか。これについては、「解雇の申渡しと同時に支払うべきものである。ただし、30日の予告の一部を予告手当で支払う方法をとり、予告と予告手当を併用する場合においては、現実の支払は解雇の日までに行われれば足りる」（S.23 基発 464 号）とされています。

このように解雇予告手当は、給与の支給日に支給するのではないので注意が必要です。

なお、解雇予告手当は、税制上では「退職手当」となりますので、退職金と同様の扱いとなります。

Q73 退職者の金品・私物は返還するってホント

ANSWER POINT

♧退職者が請求した場合には、労基法23条の定めにより、会社は7日以内に賃金を支払わなくてはなりません。

♧退職金や解雇予告手当は、労基法23条の適用はありません。

♧私物を会社に置いたまま退職した場合、勝手に処分することはせずに、退職者や身元保証人に連絡を取りましょう。

♠金品の返還

退職する際の金品の返還として、労基法23条で「使用者は、労働者の死亡又は退職の場合において、権利者の請求があった場合においては、7日以内に賃金を支払い、積立金、保証金、貯蓄金その他名称の如何を問わず、労働者の権利に属する金品を返還しなければならない」と定めています。

例えば、労働者が退職した際に、「賃金が早く欲しい」と請求した場合には、7日以内に支給しなくてはなりません。なお、請求した日から7日経つ前に給与支払日がくる場合は、給与支払日に支給すれば問題ありません。

♠退職金や解雇予告手当の場合

退職金は、恩恵的、功労報償的要素を持っているため通常の賃金とは異なり、労基法23条は適用せず、退職金規程等に定める支給時期に支払えば構いません（Q26参照）。

なお、解雇予告手当は、Q72で説明しているように、即時解雇の場合は解雇の申渡しと同時に支払い、解雇予告と併用する場合には解雇の日までに支払うものとなりますので、労基法23条は適用はされません。

♠退職者の私物について

私物を会社に置いたまま退職することも珍しくありません。特に急に会社に来なくなって退職した場合などは、その後の私物の処理に困ることもあるでしょう。かといって、勝手に処分することは、トラブルにつながりかねません。最悪の場合、会社が損害賠償で訴えられることもあり得ます。

そのため、私物を会社に取りに来るよう伝えたりするなどをして、退職者

Q
73
退職者の金品・私物は返還するってホント

179

本人に連絡を取る必要があります。もし、退職者本人と連絡が取れないようであれば、身元保証人に対して連絡を取ることでもよいでしょう。

　このような場合を想定して、私物の返還について就業規則にも記載しておくことをおすすめします。

【図表188　就業規則の規定例】

> 第〇条　従業員が退職または解雇された場合で、私物の返還に従業員本人が
> 　　　　受領できない場合、あらかじめ本人が指定した身元保証人または親族
> 　　　　に送付することで返還されたものとみなす。

♠退職した労働者が備品を返却しない場合

　反対に、会社が労働者に貸与していた備品などが返却されないということもあります。退職する場合には、図表189のように会社で貸与していた金品や業務上作成したデータなど、その権利が会社に帰属するものはすべて返還させなければなりません。

【図表189　返還させる物の例】

・社員証
・名刺（本人のものおよび顧客のもの）
・パソコン（データは消去しない）や携帯電話、通信機器
・マニュアル、資料
・鍵
・制服、作業服
・文房具などの備品
・健康保険証　など

　退職してしまった労働者に備品を返却させることについて会社ができる最後の手段は、横領で告訴したり、あるいは損害賠償請求を起こすことです。

　しかし、一般的には返却しない備品は少額であることが多く、結局、会社が諦めざるを得なくなります。

　このようなことがないように、あらかじめ就業規則に退職の際の備品の返還については、定めておくようにしましょう。

　なお、退職金の計算方法自体は、会社が任意に設定することができますので、退職時にきちんとした手続を踏めなかった従業員に対して、規定に定めてあれば、退職金を減額することは問題ありません。

ANSWER POINT

🔖労働者が退職した場合に、「使用期間、業務の種類、その事業における地位、賃金または退職の事由」について証明書を請求したときは、会社は証明書交付しなくてはなりません。

🔖労働者は、解雇予告を受けた日から退職日までの間において、会社に解雇の理由について証明書を請求することができます。

🔖退職の証明書や解雇理由の証明書については、退職者の再就職を妨害するような通信や記号を記入してはなりません。

♠退職時の証明

会社は、中途社員を採用する際、会社は就職希望者の前職の仕事や賃金、退職の理由などが気になるかと思います。

また、就職希望者本人も前職での仕事ぶりや地位、賃金等をアピールしたいということもあるでしょう。

もちろん、本人自身が面接等で伝えることは可能ですが、前職の会社に証明もらうことができれば、より採用をしようとする会社側も納得できるかと思います。そのため、労基法22条では、退職時の証明について図表190のように定めています。

【図表190　退職時の証明書についての定め】

> 労働者が、退職の場合において、使用期間、業務の種類、その事業における地位、賃金又は退職の事由（退職の事由が解雇の場合にあってはその理由を含む。）について証明書を請求した場合においては、使用者は、遅滞なくこれを交付しなければならない。

そのため、退職した社員が就職活動を行うときは、この退職時の証明書によって、自らの従事してきた仕事や賃金等を証明することができます。

なお、この証明は、図表190のとおり、①使用期間、②業務の種類、③その事業における地位、④賃金、⑤退職の事由（解雇の場合には、その理由を含む）を証明する必要がありますが、例えば、退職の事由などは、本人の転職の際に不利益となる可能性もあります。そのため、必ずしも①から⑤のすべての項目を証明するわけではなく、退職者が希望する事項のみを証明し

なくてはなりません。

♠退職時の証明の請求

退職時の証明は、退職時だけではなく退職後に請求されたとしても発行しなければなりません。

また、請求の回数も制限はありません。ただし、請求する権利の時効は2年であり、退職日から2年間を過ぎた場合は、請求に応じる必要はありません。

なお、退職の事由については、会社と退職者本人の間で見解の相違がある場合もあり得ます。この場合は、会社の見解を記載して構いませんが、虚偽を記載することは当然認められません。

♠解雇理由の証明

解雇で退職する場合は、労働者は、解雇予告を受けた日から退職日までの間において、解雇の理由についての証明書を請求することができます。請求された場合は、会社は遅滞なく交付しなくてはなりません。

つまり、解雇予告を受けた日から退職日までの間で請求があれば「解雇理由の証明書」、退職日以降については、「退職時の証明書」を交付することとなります。

【図表191　解雇の理由の証明書と退職時の証明書の交付】

♠通信の禁止等

「退職証明書」や「解雇理由証明書」については、退職者の再就職を妨害しないように、「あらかじめ第三者と謀り、労働者の就業を妨げることを目的として、労働者の国籍、信条、社会的身分もしくは労働組合運動に関する通信をしたり、退職時の証明書や解雇理由の証明書に秘密の記号を記入してはならない」とされています（労基法22条）。

例えば、「この退職者は労働組合運動をしていた」ということを他の企業と連絡しあったり、また、それがわかるように退職時の証明書等に記号を記入したりすることはしてはなりません。

7 労働災害・安全衛生の実務ポイント

Q75　労働災害ってどういう災害のこと

ANSWER　POINT

♤労働災害は、企業活動によって発生する人的損害のことをいいます。

♤業種によって発生しやすい労働災害の種類とその防止策は異なります。

♤通勤災害は労災ではありませんが、労災保険から給付を受けられます。

♠労働災害の定義

　労働災害の定義は、労働安全衛生法2条に図表192のような記載があります。

【図表192　労働災害の定義】

> 　労働災害とは、労働者の就業に係る建設物、設備、原材料、ガス、蒸気、粉塵などにより、または、作業行動その他の業務に起因して、労働者が負傷し、疾病にかかり、または死亡することをいう。

　このように、労働災害は、企業活動に伴って発生する災害のことです。

　企業活動の際に発生する災害は、物的損額と人的損害の2種類があります。労働災害には物的損害は含まれず、人的損害のみを労働災害と呼びます。

♠労働災害の種類

　労働災害は、腰痛や骨折などの負傷による疾病や、長期間にわたる有害物暴露、化学物質による中毒、職業がん、じん肺などをあげることができます。

　有名な例として、アスベスト（石綿）をあげることができるでしょう。アスベストは、1960年代に、ビルの高層化や鉄骨構造化に伴い、鉄骨造建築物などの軽量耐火被覆材として、多くの建物で使用されました。その際に、建設作業員として業務に従事していた方が、アスベストに暴露してしまい、数十年後に肺がんや中脾腫に罹患してしまうといったことが起きています。

　業務によって、発生する労働災害は変わってきます。それに伴い、労働災害の防止策も業種によって変わってきます。

　労働災害が発生しやすい主な業種の労働災害の種類と防止策については、図表193を参照してください。

7
労働災害・安全衛生の実務ポイント

【図表193　業種別による労働災害の種類と防止策】

業種	多く発生している労働災害	防止策
製造業	はさまれ・巻き込まれ、切れ・こすれ災害	機械に体が入らないように囲いや覆いを設ける。 点検、修理、掃除などを行う場合は機械を停止させる。
建設業	墜落・転落災害	高さが2メートル以上の場所での作業には足場に作業床を設ける。 はしごを使用するときは、上部と脚部に転位防止措置を講じる。
商業	転倒災害	床面や通路などは、つまずきや滑りの原因となる凸凹や水濡れがない状態にする。
運輸交通業	墜落・転落災害、転倒、交通事故等による災害	トラックからの墜落防止対策や、転倒、腰痛対策を行う。

♠労働安全衛生法の目的

　労働災害の種類を見ていただくとわかるように、業種によって発生する労働災害や防止策は違ったものになります。

　そこで、労働安全衛生法では、労働災害を防止するための基準などを定めることによって、労働災害が発生しない職場をつくることを目的としています。

　例えば、高さが2メートル以上の場所での作業を行う際は、転落事故を防止するために作業床を設置するなどのルールが決められています。

　会社は、労働安全衛生法を順守していくことにより労働災害の発生を防止していく義務があります。

　万が一、労働災害が発生してしまった場合については、労災保険で労働者の保護を行っていくという仕組みになっています。

♠通勤中の災害について

　労基法上は、業務中の災害のみ補償されることになっています。そのため、通勤災害は、業務上の労働災害ではありません。

　ただし、通勤中の災害を救済しないと労働者に不利益が生じてしまう可能性があるため、一定の要件に該当をすることにより、労災保険の対象となります。

Q76 労基法と労災保険法の関係は

ANSWER POINT

♤労基法にも災害補償のルールが定められています。

♤労災保険の補償は、労基法よりも範囲が広くなっています。

♦労基法における災害補償

　労基法上、使用者は、労働者が業務上の事故での負傷や疾病などの災害を被ったときは、その災害補償をしなければならないというルールがあります。

　使用者が、しっかりと労基法のルールどおりに被災労働者に対して補償をしてくれれば問題ありませんが、場合によっては、補償をしてくれないといったことが発生することも考えられます。

　そこで、労基法の施行と同じ年に労災保険法も施行されました。使用者は、待機期間中は補償する必要がありますが、それ以外については労災保険を利用することによって、労働基準法で定められた補償を行うことができます。

　また、労働者側からすれば、被災した場合は、必ず補償を受けることができます。双方にとってメリットがあるのが労災保険と言えるでしょう。

♦労基法における災害補償の種類

　労働基準法で定める災害補償の種類をまとめたのが図表 194 です。

【図表 194　労基法における災害保障の種類】

種　類	事　由	補　償　内　容
療養補償	業務上の傷病にかかった場合	必要な療養または療養の費用を負担
休業補償	業務上の傷病による療養のために休業した場合	休業した日につき平均賃金の 60%を支給
障害補償	業務上の負傷により障害が残った場合	障害等級に応じて平均賃金の 1340 日分〜50 日分の一時金を支給
遺族補償	業務上の理由で死亡した場合	平均賃金の 1000 日分の一時金
葬祭料	業務上の理由で死亡した場合	平均賃金の 60 日分の一時金

7

労働災害・安全衛生の実務ポイント

186

♠労災保険とは

労災保険は、次の２つを目的に、様々な保険給付を行います。

① 業務上の事由または通勤による労働者の負傷、疾病、傷害、死亡等に対して必要な保険給付を行うこと

② 業務上の事由または通勤により負傷し、または疾病にかかった労働者の社会復帰の促進、当該労働者およびその遺族の保護を目的としています。

そのため、業務上や通勤中のケガや疾病に対する保険給付だけでなく、社会復帰促進等事業として被災労働者やその遺族に対して資金の貸付等も行います。労基法に定める災害補償よりも幅が広いといえます。

♠労災保険の保険給付

業務災害や通勤災害に関する保険給付は、次の７種類存在します。支給要件や保険給付の内容は、図表195を参照ください。

【図表195　労災保険法における保険給付の種類】

保険給付の種類		こういうときは	保険給付の内容	特別支給金の内容
療養（補償）等給付		業務災害、複数業務要因災害または通勤災害による傷病により療養するとき（労災病院や労災保険指定医療機関等で療養を受けるとき）	必要な療養の給付※	
		業務災害、複数業務要因災害または通勤災害による傷病により療養するとき（労災病院や労災保険指定医療機関等以外で療養を受けるとき）	必要な療養の費用の支給※	
休業（補償）等給付		業務災害、複数業務要因災害または通勤災害による傷病の療養のため労働することができず、賃金を受けられないとき	休業4日目から、休業1日につき給付基礎日額の60％相当額	（休業特別支給金）休業4日目から、休業1日につき給付基礎日額の20％相当額
障害（補償）等給付	障害（補償）等年金	業務災害、複数業務要因災害または通勤災害による傷病が治ゆ（症状固定）した後に障害等級第1級から第7級までに該当する障害が残ったとき	障害の程度に応じ、給付基礎日額の313日分から131日分の年金 第1級 313日分　第6級 156日分 第2級 277日分　第7級 131日分 第3級 245日分 第4級 213日分 第5級 184日分	（障害特別支給金）障害の程度に応じ、342万円から159万円までの一時金 （障害特別年金）障害の程度に応じ、算定基礎日額の313日分から131日分の年金
	障害（補償）等一時金	業務災害、複数業務要因災害または通勤災害による傷病が治ゆ（症状固定）した後に障害等級第8級から第14級までに該当する障害が残ったとき	障害の程度に応じ、給付基礎日額の503日分から56日分の一時金 第8級 503日分　第13級 101日分 第9級 391日分　第14級 56日分 第10級 302日分 第11級 223日分 第12級 156日分	（障害特別支給金）障害の程度に応じ、65万円から8万円までの一時金 （障害特別一時金）障害の程度に応じ、算定基礎日額の503日分から56日分の一時金
遺族（補償）等給付	遺族（補償）等年金	業務災害、複数業務要因災害または通勤災害により死亡したとき	遺族の数等に応じ、給付基礎日額の245日分から153日分の年金 1人 153日分 2人 201日分 3人 223日分 4人以上 245日分	（遺族特別支給金）遺族の数にかかわらず、一律300万円 （遺族特別年金）遺族の数等に応じ、算定基礎日額の245日分から153日分の年金
	遺族（補償）等一時金	(1) 遺族（補償）等年金を受け得る遺族がいないとき (2) 遺族（補償）等年金を受けている人が失権し、かつ、他に遺族（補償）等年金	給付基礎日額の1000日分の一時金（(2)の場合は、すでに支給した年金の合計額を差し引いた額）	（遺族特別支給金）遺族の数にかかわらず、一律300万円((1)の場合のみ) （遺族特別一時金）

Q
76
労基法と労災保険法の関係は

	を受け得る人がない場合であって、すでに支給された年金の合計額が給付基礎日額の1000日分に満たないとき		算定基礎日額の1000日分の一時金（(2)の場合は、すでに支給した特別年金の合計額を差し引いた額）
葬　祭　料　等（葬祭給付）	業務災害、複数業務要因災害または通勤災害により死亡した人の葬祭を行うとき	315,000円に給付基礎日額の30日分を加えた額（その額が給付基礎日額の60日分に満たない場合は、給付基礎日額の60日分）	

※療養のため通院したときは、通院費が支給される場合があります。

保険給付の種類	こういうときは	保険給付の内容	特別支給金の内容
傷病(補償)等年金	業務災害、複数業務要因災害または通勤災害による傷病が療養開始後1年6か月を経過した日または同日後において次の各号のいずれにも該当するとき (1) 傷病が治ゆ(症状固定)していないこと (2) 傷病による障害の程度が傷病等級に該当すること	障害の程度に応じ、給付基礎日額の313日分から245日分の年金 第1級　　313日分 第2級　　277日分 第3級　　245日分	(傷病特別支給金) 障害の程度により114万円から100万円までの一時金 (傷病特別年金) 障害の程度により算定基礎日額の313日分から245日分の年金
介護(補償)等給付	障害(補償)等年金または傷病(補償)等年金受給者のうち第1級の者または第2級の精神・神経の障害および胸腹部臓器の障害の者であって、現に介護を受けているとき	常時介護の場合は、介護の費用として支出した額(ただし、166,950円[171,650円]を上限とする) 親族等により介護を受けており介護費用を支出していない場合、または支出した額が72,990円[73,090円]を下回る場合は72,990円[73,090円] 随時介護の場合は、介護の費用として支出した額(ただし、83,480円[85,780円]を上限とする) 親族等により介護を受けており介護費用を支出していない場合または支出した額が36,500円[36,500円]を下回る場合は36,500円[36,500円]	
二次健康診断等給付 ※船員法の適用を受ける船員については対象外	事業主が行った直近の定期健康診断等(一次健康診断)において、次の(1)(2)のいずれにも該当するとき (1) 血圧検査、血中脂質検査、血糖検査、腹囲またはＢＭＩ(肥満度)の測定のすべての検査において異常の所見があると診断されていること (2) 脳血管疾患または心臓疾患の症状を有していないと認められること	二次健康診断および特定保健指導の給付 (1) 二次健康診断 　脳血管および心臓の状態を把握するために必要な、以下の検査 ① 空腹時血中脂質検査 ② 空腹時血糖値検査 ③ ヘモグロビンA1c検査 　(一次健康診断で行った場合には行わない) ④ 負荷心電図検査または心エコー検査 ⑤ 頸部エコー検査 ⑥ 微量アルブミン尿検査 　(一次健康診断において尿蛋白検査の所見が疑陽性(±)または弱陽性(+)である者に限り行う) (2) 特定保健指導 　脳・心臓疾患の発生の予防を図るため、医師等により行われる栄養指導、運動指導、生活指導	

注) 表中の金額等は、令和3年3月1日現在のものです。[　]の額は令和3年4月1日からの改正予定額です。
　　このほか、社会復帰促進等事業として、アフターケア、義肢等補装具の費用の支給、外科後処置、労災就学等援護費、休業補償特別援護金等の支援制度があります。詳しくは、労働基準監督署にお問い合わせください。

出所：厚生労働省労働基準局補償課「労災保険給付の概要」より

7　労働災害・安全衛生の実務ポイント

ANSWER POINT

♧暫定任意適用事業所と適用除外の事業を除いた事業所は、個人事業所で
あっても労災保険の対象となります。

♧労災保険の手続をしていないと、万が一労災が発生して給付を受けた場合、
事業所がその費用を負担しなくてはならなくなることがあります。

♠労災保険が適用される会社

　労働者を雇用している会社や個人事業は、暫定任意適用事業と適用除外に
該当する事業を除いてすべて適用されることになります。労災保険に関して
は、仮に届出（保険関係成立届）を出していなかったとしても適用事業所と
なります。

　そのため、労働者が業務中に負傷をしてしまった場合は、届出の有無にか
かわらず、労災保険の給付を受けることができます。

　ただし、万が一労災保険の届出をしていないケースでは、会社が費用の徴
収をされる可能性がある点には注意が必要になります。

　労災保険法には、事業主からの特別の費用徴収というルールがあります。
徴収される額については、図表196のように状況によってレベル分けされ
ています。

【図表196　費用徴収される場合と負担割合】

状　況	負担割合
保険関係成立届の提出について行政機関から指導を受けたのにもかかわらず、提出を行っていない場合	費用徴収の対象となる保険給付の額に100分の100を乗じて得た額が徴収される。
保険関係成立届の提出について行政機関から指導を受けたことはないが、保険関係成立日以降1年を経過してなおその提出を行っていない場合	費用徴収の対象となる保険給付の額に100分の40を乗じて得た額が徴収される。

♠費用負担の対象となる保険給付

　保険給付の費用負担の対象となる保険給付は、図表197の①〜⑤の給付
となります。被災労働者が受けていた賃金の額によっては、給付される金額

が高額になりますので、保険関係成立届の提出は絶対に忘れないようにしましょう。

【図表197　費用徴収される保険給付】

①	休業（補償）給付
②	傷病（補償）給付
③	障害（補償）給付
④	遺族（補償）給付
⑤	葬祭料

♠暫定任意適用事業

　暫定任意適用事業とは、農林水産の事業のうち、労働保険に加入するかどうかは事業主の意思やその事業に使用されている労働者の過半数の意思に任されている事業のことをいいます。そのため、労災保険に関しては事業主が任意加入の申請をし、その承諾を得てはじめて成立することになります。

　暫定任意適用事業については、農林水産業すべてが労災保険に加入することが任意というわけではなく、図表189の事業が対象になります。

【図表189　暫定任意適用事業所一覧】

業　種	暫定任意適用事業の要件
農業	①　労働者数5人未満 ②　個人経営 ③　特定の危険または有害な作業を主として行う事業でない
林業	①　労働者を常時は使用していない ②　年間使用延労働者数が300人未満 ③　個人経営
畜産業 養蚕業 水産業	①　労働者数5人未満 ②　個人経営の畜産、養蚕または水産業 ③　水産業に関しては、総トン数5トン未満の漁船による事業

♠適用除外

　国の直営事業、官公署の事業、特定独立行政法人については、労災保険法を適用しないことになっています。

　これらの事業や特定独立行政法人で働く方は、国家公務員法や地方公務員法が適用されることになっています。

Q78 労災保険の業務上災害になるのはどういうとき

ANSWER POINT

♤業務災害が認定されるには、業務遂行性と業務起因性の両方が必要です。

♤休憩中の事故でも、労災保険の給付を受けられる場合があります。

♠業務災害の認定基準

業務災害とは、労働者の業務上の負傷、疾病、障害または死亡をいいます。業務上の負傷と認定されるためには、次の2つの条件を満たすことが必要になります。

① 「業務遂行性」：事業主の支配下にあること。

② 「業務起因性」：業務と傷病の間に一定の因果関係があること。

この「業務遂行性」と「業務起因性」のどちらか一方が欠けてしまうと業務災害と認定されません。

♠業務遂行性とは

業務遂行性とは、ケガや病気などになってしまった労働者が労働契約に基づいて、事業主の支配下にある状態のことをいいます。これは、契約書に記載のある仕事をしているときだけ業務遂行性が認められるということではありません。

例えば、休憩中であったとしても、事業場の施設の不備が原因で負傷した場合は、業務遂行性が認められます。反対に、休憩中に買い物や食事に出かけた場合は、会社の敷地から出てしまい、事業主の支配下にある状態とはいえないので認められません。

また、出張中や移動中についても、自宅を出たところから帰宅するまでのすべてについて、明らかに私的行為をしていなければ業務遂行性が認められます。

♠業務起因性とは

業務起因性とは、ケガや病気の発生原因が仕事（業務）となっているということです。つまり、業務起因性が認められるには、業務と傷病の間に一定の因果関係が認められる必要があります。

従業員同士のケンカによって負傷してしまった場合や、大地震などの自然災害による負傷は業務との因果関係がないため、業務起因性を認められません。

長時間労働によって、脳血管疾患や心疾患を発生してしまった場合、業務起因性が認められれば労災保険の対象となります。この部分は、会社側と被災労働者側で争いになり、訴訟に発展することも珍しくありません。

例外として、自然災害の場合で、事業場の不備と自然災害が相まって発生した災害は、業務起因性が認められることがあります。

♠具体的な業務災害の認定事例と不認定事例

業務災害として認定されるかどうかについては、業務遂行性と業務起因性の2つの条件を満たすことが必要です。

ただし、その原則だけを理解しても、実際に実務で判断することは困難です。

図表199に認定された事例と認定されなかった事例をまとめました。どちらの要件が欠けていたのか考えながら事例を見てみましょう。

【図表199　労災認定された場合とされなかった場合】

認定された事例	認定されなかった事例
建設作業中の突風による建物破壊による負傷	泥酔してトラックから転落した助手の死亡
作業時間中に用便に行く途中の事故	設備に欠陥の見られない事業場における旋風（つむじかぜ）による作業中の事故
建設部長が作業の手抜きを指摘して大工に殴打され負傷	電気代の集金人が集金先で第三者とケンカになり殴られて負傷
急性伝染病流行地に出張して罹患	出張地外で催し物を見物後その帰途において生じた自動車事故
自動車修理工が無免許のまま試運転をして生じた事故	トラックの車体検査のため検査場に行き、同所のストーブ煙突取外しを手伝って転落死亡
同一作業場で人命救助をしようとした労働者の事故死	工場敷地内社宅において台風によるガラス戸の破壊を防ごうとして負傷
休憩中に喫煙しようとしたところガソリンのしみた作業衣に引火して火傷	休憩中に拾った不発雷管をもてあそんで起こした爆発事故

7

労働災害・安全衛生の実務ポイント

Q79 労災保険の通勤災害になるのはどういうとき

ANSWER POINT

♤通勤災害と認められるパターンは3つあります。

♤逸脱や中断をすると、その後のルートで事故が起きても原則給付を受けることはできません。

♠通勤災害とは

　通勤災害とは、労働者が通勤により被ったケガ、病気、障害または死亡をいいます。通勤災害として認められるには、就業の場所と住居間を合理的な経路および方法で行っていることが必要になります。

　就業の場所と住居間の移動は、次の①〜③のパターンがあります。

①　住居と就業の場所との間の往復

　一番スタンダードな通勤になります。住居については、複数住居がある場合でもそれぞれが住居と認められ、どちらの住居からでも通勤になります。

②　就業の場所から他の就業の場所への移動

　アルバイト等の労働者は、複数の仕事を掛け持ちしているケースがあります。1つ目の仕事が終了して、次の仕事を行うために2つ目の就業場所に向かう移動であっても通勤として認められます。

　もし、通勤災害が発生してしまった場合の手続は、移動先である事業所で処理することになります。

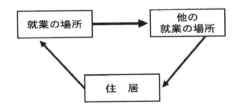

③　住居と就業の場所との間の往復に先行し、または後続する住居間の移動

転勤先が遠方であるために、自宅と新しい就業の場所（赴任先）との間を毎日往復することが困難となり、次の３種類に該当する者と別居することになった労働者の自宅と赴任先住居間の移動も通勤として認められることになります。

イ　配偶者（婚姻の届出をしていないが、事実上婚姻関係と同様の事情にある者を含む）

ロ　配偶者がない労働者の子

ハ　配偶者および子がない労働者の父母または親族（要介護状態でかつ、当該労働者が介護していた父母または親族に限る）

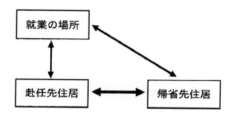

♠合理的な経路および方法

　合理的な経路については、通勤のために通常利用する経路であれば、複数あったとしてもそれらの経路はいずれも合理的な経路となります。

　また、雨なのでバスを利用した、当日の交通事情により迂回したといった理由であれば、合理的な経路となります。

　しかし、私的な理由で、著しく遠回りとなる経路を取る場合などは、合理的な経路とはなりません。

　次に、合理的な方法ですが、運転免許を１度も取得したことのない人が車を運転したり、泥酔して車や自転車を運転した場合は、合理的な方法とは認められませんが、常識の範囲内であれば合理的な方法として認められることになります。

♠逸脱と中断

　逸脱とは、通勤の途中で就業や通勤と関係ない目的で合理的な経路をそれることをいい、中断とは、通勤の経路上で通勤と関係ない行為を行うことをいいます。

　通勤の途中で逸脱または中断があると、その後は原則として通勤とはなりませんが、次の４つにに該当する場合は例外が設けられており、合理的な経路に戻った後は再び通勤となります。

① 日用品の購入その他これに準ずる行為
② 職業訓練、学校教育法1条に規定する学校において行われる教育その他これらに準ずる教育訓練であって、職業能力の開発向上に資するものを受ける行為
③ 選挙権の行使その他これに準ずる行為
④ 病院や診療所において診察または治療を受けることその他これに準ずる行為
⑤ 要介護状態にある配偶者、子、父母、配偶者の父母並びに同居し、かつ扶養している孫、祖父母および兄弟姉妹の介護（継続的にまたは反復して行われるものに限ります）

　なお、通勤災害の対象となるものとしては、図表200のような例が挙げられます。

【図表200　通勤災害の対象となる例】

事　例	判　定
保育園に子供を送ってから会社に出勤した場合	厚生労働省の通達で、「他に子供を監護する者がいない共稼ぎ労働者が託児所、親戚などに預けるためにとる経路などは、そのような立場にある労働者であれば、当然、就業のためにとらざるを得ない経路であるので、合理的な経路となるものと認められる」とされています。 　そのため、保育園に子供を送迎した後に、通勤災害が発生したとしても、保険給付を受けることができます。 　ただ、共稼ぎの労働者と記載があるため、配偶者が働いていないと認められない可能性があります。
仕事帰りに映画を見に行った場合	映画鑑賞中や鑑賞後、帰宅する際に生じた通勤災害は、労災保険の対象とはなりません。
仕事帰りに会社の同僚と飲みに行った場合や食事した場合	レストランや居酒屋に寄ってしまうと、その後に生じたケガなどについては、労災保険の対象とはなりません。
仕事帰りに美容室に行った場合	理・美容のため、理髪店や美容院に行くことは、「日用品の購入その他これに準ずる行為」に該当するため、原則として店を出た後も労災保険の対象となります。
仕事帰りにクリーニング店にスーツを取りに行った場合	「日用品の購入その他これに準ずる行為」に該当するため、原則として店を出た後も労災保険の対象となります。
父親の介護のために入所している養護老人ホームに立ち寄った場合	養護老人ホームでの介護が終了した後、合理的な経路に戻った場合は、労災保険の対象となります。

Q80 過労死・過労自殺ってなに・認定されるのは

ANSWER POINT

♧過労死の認定を受けるには、3つの認定要件をもとに総合的に判定されます。

♧業務上の精神障害が認められない自殺については、労災の保険給付を受けることはできません。

♠過労死とは

　心筋梗塞などの心疾患や脳梗塞などの脳血管疾患は、加齢や食生活などの影響を受けて発症する場合と、仕事が主な原因で発症する場合があります。

　仕事が主な原因で発症し、結果として死亡した場合のことを「過労死」と呼んでいます。仕事が原因で脳血管疾患や心疾患が発症したことを条件とする認定基準が通達で出されています。

♠対象となる疾病は

　仕事が主な原因で発症する心疾患と脳血管疾患については、図表201のように対象となる疾病が定められています。

【図表201　過労死の対象となる疾病】

脳血管疾患	脳内出血（脳出血）
	くも膜下出血
	脳梗塞
	高血圧性脳症
虚血性心疾患など	心筋梗塞
	狭心症
	心停止（心臓性突然死含む）
	解離性大動脈りゅう

♠過労死となる認定要件は

　業務によって明らかな負荷がかかったことにより発症した脳・心臓疾患は、業務上の疾病として取り扱われることになります。

　認定要件は、①異常な出来事、②短期間の過重業務、③長期間の過重業務の3つがあります。

7
労働災害・安全衛生の実務ポイント

196

♠異常な出来事とは

認定基準の１つである異常な出来事とは、図表 202 のように精神的負荷、身体的負荷、作業環境の変化の３種類があります。

【図表 202　異常な出来事の判定】

精神的負荷	業務に関連した重大な人身事故や入内事故に直接関与し、著しい精神的負荷を受けた場合など
身体的負荷	事故の発生に伴って、救助活動や事故処理に携わり、著しい身体的負荷を受けた場合など
作業環境の変化	屋外作業中、きわめて暑熱な作業環境下で水分補給が著しく阻害される状態や、温度差のある場所へ頻回な出入りをした場合など

♠短期間の過重業務とは

短期間の過重業務については、発症前おおむね１週間の業務量、業務内容、作業環境、具体的な負荷要因、同僚の労働者にとっても同様の負荷がかかっているかなどを考慮して総合的に判断されます。

労働時間の評価の目安としては、次の①〜③が特に評価されます。

① 発症直前から前日までの間に特に過度の長時間労働が認められること
② 発症前おおむね１週間以内に継続した長時間労働が認められること
③ 休日が確保されていないこと

【図表 203　要因ごとの負荷の程度を評価する視点】

負　荷　要　因		負荷の程度を評価する視点
※　労　働　時　間		発症直前から前日までの間に特に過度の長時間労働が認められるか、発症前おおむね1週間以内に継続した長時間労働が認められるか、休日が確保されていたか等
不　規　則　な　勤　務		予定された業務スケジュールの変更の頻度・程度、事前の通知状況、予測の度合、業務内容の変更の程度等
拘束時間の長い勤務		拘束時間数、実労働時間数、労働密度（実作業時間と手待時間との割合等）、業務内容、休憩・仮眠時間数、休憩・仮眠施設の状況（広さ、空調、騒音等）等
出張の多い業務		出張中の業務内容、出張（特に時差のある海外出張）の頻度、交通手段、移動時間及び移動時間中の状況、宿泊の有無、宿泊施設の状況、出張中における睡眠を含む休憩・休息の状況、出張による疲労の回復状況等
交替制勤務・深夜勤務		勤務シフトの変更の度合、勤務と次の勤務までの時間、交替制勤務における深夜時間帯の頻度等
作業環境	温度環境	寒冷の程度、防寒衣類の着用の状況、一連続作業時間中の採暖の状況、暑熱と寒冷との交互のばく露状況、激しい温度差がある場所への出入りの頻度等
	騒　音	おおむね80dBを超える騒音の程度、そのばく露時間・期間、防音保護具の着用の状況等
	時　差	5時間を超える時差の程度、時差を伴う移動の頻度等
精神的緊張を伴う業務		表2のとおり

出所：厚生労働省「脳・心臓疾患の労災認定」より抜粋

【図表 204　精神的緊張を伴う業務】

	具 体 的 業 務	負荷の程度を評価する視点
日常的に精神的緊張を伴う業務	常に自分あるいは他人の生命、財産が脅かされる危険性を有する業務	危険性の度合、業務量（労働時間、労働密度）、就労期間、経験、適応能力、会社の支援、予想される被害の程度等
	危険回避責任がある業務	
	人命や人の一生を左右しかねない重大な判断や処置が求められる業務	
	極めて危険な物質を取り扱う業務	
	会社に多大な損失をもたらし得るような重大な責任のある業務	

	具 体 的 業 務	負荷の程度を評価する視点	
	過大なノルマがある業務	ノルマの内容、困難性・強制性、ペナルティの有無等	業務量（労働時間、労働密度）、就労期間、経験、適応能力、会社の支援等
	決められた時間（納期等）どおりに遂行しなければならないような困難な業務	阻害要因の大きさ、達成の困難性、ペナルティの有無、納期等の変更の可能性等	
	顧客との大きなトラブルや複雑な労使紛争の処理等を担当する業務	顧客の位置付け、損害の程度、労使紛争の解決の困難性等	
	周囲の理解や支援のない状況下での困難な業務	業務の困難度、社内での立場等	
	複雑困難な新規事業、会社の建て直しを担当する業務	プロジェクト内での立場、実行の困難性等	

	出 来 事	負荷の程度を評価する視点
発症に近接した時期における精神的緊張を伴う業務に関連する出来事	労働災害で大きな怪我や病気をした。	被災の程度、後遺障害の有無、社会復帰の困難性等
	重大な事故や災害の発生に直接関与した。	事故の大きさ、加害の程度等
	悲惨な事故や災害の体験（目撃）をした。	事故や被害の程度、恐怖感、異常性の程度等
	重大な事故（事件）について責任を問われた。	事故（事件）の内容、責任の度合、社会的反響の程度、ペナルティの有無等
	仕事上の大きなミスをした。	失敗の程度・重大性、損害等の程度、ペナルティの有無等
	ノルマが達成できなかった。	ノルマの内容、達成の困難性、強制性、達成率の程度、ペナルティの有無等
	異動（転勤、配置転換、出向等）があった。	業務内容・身分等の変化、異動理由、不利益の程度等
	上司、顧客等との大きなトラブルがあった。	トラブル発生時の状況、程度等

出所：厚生労働省「脳・心臓疾患の労災認定」より抜粋

♦長期間の過重業務は

　長期間の過重業務については、発症前おおむね 6 か月間の状況を判断することになります。評価の方法については、原則的には短期間の過重業務と同様の方法となります。

　労働時間の評価の目安としては、次の①～④を使用して評価します。

7　労働災害・安全衛生の実務ポイント

198

① 発症前 1 ～ 6 か月間平均で月 45 時間以内の時間外労働は発症との関連性は低い。

② 月 45 時間を超えて長くなるほど関連性は強まる。

③ 発症前 1 か月間に 100 時間の時間外労働があると発症の関連性は強い。

④ 発症前 2 か月間～ 6 か月間平均で月 80 時間を超える時間外労働は、発症の関連性は強い。

♠脳・心臓疾患の業務起因性の判断のフローチャート

　異常な出来事、短期間の過重業務、長期間の過重業務について見てきました。これら 1 つひとつを評価した上で総合判断を行い、業務上の疾病か否かを判断します。これらをまとめたのが図表 205 のフローチャートです。

【図表 205　脳・心臓疾患の業務起因性の判断のフローチャート】

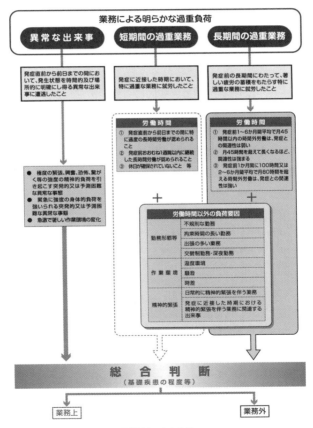

出所：厚生労働省「脳・心臓疾患の労災認定」より抜粋

♠過労自殺とは

　過労自殺とは、労働時間が長時間にわたる場合や、業務上のストレスによって、うつ病などの心因性精神障害を発症して自殺してしまうことをいいます。

　労災保険の原則としては、労働者が故意に死亡した場合は保険給付を行わないことになっています。自殺は、労働者の故意による死亡とされています。

　例外として、「業務上の精神障害によって、正常の認識、行為選択能力が著しく阻害され、自殺行為を思いとどまる精神的な抑制力が著しく阻害されている状態で自殺が行われたと認められる場合には、結果の発生を意図とした故意には該当しない」という通達が出されています。

♠業務上の精神障害

　精神障害が労災認定されるための要件は、次の３つのすべての要件に該当することが必要になります。
① 　認定基準の対象となる精神障害を発病していること。
② 　認定基準の対象となる精神障害に発病前おおむね６か月の間に、業務による強い心理的負荷が認められること。
③ 　業務以外の心理的負荷や個体側要因により発病したと認められないこと。

　①と②を詳しく見ていきます。まず、①の「認定基準の対象となる精神障害を発病していること」ですが、『精神および行動の障害』という図表206の分類表を用いて評価をします。

【図表 206　精神および行動の障害分類】

分類コード	疾病の種類
F0	症状を含む器質性精神障害
F1	精神作用物質使用による精神及び行動の障害
F2	統合失調症、統合失調症型障害及び妄想性障害
F3	気分（感情）障害
F4	神経症性障害、ストレス関連障害及び身体表現性障害
F5	生理的障害及び身体的要因に関連した行動症候群
F6	成人のパーソナリティ及び行動の障害
F7	精神遅滞（知的障害）
F8	心理的発達の障害
F9	小児期及び青年期に通常発症する行動及び情緒の障害、特定不能の精神障害

出所：厚生労働省「精神障害の労災認定」より抜粋

　業務に関連をして発病する可能性のある精神障害の代表的なものとして、うつ病（F3）や急性ストレス反応（F4）などがあります。

次に②「認定基準の対象となる精神障害に発病前おおむね6か月の間に、業務による強い心理的負荷が認められること」について見ていきましょう。

この要件については、図表207の『業務による心理的負荷評価表』という表を用いて評価を行うことになっています。

【図表207　業務による心理的負荷評価表】

特別な出来事	

特別な出来事の類型	心理的負荷の総合評価を「強」とするもの	
心理的負荷が極度のもの	・生死にかかわる、極度の苦痛を伴う、又は永久労働不能となる後遺障害を残す業務上の病気やケガをした（業務上の傷病により6か月を超えて療養中に症状が急変し極度の苦痛を伴った場合を含む） ・業務に関連し、他人を死亡させ、又は生死に関わる重大なケガを負わせた（故意によるものを除く） ・強姦や、本人の意思を抑圧して行われたわいせつ行為などのセクシュアルハラスメントを受けた ・その他、上記に準ずる程度の心理的負荷が極度と認められるもの	…項目1関連 …項目3関連 …項目37関連
極度の長時間労働	・発病直前の1か月におおむね160時間を超えるような、又はこれに満たない期間にこれと同程度の（例えば3週間におおむね120時間以上の）時間外労働を行った（休憩時間は少ないが手待時間が多い場合等、労働密度が特に低い場合を除く）	…項目16関連

出所：厚生労働省「精神障害の労災認定」より抜粋

最後に、業務以外の心理的負荷による発病かどうかの判断は、図表208の『業務以外の心理的負荷評価表』という表を用いて判断を行います。

この評価項目には、金銭関係や事件・事故、災害等の経験等の基準が6項目あり従業員が置かれている状況を当てはめていきます。

【図表208　業務以外による心理的負荷評価表】

出来事の類型	具 体 的 出 来 事	心理的負荷の強度		
		Ⅰ	Ⅱ	Ⅲ
① 自分の出来事	離婚又は夫婦が別居した			★
	自分が重い病気やケガをした又は流産した			★
	自分が病気やケガをした		★	
	夫婦のトラブル、不和があった	★		
	自分が妊娠した	★		
	定年退職した	★		
② 自分以外の家族・親族の出来事	配偶者や子供、親又は兄弟が死亡した			★
	配偶者や子供が重い病気やケガをした			★
	親類の誰かで世間的にまずいことをした人が出た			★
	親族とのつきあいで困ったり、辛い思いをしたことがあった		★	
	親が重い病気やケガをした		★	
	家族が婚約又はその話が具体化した	★		
	子供の入試・進学があった又は子供が受験勉強を始めた	★		
	親子の不和、子供の問題行動、非行があった	★		
	家族が増えた（子供が産まれた）又は減った（子供が独立して家を離れた）	★		
	配偶者が仕事を始めた又は辞めた	★		
③ 金銭関係	多額の財産を損失した又は突然大きな支出があった			★
	収入が減少した		★	
	借金返済の遅れ、困難があった		★	
	住宅ローン又は消費者ローンを借りた	★		
④ 事件、事故、災害の体験	天災や火災などにあった又は犯罪に巻き込まれた			★
	自宅に泥棒が入った		★	
	交通事故を起こした		★	
	軽度の法律違反をした	★		
⑤ 住環境の変化	騒音等、家の周囲の環境（人間環境を含む）が悪化した		★	
	引越した		★	
	家屋や土地を売却した又はその具体的な計画が持ち上がった	★		
	家族以外の人（知人、下宿人など）が一緒に住むようになった	★		
⑥ 他人との人間関係	友人、先輩に裏切られショックを受けた		★	
	親しい友人、先輩が死亡した		★	
	失恋、異性関係のもつれがあった		★	
	隣近所とのトラブルがあった		★	

出所：厚生労働省「精神障害の労災認定」より抜粋

Q81 労働安全衛生ってなに

ANSWER POINT

♧労働安全衛生法は、昭和47年に労基法から分離独立をしました。

♧労働災害の防止は、使用者と労働者が協力をして実現していかなければなりません。

♠労働安全衛生法の制定

昭和47年までは、労基法で労働者の安全と健康を守るために使用者が行わなければならない事項が定められていました。

しかし、労基法に定めているだけでは、使用従属関係の中で労働災害を防止する策を講じなくてはならないために、効果的な対策を講じにくいといった点や、中小零細企業では、労働災害が発生した後の取り締りだけを労基法で行うのではなく、労働災害の発生を防止する基準を策定したほうがよいといった声があり、労基法で定めていた、「労働者の安全および衛生」に焦点をおいた労働安全衛生法が制定されました。

♠労働安全衛生法とは

昭和47年に制定された労働安全衛生法1条には、図表209の目的が定められています。

【図表209　労働安全衛生法の目的】

> 労働安全衛生法は、労働基準法と相まって、労働災害の防止のための危害防止基準の確立、責任体制の明確化および自主的活動の促進の措置を講ずるなどその防止に関する総合的計画的な対策を推進することにより、職場における労者の安全と健康を確保するとともに、快適な職場環境の形成を促進することを目的とする。

安全衛生を理解するためには、条文にアンダーラインを引いた部分が重要になります。

労働災害の防止のための危害防止基準の確立ですが、重要なのは労働者の安全と衛生を守っていくことです。

そのため、労働災害をゼロにしていくために使用者が講じなければならない措置（安全基準、衛生基準）が定められています。わかりやすいように具体的な例をあげると、転落事故が起きる恐れのある場所での作業のときは、

安全床を使用するといった対応をするといったことがあげられます。

【図表 210　労働災害を防止するための措置】

高さが 2 メートル以上ある高さでの作業の場合	作業床を設ける。作業床の設置が難しい場合は、墜落制止用器具を使用する。
粉塵が生じる作業をする場合	粉塵を吸引させないために、呼吸用保護具を使用する。
トラックから荷物を降ろす場合	荷締め、ラッピング等の作業をできるだけ地上から実施する。 移動時に手足 4 点のうち、3 点を固定した場所に確保などする。
火災、爆発の危険性のある物を取り扱う場合	換気を行う、火気を使用しないなどの措置をとる

♠責任体制の明確化

　責任体制の明確化についてですが、企業規模が大きくなってくると安全衛生に関する事項を使用者 1 人で行うことは不可能です。

　そこで、安全に関して仕事をする人（安全管理者）、衛生に関して仕事をする人（衛生管理者）といったように、分業制にしてそれぞれの見地から職場の安全衛生を管理していく「安全管理体制」について定めています。

♠自主的活動の促進

　最後に自主的活動の促進についてです。使用者が一生懸命労働災害を防止する措置を講じていたとしても、実際に作業する労働者が不安全行動をとってしまえば、労働災害は発生してしまいます。

　使用者と労働者は、協力し合って職場における労働災害をゼロにしていくという意味が込められています。

♠安全管理体制とは

　安全管理体制とは、職場の「労働者の安全および衛生」を確保するために労働安全衛生法に定められています。労働者の安全や衛生を確保するには、それぞれの会社が現場で取組みを行っていくことが不可欠です。

　「労働者の安全と衛生」を確保するための手法は、業種や労働者の人数規模によって変わってくるため、業種や事業規模などによって、求められる体制が異なります。他社の事例を参考にしながら、自社で必要な項目を取り込んでいくようにしましょう。

| | | | |

Q82 労働安全衛生法が適用されるのは

ANSWER POINT

♤ほとんどの事業所について、労働安全衛生法が適用されます。

♤労基法が適用除外となっている職種には、労働安全衛生法は適用されません。

♠労働安全衛生法の適用除外事業

労働安全衛生法は、昭和47年に労基法から分離独立をして制定をされました。そのため、労基法が適用除外になっている職種は労働安全衛生法も適用されないということになっています。

したがって、適用除外の職種はQ2のとおりです。重複しますが、図表211として再掲しておきます。

【図表202　労働安全衛生法が適用されない事業】

全部除外（すべての労基法が適用されない者）
1、同居の親族のみを使用する事業（労基法116条2項）
2、家事使用人（労基法116条2項） ※家事代行業者などは適用される。
3、一般職の国家公務員（国家公務員法附則16条） ※行政執行法人（印刷局、造幣局、国立公文書館、統計センター等）の国家公務員については適用される。

一部除外（一部の労基法が適用されない者）
1、船員（労基法116条1項） ※「総則、適用除外、罰則」の規定の3つは労基法が適用される。 　適用除外となった部分は船員法が適用となる。
2、一般職の地方公務員（地方公務員法58条3項） ※地方公営企業等の職員等については原則適用。 　その他の一般職の地方公務員は変形労働時間制やみなし労働時間制など一部の規定が適用されない。

適用除外になるイメージすることは難しい部分もあると思いますので、少し解説をしていきます。

① 同居の親族のみを使用する事業（全部除外）

同居の親族のみを使用する事業については、労基法は適用されないこととなっています。理由として、同居の家族のみで仕事をしているケースだと、

出勤時間や退勤時間、休日などをはじめとして曖昧になってしまうことも珍しくありません。そのため、使用者と労働者の関係として取り扱うことが不適当と判断され労基法は適用されないことになっています。

　ただし、同居の親族だけでなく、他人を雇用している場合は、労基法は適用される点は押さえておいたほうがよいでしょう。

②　家事使用人（全部除外）

　家事使用人についても、労基法は適用されません。家事使用人とはいわゆるお手伝いさんのことをいいます。適用されない理由として、家事使用人は、家事労働を行うため、家庭生活と密着しているため労基法を適用することが困難だと判断されているためです。

　法人に雇われていたとしても、業務内容が役員の家庭において役員の家族の指示を受けて家事労働をする場合も、労基法は適用されないことになっています。

　注意しなければならないのは、家事サービスを行う会社に雇われて家事労働を行う場合は労基法が適用される点です。

③　一般職の国家公務員（全部除外）

　国家公務員については、国家公務員法が適用されるため、労基法については適用されないこととなっています。独立行政法人の職員の身分は国家公務員ですが、労基法が適用されることとなっています。

④　船員法に定める船員

　船員法1条1項に規定する船員については、原則として船員法の定めが適用されます。船員法に定める船員については、総則と罰則の一部についてのみ労基法の適用があります。

※船員法1条1項は「この法律で船員とは、日本船舶又は日本船舶以外の国土交通省令の定める船舶に乗り組む船長及び海員並びに予備船員」となっています。

⑤　一般職の地方公務員

　地方公営企業等の職員等については、原則適用されます。その他の一般職の地方公務員については、変形労働時間制やみなし労働時間制など一部の規定が適用されません。

安全衛生管理体制づくりで求められるのは

ANSWER POINT

♤業種や労働者の人数で安全衛生管理体制が変わります。

♤一般的な業種では、「安全管理者」「衛生管理者」「産業医」の選任が求められます。

♤労働安全衛生法違反は、労基署の指導対象となります。

♠安全衛生管理体制

　労働安全衛生法1条の目的条文には、労働災害を防止するめに責任体制を明確化すると記載されています。そのため、一般的な業種では、事業の規模に応じて衛生管理者、安全管理者、産業医といった職場の安全や衛生を守るための仕事を行う人を設置しなければならないとされています。このことを安全衛生管理体制と呼びます。

♠衛生管理者の必要人数と資格要件

　労働安全衛生法12条では、従業員が50人以上いる事業所では業種にかかわらず「衛生管理者」を選任し、その者に安全衛生業務のうち衛生に関する技術的事項（体調不良者の発見、休職者対応、衛生委員会への出席など）を管理させなければなりません。

　選任しなければならない事業場の規模は、図表212のようになっています。

【図表212　事業所の規模と衛生管理者の人数】

事業場の規模	衛生管理者の数
50人〜 200人	1人
201人〜 500人	2人
501人〜1,000人	3人
1,001人〜2,000人	4人
2,001人〜3,000人	5人
3,001人以上	6人

　衛生管理者は、業種ごとに選任しなければならない資格が異なります。衛生管理者は、免許が必要なので、衛生管理者が退職してしまって不在になっ

てしまうケースが多々ありますので、50 人以上従業員がいる企業は、複数の従業員に免許を取ってもらうといった工夫が必要になります。

【図表 213　衛生管理者の資格要件】

業　種	資格等保有者
農林水産業、鉱業、建設業（物の加工業を含む）、電気業、ガス業、水道業、熱供給業、運送業、自動車整備業、機械修理業、医療業および清掃業	第一種衛生管理者免許、衛生工学衛生管理者免許を有する者または医師、歯科医師、労働衛生コンサルタントなど
その他の業種	第一種衛生管理者免許、第二種衛生管理者免許もしくは衛生工学衛生管理者免許を有する者または医師、歯科医師、労働衛生コンサルタントなど

♦安全管理者

　安全管理者は、衛生管理者とは違い、業種によって選任するかしないかが決められています。安全衛生業務のうち、安全に関する技術的事項（消火器具や避難器具の確認、定期的に巡回して職場内に危険な場所がないか確認など）の管理をさせることとなっています。

【図表 214　安全管理者を選任すべき業種と人数】

業　種	常時使用する労働者の数
林業、鉱業、建設業、運送業、清掃業、製造業（物の加工業を含む）、電気業、ガス業、熱供給業、水道業、通信業、各種商品卸売業、家具・建具・じゅう器等卸売業、各種商品小売業、家具・建具・じゅう器等小売業、燃料小売業、旅館業、ゴルフ場業、自動車整備業および機械修理業	50 人以上

　安全管理者は、業種によって選任しなければならない資格要件が変わることはなく、免許もありません。次の 3 つのいずれかに該当をすればよいことになっています。

① 　大学の理科系の課程を卒業し、その後 2 年以上産業安全の実務を経験した者。

② 　高等学校等の理科系の課程を卒業し、その後 4 年以上産業安全の実務を経験した者。

③ 　その他厚生労働大臣が定める者 (理科系統以外の大学を卒業後 4 年以上、同高等学校を卒業後 6 年以上産業安全の実務を経験した者、7 年以上

産業安全の実務を経験した者等)。

④　労働安全コンサルタント。

♠産業医

　労働安全衛生法 13 条では、常時 50 人以上の労働者を使用するすべての事業場で選任することになっています。一定の医師のうちから「産業医」を選任し、事業者の直接の指揮監督の下で専門家として労働者の健康管理などに当たることとなっています。

　労働者がメンタル不調に陥ってしまうといったことが問題となっているため、事業所における産業医の重要性は今後も大きくなっていきます。

　産業医は、主に図表 215 の職務を担当します。

【図表 215　産業医が担当する職務】

①	健康診断および面接指導などの実施並びにこれらの結果に基づく労働者の健康を保持するための措置に関すること
②	作業環境の維持管理に関すること
③	作業の管理に関すること
④	労働者の健康管理に関すること
⑤	健康教育、健康相談その他労働者の健康の保持増進を図るための措置に関すること
⑥	衛生教育に関すること
⑦	労働者の健康障害の原因の調査および再発防止のための措置に関すること

　産業医は、労働者の健康を確保するために必要があると認めるときは事業者に対し、労働者の健康管理などについて必要な勧告をすることができます。

　また、作業場を巡視し、作業方法または衛生状態に有害のおそれがあるときは、労働者の健康障害を防止するために必要な措置を講じなければなりません。

　産業医は、労働者の健康を確保するために必要があると認めるときは、事業者に対し、労働者の健康管理などについて必要な勧告をすることができます。

　事業主は、産業医から勧告を受けた場合は、その勧告を尊重する義務があります。

Q84 小規模事業所の 安全衛生管理体制のあり方は

ANSWERPOINT

♧安全衛生推進者や衛生推進者は、労働者数が 50 人未満の小規模な事業場
　で選任しなければなりません。

♧実務経験があれば安全衛生推進者や衛生推進者になることができますが、
　該当する人がいないときは、養成講座を受講したほうがよいでしょう。

♠小規模事業所の安全管理体制

　労働安全衛生法は、事業所の安全と衛生を確保して労働災害の発生を防止
するという目的があります。そのため、事業所で働く労働者が少人数であっ
たとしても、適用されることとなっています。

　大企業であっても、中小零細企業であったとしても、労働災害によって労
働者が死亡してしまうと、会社や経営者が負う責任は同様です。安衛法違
反による刑事処分や業務上過失致死による刑事処分を受ける可能性もありま
す。中小零細企業で死亡事故が発生してしまうと、経営者はそれに掛かりき
りになり、本業に集中できずに、会社の売上自体が下がってしまうというリ
スクもあります。それだけに、会社や労働者を守るために小規模事業所であっ
たとしても安全管理体制をしっかりと構築していく必要があります。

　Q83 では、事業所の人数が 50 名以上の場合の安全管理体制について記載
をしていますが、ここでは、常時使用する労働者が 10 名以上 50 人未満の
事業所の安全管理体制について説明をしていきます。

♠安全衛生推進者と衛生推進者

　安全管理者を選任する必要のある業種で、常時 10 人以上 50 人未満の労
働者を使用する事業者は、安全衛生推進者を選任しなければなりません。

　安全衛生推進者を選任しなければならないのは、図表 216 の業種です。

【図表 216　安全衛生推進者を選任する必要のある業種】

> 　林業、鉱業、建設業、運送業、清掃業、製造業（物の加工業を含む）、電気業、
> ガス業、熱供給業、水道業、通信業、各種商品卸売業、家具・建具・じゅう器等
> 卸売業、各種商品小売業、家具・建具・じゅう器等小売業、燃料小売業、旅館業、
> ゴルフ場業、自動車整備業および機械修理業

♠安全衛生推進者と衛生推進者の資格要件

安全衛生推進者と衛生推進者の資格要件は、図表 217 の①～⑤のいずれかに該当する方が対象となります。

【図表 217　資格要件】

①	大学または高専卒業後に 1 年以上安全衛生の実務に従事している者
②	高等学校または中等教育学校卒業後に 3 年以上安全衛生の実務に従事している者
③	5 年以上（安全）衛生の実務に従事している者
④	安全衛生推進者養成講習・衛生推進者養成講習を修了した者
⑤	安全管理者および衛生管理者・労働安全コンサルタント・労働衛生コンサルタントの資格を有する者

①～③の方に関しては、労働安全の実務に従事していれば資格要件を満たすことになりますが、労働安全に関する専門的な知識を習得するためにも養成講座の受講をおすすめします。

♠安全衛生推進者と衛生推進者の職務内容

安全衛生推進者の職務は、図表 218 の①～④まで多岐にわたります。小規模な事業所で職務を行うため、安全や衛生に関することだけでなく、事業所で働く労働者の相談に乗るといった職務もあります。

【図表 218　職務内容】

①	労働者の危険または健康障害を防止するための措置に関すること。
②	労働者の安全または衛生のための教育の実施に関すること。
③	健康診断の実施その他の健康の保持増進のための措置に関すること。
④	労働災害防止の原因の調査および再発防止対策に関すること。

※衛生推進者については、表のうち衛生にかかる業務だけを担当

なお、事業者は、安全衛生推進者や衛生推進者を選任したときは、掲示するなど、職場内で周知をしなければなりません。

労基署への届出は不要です。

ANSWER POINT

♧安全衛生教育は、業種によって省略できるものもあります。

♧デスクワークであっても、安全衛生教育を実施する義務があります。

♠安全衛生教育

　労働安全衛生法では、労働者を雇い入れたときと、作業内容を変更したときは、安全または衛生のための教育をしなければならないルールになっています。

　作業内容を変更したときとは、異なる作業に転換したときや、作業設備、作業方法について大幅な変更があったときのことをいいます。軽微な変更については、作業内容の変更には該当しません。

　なぜ教育を行うことが義務づけられているかというと、過去の労働災害を分析した結果、危険有害性に関する知識や対応する技能があれば防止できたケースが多数認められたからです。

　労働災害や職業性疾病を防止しするためには、機械や設備を安全な状態で使用するだけでなく、これを使用する労働者に対して適切に教育を実施していく必要があります。

　労働者に対する安全衛生教育や訓練については、法律で実施することが義務づけられているものと、会社の判断で実施しているものとがあります。安全衛生教育を行うのが目的ではなく、労働災害や職業性疾病を防止することが目的であるということを忘れてはいけません。

　安全衛生教育のカリキュラムを構築する際は、内容を十分に検討した上で教育・訓練計画を立て、これに基づき実施していくことが重要となります。

　事業規模によっては、安全衛生教育を自社だけで実施することが難しい場合もあります。そのような場合は、安全衛生関係団体等が開催する説明会、講習会等を活用していきましょう。

♠安全衛生教育の具体的内容

　安全衛生教育で行わなければならない内容は、図表 219 のとおりですが、①〜④の項目については、業種によっては省略をすることができます。

【図表219　安全衛生教育の種類】

具体的な教育内容	デスクワークの場合の具体例
①　機械等、原材料などの危険性または有害性およびこれらの取扱方法に関すること	省略
②　安全装置、有害物抑制装置または保護具の性能およびこれらの取扱方法に関すること	省略
③　作業手順に関すること	省略
④　作業開始時の点検に関すること	省略
⑤　当該業務に関して発生するおそれのある疾病の原因および予防に関すること	デスクワークは、運動不足による生活習慣病や腰痛などが問題となります。食生活やストレッチ方法を伝えるのも1つの方法です。
⑥　整理、整頓および清潔の保持に関すること	整理整頓は、仕事の効率化だけでなく災害時の危険防止の観点からも重要です。
⑦　事故などにおける応急措置および退避に関すること	新入社員は、オフィスの構造を理解していません。火災などが発生した際にスムーズに避難できるように伝える必要があります。
⑧　その他当該業務に関する安全または衛生のために必要な事項	「高齢者が多く働いている」や「女性が多く働いている」といったその会社の状況に応じた教育が必要になります。

　雇入れ時の安全衛生教育については、正社員だけでなく、パートタイムやアルバイトといった臨時に使用する労働者も含めて行う必要があります。
　労働安全教育は、業種によって内容が変わってくるため、すべてを網羅して紹介することは困難です。1例として、図表219にデスクワークの場合の安全衛生教育の例を紹介しておきます。

♠安全衛生教育が省略できない業種
　安全衛生教育が省略できない業種は、図表220の業種です。

【図表220　安全衛生教育が省略できない業種一覧】

> 林業、鉱業、建設業、運送業、清掃業、製造業（物の加工業を含む）、電気業、ガス業、熱供給業、水道業、通信業、各種商品卸売業、家具・建具・じゅう器等卸売業、各種商品小売業、家具・建具・じゅう器等小売業、燃料小売業、旅館業、ゴルフ場業、自動車整備業および機械修理業

Q86 健康診断の実施・結果の伝え方は

ANSWER POINT

♤労働時間が長ければ、パート・アルバイト従業員だったとしても定期健康診断を受ける必要があります。

♤労働者が 50 名以上の事業所は、定期健康診断の後に労基署に定期健康診断報告書を提出しなければなりません。

♠健康診断の種類

　会社は、労働安全衛生法に基づき、従業員に対して、医師による健康診断を実施する義務があります。また、従業員も会社が行う健康診断を受診しなければなりません。

　会社に実施が義務づけられている健康診断には、図表 221 のものがあります。

【図表 221　健康診断の種類】

健康診断の種類	対象となる労働者	実施時期
①　雇入れ時の健康診断	常時使用する労働者	雇入れの際
②　定期健康診断	常時使用する労働者 （次項の特定業務従事者を除く）	1 年以内ごとに 1 回
③　特定業務従事者の健康診断	労働安全衛生規則 13 条 1 項 2 号に常時従事する労働者	左記業務への配置換えの際、6 か月以内ごとに 1 回
④　海外派遣労働者の健康診断	海外に 6 か月以上派遣する労働者	海外に 6 か月以上派遣する際、帰国後国内業務に就かせる際
⑤　給食従業員の検便	事業に付属する食堂または、炊事場における休職の業務に従事する労働者	雇入れの際 配置換えの際

　雇入れ時の健康診断、定期健康診断、特定業務従事者の健康診断の対象となるのは常時使用する労働者です。

　雇入れ時の健康診断においては、原則として検査項目を省略することはできませんが、医師による健康診断を受けた後、3 か月を経過していない者を

雇い入れる場合については、健康診断の結果を証明する書面を会社に提出したときは、その項目については健康診断を行わなくてもよいとされています。

　また、雇入れ時の健康診断を受診してから1年以内の定期健康診断についても省略をすることができます。

　ただし、健康診断の対象者は、常時使用する労働者に該当しない短時間労働者でも図表222の要件を満たす従業員は、対象となります。

【図表222　短時間労働者でも健康診断の対象者となる要件】

① 労働契約が期間の定めのない者（期間の定めがある労働契約により使用される者のうち、1年（特定業務従事者の場合については6か月）以上使用されることが予定されている者を含む）。
② その者の1週間の労働時間数が、その事業場の同種の業務に従事する通常の労働者の1週間の所定労働時間の4分の3以上である者（なお、4分の3未満であってもおおむね2分の1以上である者については健康診断を行うことが望ましいとされています）。

♠本人が健康診断を拒否する場合

　健康管理は、本人が行うべきことであって、会社には直接関係がないという考え方もあると思います。しかし、労働安全衛生法で健康診断の実施は、会社に対して義務が課せられています。また、労働者に対しても同様に受診する義務が課せられています。

　本人が拒否しているからといって、会社が何も手を打たない状況の中で、業務中に脳血管疾患や心疾患などを発症してしまうと会社の責任が問われる可能性があります。これらのことを勘案すると、健康診断を従業員が拒否した場合は、就業規則に基づいて懲戒処分をしてでも健康診断を受診させる必要があります。

♠定期健康診断結果について

　健康診断の結果が会社に届いたら、異常の所見の有無にかかわらず、遅滞なくその結果を本人に通知しなければなりません。また、一般健康診断、特殊健康診断、臨時の健康診断等の結果に基づいて、健康診断個人票を作成して5年間保存しなければなりません。

　最近では結果を本人へ直接渡す医療機関も多く、「個人情報だから」といって提出を拒む従業員もいるようですが、法令事項ですので強制的に提出させることが可能です。

　なお、50人以上の労働者を使用する事業者は、定期健康診断を行ったときは、労基署長に定期健康診断結果報告書を提出しなくてはなりません。

Q87 ストレスチェックってなに・その目的は

ANSWER POINT

♤ストレスチェックの対象となるのは、常時使用する労働者が50名以上の事業所です。

♤アルバイトやパートタイム労働者等であっても、ストレスチェックを行わなければならない場合もあります。

♠ストレスチェック制度ができた背景

　ストレスチェック制度は、労働安全衛生法により定められています。近年、仕事が原因でのメンタル不調を訴える労働者が多いため、その対策の1つとしてストレスチェック制度がつくられました。

　ストレスチェック制度の目的は、定期的に労働者のストレスの状態について検査を行い、本人にその結果を通知します。労働者本人にストレスの状態を知らせることで、自らストレスを低減するための行動をとることができ、メンタルヘルス不調のリスクを低減させていくことが期待できます。

　ストレスチェックを行うと、メンタルヘルス不調リスクの高い者を早期に見つけることも可能です。高ストレスの労働者に対しては、医師による面接指導につなげて、それ以上悪化しないように対策をとることもできます。

♠ストレスチェック制度の対象となる事業所

　ストレスチェック制度では、企業単位で労働者をカウントするのではなく、事業所単位で労働者数をカウントします。カウントをする際には、ストレスチェックを実際に行う必要がないアルバイト等も含めて50人以上いるか否かで判断するということになります。

　具体的な場合を想定して事業所の考え方を図表223にまとめました。

【図表223　ストレスチェック対象の判定例】

ケース①　会社の所在地：1か所　従業員区分：全員正社員　従業員数：80名
この場合、常時使用する労働者が50名以上となりますので、ストレスチェック制度の実施が義務となり従業員全員がストレスチェック制度の対象となります。
ケース②　会社の所在地：2か所　従業員区分：全員正社員　従業員数：各拠点に30名

Q
87

ストレスチェックってなに・その目的は

215

この場合、2か所ある会社の所在地にそれぞれ30名ずつ正社員がいることになります。事業所単位で50名以上いることが必要になりますので、ストレスチェック制度については努力義務となります。

ケース③　会社の所在地：5か所　従業員区分：全員正社員　従業員数：本社100名・他の支店に40名

　この場合は、本社の労働者数が50名を超えているのでストレスチェック制度の対象となります。その他の支店は40名であるため、ストレスチェック制度は努力義務となります。

♠ストレスチェックの対象となる労働者

　ストレスチェックの対象となる従業員は、正社員以外の方でも1年に1回実施する健康診断の対象者と同様（1年以上の契約期間があり、所定労働時間数が正社員の4分の3以上の労働者）の取扱いです。

♠労基署へ提出する報告書について

　ストレスチェックを行った後に、労基署への報告が義務づけられています。「心理的な負担の程度を把握するための検査結果等報告書」を作成して労基署へ提出しましょう。

【図表224　ストレスチェックと面接指導の実施に関する流れ】

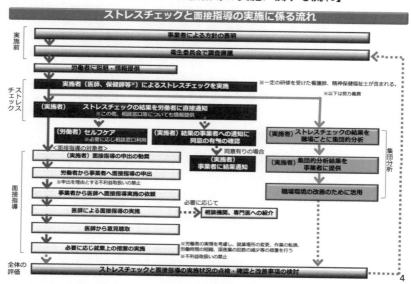

出所：厚生労働省労働基準局安全衛生部労働衛生課産業保健支援室「改正労働安全衛生法に基づくストレスチェック制度について」より抜粋

7

労働災害・安全衛生の実務ポイント

8 年少者・妊産婦の実務ポイント

ANSWER　POINT

♤中学校を卒業するまでの児童は雇用することができませんが、業種によっては例外があります。

♤18歳未満の者を雇用する場合は、年齢を証明する証明書等を事業場に備え付けなくてはなりません。

♤会社は18歳未満の者を雇うときは、必ず年齢確認をする必要があります。年齢を確認せずに雇用している場合、会社は労基法違反となります。

♠働かせることができる最低年齢

　本書をお読みになっている方も、学生時代にアルバイトをしていた人も多いかと思います。街中を見てもコンビニやファストフードのお店などでは、高校生くらいのアルバイトもよく見かけます。また、テレビや映画を見ると高校生に満たないアイドルや子役もよく見ます。いったい会社は、労働者を何歳から働かせることができるのでしょうか。

　労基法では、身体的および精神的にも未熟である満18歳に満たない者（年少者）の労働に関し、様々な特別の保護規定を置いています。

　その保護規定の1つとして、労基法56条は、原則として、「使用者は、児童が満15歳に達した日以後の最初の3月31日が終了するまで、その児童を使用してはならない」と定めています。そのため、中学校を卒業するまでの子供は、原則として、働かせることはできません。

　ただし、満13歳以上であれば、「非工業的事業の業種で健康および福祉に有害でなく、さらにその労働が軽易なもの」については、労基署の許可を受けることによって、修学時間外に働かせることができます。

　また、「映画の製作または演劇の事業」については、労基署の許可を受けることにより、満13歳未満であっても、「子役」として、修学時間外に働かせることが認められています。

【図表216　最低年齢の原則と例外】

| 原則 | 使用者は、児童が満15歳に達した日以後の最初の3月31日が終了するまで、その児童を使用してはならない。 |
| 例外① | 満13歳以上の児童について、「非工業的事業の業種で健康および福祉に |

	有害でなく、さらにその労働が軽易なもの」については、労基署の許可を受けることによって、就学時間外に働かせることが可能。
例外②	「映画の製作または演劇の事業」については、労基署の許可を受けることにより、満13歳未満であっても、「子役」として、就学時間外に働かせることが可能。

なお、労働時間の制限については、Q89 を参照してください。

♠労基法上の年齢の区分は

労基法では、20 歳未満の区分を、図表 226 のように定めています。

【図表 226　年齢ごとの労基法上の区分】

年　　齢	労基法上の区分
満20歳未満	未成年
満18歳未満	年少者
満15歳に達した日以後の最初の3月31日が終了するまでの者（一般的には中学校卒業までの者）	児童

♠年少者の証明書

このように、働くことができる最低年齢は、業種によって原則や例外があります。そのため、年少者の年齢を証明するために、労基法 57 条では、「使用者は、満 18 歳に満たない者については、その年齢を証明する戸籍証明書を事業場に備え付けなければならない」と定めています。

一般的には、住民票や住民票記載事項の証明書を備え付けることになりますが、本籍地の記載は不要です。

また、労基署の許可を受けて雇用する児童の場合は、就学に差支えないことを証明する「学校長の証明書」と「親権者または後見人の同意書」の両方を事業所に備え付けなくてはなりません。

♠年齢確認の義務は

前述のように、年少者を雇用するには、年齢を証明する証明書を備え付けなければならず、年齢を確認する義務は会社に生じます。

仮に労働者側が年齢を偽っていたとしても、会社が年齢を確認せずに雇用してしまったら、会社が労基法違反となります。年齢確認を必ずするようにしなくてはなりません。

ANSWER POINT

♤年少者は、1週40時間、1日8時間の法定労働時間制が厳格に適用されるので、原則として変形労働時間制等は適用させることができません。

♤年少者は、労働時間に規制があるだけでなく、時間外労働や休日労働、深夜労働を行うことが原則としてできません。

♤年少者には、危険な業務や安全、衛生、福祉を害するような有害業務には就業させることができません。

♠年少者の労働時間

　年少者については、労基法60条の定めにより、変形労働時間制（1か月単位の変形労働時間制、フレックスタイム制、1年単位の変形労働時間制、1週間単位の非定型的変形労働時間制）や高度プロフェッショナル制度は、原則として適用させることができません。

　ただし、例外として、満15歳（15歳の3月31日を経過した者）以上18歳未満の者については、1週間の労働時間が40時間を超えない範囲内であれば、1週間のうち1日の労働時間を4時間以内に短縮し、他の日の労働時間を10時間まで延長することができます。

　また、1週間について48時間、1日について8時間を超えない範囲内であれば、1か月単位の変形労働時間制や1年単位の変形労働時間制によって働かせることが可能です。

　なお、労基署の許可を受けて働く児童の労働時間は、休憩時間を除く、就学時間（授業開始時刻から授業終了時刻のうち休憩時間を除いた時間）を通算して1週間について40時間、1日について7時間が限度とされています。

♠年少者の時間外労働、深夜労働

　年少者は、災害等の事由により労基署の許可を受けたときを除いて、時間外労働や休日労働を行わせることはできません。

　また、原則として、深夜に労働させることもできません。

　なお、ここでいう深夜の時間帯というのは、図表227に掲げたとおりとなります。

【図表 227　年少者の区分と深夜の時間帯】

年少者の区分	深夜時間
15歳（15歳の3月31日を経過した者）以上、満18歳に満たない者	午後10時から午前5時
15歳未満（15歳の3月31日を経過してない者）の児童	午後8時から午前5時
5歳未満（15歳の3月31日を経過してない者）の児童で、演劇の子役が演技を行う場合	午後9時から午前6時

　ただし、例外として、一定の事業や交替制で勤務する満 16 歳以上の男性、また災害等の場合に、労基署の許可を受けた場合には、深夜労働を行うことができます。

♠年少者の就業禁止

　年少者は、肉体的にも精神的にも未熟な部分もありますので、危険や有害な業務に就かせることできません。

　就業が禁止されている業務は、図表 228 のとおりです。

【図表 228　年少者の就業禁止業務】

①	坑内労働
②	運転中の機械もしくは動力伝動装置の危険な部分の掃除、注油、検査、修繕や運転中の機械もしく動力伝動装置にベルトやロープの取付け、取外し、動力によるクレーンの運転等の厚生労働省令で定める危険業務や重量物を取り扱う業務
③	劇毒薬、毒劇物、その他有害な原料・材料や爆発性、発火性、引火性の原料・材料、有害ガス、有害放射線を発している場所での業務等の有害業務

♠年少者を雇う際の注意点

　会社にとって採用難が続く中で、貴重な働き手として年少者をアルバイトで雇っている会社も多いかと思います。しかし、年少者については労基法で多くの制限を定めており、業種によっては、就業を禁止しているものも存在します。

　就労可能な時間までのシフトを組んでいて、たまたま業務が延びただけでも労基法違反になりますので、年少者を雇用する場合は気をつけましょう。

Q90 未成年者の労働契約はどうやればいい

ANSWER POINT

♤未成年者の労働契約は、父母等が本人に代わって締結することはできません。

♤業績悪化等の理由により年少者を解雇する場合、14日以内に帰郷する場合は、会社は旅費を支給しなくてはなりません。

♤会社は、未成年が労働した場合であっても、父母等ではなく本人に直接賃金を支給しなくてはなりません。

♠未成年者の労働契約の締結

　20歳以下の未成年者については、労基法58条で「親権者または後見人は、未成年者に代わって労働契約を締結してはならない」と定めています。「親権者」とは父母のこと、「後見人」とは未成年者に対して親権者がいないときなどに、親権者によって指定されるか家庭裁判所によって選任された者です。

　この法律は、未成年者本人の意思に関係なく、父母等の意思による強制労働につながることを禁じているためであり、未成年者であっても、会社は労働者本人と労働契約を締結しなくてはなりません。

　一方で、それを利用して、会社が一方的に有利な契約にならないよう、親権者や後見人、または労基署がその労働契約が未成年者にとって不利と認める場合は、将来に向かってこれを解除することができることになっています。

　ここで「将来に向かって」とされている理由は、不利な契約であっても、現在までの労働に対する給与等の支給を保証するためです。

♠未成年者の労働契約の解除

　未成年者の労働契約の解除についても、締結の際と同様に、親権者や後見人が本人に代わって勝手に解除をすることはできません。

　したがって、未成年者が会社を退職するときも、本人の意思のもと、原則として本人から退職届を提出してもらい、会社はそれを受理することになります。

♠帰郷旅費

　満18歳に満たない年少者が解雇により会社が退職する場合は、労基法

64条で、「解雇の日から14日以内に帰郷する場合においては、使用者は必要な旅費を負担しなければならない」と定められています。

例えば、自社に就職するために故郷から上京してきた未成年者を雇っていて、経営悪化によりその未成年者を解雇した場合、14日以内に故郷に戻るようであれば、その旅費については会社側が負担する必要があります。

この負担については、本人からの請求がなくても会社がしなければなりません。ただし、未成年者本人の不祥事等による解雇であって、労基署の認定を受けた場合は、この帰郷旅費を負担する必要はありません。

♠未成年者の賃金

労基法59条では、未成年者の賃金について、親権者や後継人は「その未成年者の賃金を代わって受け取ってはならない」とされています。未成年者の賃金を親などの大人が、勝手に受け取り使うことを防ぐためにこのような法律があります。

なお、会社も、賃金を未成年者本人に支払わずに親権者や後見人に支払った場合には、労基法24条の「賃金の直接払の原則」違反となります。

♠未成年者の保護

未成年者については、年齢区分ごとに様々な保護規定が適用されます。年齢区分ごとの保護規定は、図表229のとおりです。

【図表229　労基法における年齢区分と保護規定適用の範囲】

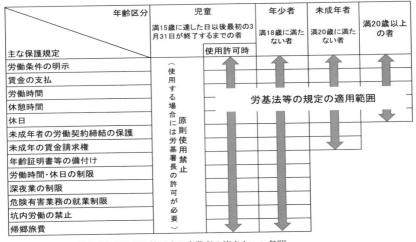

出所：厚生労働省「高校生等を使用する事業者の皆さんへ」参照

Q91	女性の保護と労働条件は

ANSWER POINT

♤平成 28 年 4 月に「女性活躍推進法」が施行され、301 人以上の会社には自社の女性の活躍に関する状況把握や課題分析、行動計画の策定や情報の公表等が義務づけられています。

♤平成 11 年 4 月に女性社員に対して、時間外労働・休日労働・深夜労働の制限が撤廃されましたが、指針で、女性の深夜労働に対して配慮するように求められています。

♤女性の就業が制限される業務は、妊産婦等を除いて原則ありませんが、坑内業務等は就業させることができません。

♠女性社員の活躍の背景

　以前は、社員の大多数は男性ばかりという会社も多く見られていましたが、最近は性別関係なく、女性も会社の中心で活躍されている会社も一般的になってきました。

　平成 28 年 4 月には「女性活躍推進法」が施行されて、301 人以上の会社は、自社の女性の活躍に関する状況把握や課題分析、行動計画の策定や情報の公表等が義務づけられ、国としても一層、女性の社会での活躍を後押ししています。

　かつては、女性社員を保護する目的で、時間外労働・休日労働・深夜労働について禁止されていました。

　しかし、その保護規定が女性の社会進出を阻んでいる要因にもなっていることから、平成 11 年 4 月 1 日から労基法の改正により、この保護規定も撤廃されました。

♠女性が深夜に就業する場合の指針

　このように、性別による労働の区別もすでになくなってきており、女性も深夜労働を行うことができるようにはなってきていますが、やはり安全面等を考慮して、「深夜業に従事する女性労働者の就業環境等の整備に関する指針」（以下、女性の就業環境指針）および関係法令により、図表 230 のように定められています

8
年少者・妊産婦の実務ポイント

【図表 230　「深夜業に従事する女性労働者の就業環境等の整備に関する指針」】

⑴　通勤および業務の遂行の際における安全の確保
　　送迎バスの運行、公共交通機関の運行時間に配慮した勤務時間の設定、従業員駐車場の防犯灯の整備、防犯ベルの貸与等を行うことにより、深夜業に従事する女性労働者の通勤の際における安全を確保するよう努めること。
　　また、防犯上の観点から、深夜業に従事する女性労働者が１人で作業をすることを避けるよう努めること。
　　（女性の就業環境指針２の⑴）

⑵　子の養育または家族の介護等の事情に関する配慮
　　雇用する女性労働者を新たに深夜業に従事させようとする場合には、子の養育または家族の介護、健康等に関する事情を聴くこと等について配慮するよう努めること。
　　（女性の就業環境指針２の⑵）

　　また、子の養育または家族の介護を行う一定範囲の労働者が請求した場合においては、事業の正常な運営を妨げる場合を除き、深夜業をさせてはならないこと。
　　（育児・介護休業法 19 条１項、20 条、女性の就業環境指針２の⑵）

⑶　仮眠室、休養室等の整備
　　夜間に労働者に睡眠を与える必要のあるときまたは労働者が就業の途中に仮眠することのできる機会があるときは、男性用と女性用に区別して、適当な睡眠または仮眠の場所を設けること。
　　また、男性用と女性用に区別して便所および休養室等を設けること。
　　（労働安全衛生法 23 条、女性の就業環境指針２の⑶）

⑷　健康診断等
　　深夜業を含む業務に常時従事させようとする労働者を雇い入れる際、または深夜業への配置替えを行う際および６か月以内ごとに１回、定期に、医師による健康診断を行うこと。
　　また、健康診断の結果、当該健康診断の項目に異常の所見があると診断された場合には、医師の意見を勘案し、必要があると認めるときは、当該労働者の実情を考慮して、深夜以外の時間帯における就業への転換、作業の転換、労働時間の短縮等の措置を講ずること。
　　（労働安全衛生法 66 条、66 条の５、女性の就業環境指針２の⑷）

　　なお、妊産婦が請求した場合には、深夜業をさせてはならないこと。
　　（労基法 66 条、女性の就業環境指針２の⑷）

♠女性の就業制限

　原則として、妊産婦（Q92 参照）でなければ、就労できる業務も性別による区別はありませんが、坑内業務については労基法 64 条の２で、満 18 歳以上の女性に関して「坑内で行われる業務のうち人力により行われる掘削の業務や女性に有害な業務として厚生労働省令で定められているもの」については、禁止しています。
　セクシュアルハラスメント（Q106 参照）やマタニティハラスメント（Q108 参照）等についても厳しくなり、これからますます女性が活躍しやすい社会になっていくことが期待されます。

Q92 妊産婦の就業制限は

ANSWER POINT

♧妊産婦とは、妊娠中の女性および産後1年を経過しない女性のことを言います。

♧妊産婦が請求した場合は、原則として時間外労働や休日労働、深夜労働をさせてはなりません。

♧妊産婦を、重量物を取り扱う業務、有害ガスを発散する場所における業務その他妊産婦の妊娠、出産、哺育等に有害な業務につかせることはできません。

♠労働時間や休日労働、深夜労働についての制限

妊産婦とは、妊娠中の女性および産後1年を経過しない女性のことをいい、母体保護の観点から就業に関して様々な制限が設けられています。

労基法66条では、妊産婦が請求した場合においては、非常災害の場合等を除いて、時間外労働や休日労働、深夜労働をさせてはならないと定められています。

子供が1歳に達するまでは、育児休業を取得することが可能ですが、それまでに職場に復帰した場合はこのような制限が生じます。「ウチの会社はそんなの認めない」と会社が却下することはできません。

さらに、1か月単位の変形労働時間制、1年単位の変形労働時間制、1週間単位の非定型的変形労働時間制を採用している場合であっても、妊産婦から請求があった場合には、1日8時間、1週40時間を超えて労働させることはできません。

♠妊産婦が管理監督者等であったときは

妊産婦が労基法41条に該当する「管理監督者等」であった場合は、労働時間や休日に関する規定が適用されないため、前述の制限のうち、深夜労働以外は制限されません。

♠坑内業務の就業制限とは

Q90で説明したように、満18歳以上の女性であれば、坑内で行われる業

8
年少者・妊産婦の実務ポイント

226

務のうち一定の業務以外の坑内業務であれば、つかせることができます。

　しかし、妊娠中の女性および坑内で行われる業務に従事しない旨を会社に申し出た産後1年を経過しない女性については、すべての坑内業務につかせることはできません。

♠危険有害業務の就業制限は

　また、労基法64条には、「妊産婦を、重量物を取り扱う業務、有害ガスを発散する場所における業務その他妊産婦の妊娠、出産、哺育等に有害な業務に就かせてはならない」と定められています。

　なお、この就業制限については、図表231のように、「妊婦（妊娠中の女性）」、「産婦（産後1年を経過してない女性）」、「妊産婦以外の女性」それぞれで制限の内容が異なります。

【図表231　妊産婦等の就業制限の業務の範囲（1部）】

× …女性を就かせてはならない業務
△ …女性が申し出た場合就かせてはならない業務
○ …女性を就かせても差し支えない業務

女性労働基準規則第2条第1項		就業制限の内容		
		妊婦	産婦	その他の女性
1号	重量物を取り扱う業務（別表1参照）	×	×	×
2号	ボイラーの取扱いの業務	×	△	○
3号	ボイラーの溶接の業務	×	△	○
4号	つり上げ荷重が5トン以上のクレーン、デリック又は制限荷重が5トン以上の揚貨装置の運転の業務	×	△	○
5号	運転中の原動機又は原動機から中間軸までの動力伝導装置の掃除、給油、検査、修理又はベルトの掛換えの業務	×	△	○
6号	クレーン、デリック又は揚貨装置の玉掛けの業務（2人以上の者によって行う玉掛けの業務における補助作業の業務を除く。）	×	△	○
7号	動力により駆動させる土木建築用機械又は船舶荷扱用機械の運転の業務	×	△	

別表1
　　次表の左欄に掲げる年齢の区分に応じ、それぞれ右欄に掲げる重量以上の重量物を取り扱う業務

年　齢	重　量（単位：kg）	
	断続作業	継続作業
満16歳未満	12	8
満16歳以上満18歳未満	25	15
満18歳以上	30	20

出所：厚生労働省「労働基準法のあらまし（女性関係）」より抜粋

ANSWER POINT

♧産前6週間（多胎妊娠の場合は14週間）以内に出産する予定の女性が休業を申し出た場合および原則8週間を経過しない女性を就業させることはできません。

♧生産だけでなく死産や妊娠中絶の場合も妊娠85日以上であれば「出産」に該当しますので、産後休業を取らせる必要があります。

♧妊娠中の女性社員が会社に請求した場合は、他の軽易な業務に転換させなければなりません。

♠産前産後の休業は

　労基法65条により、産前6週間（多胎妊娠の場合は14週間）以内に出産する予定の女性が休業を申し出た場合は、就業させることはできないことになっています。

　また、産後については、原則8週間を経過しない女性を就業させることはできませんが、産後6週間を経過した本人が請求した場合は、医師が支障がないと認めた業務に限り就業させることができます。

　なお、出産日は、産前に含まれます。

　つまり、産前休業の場合については、本人の申出がなければ休ませなくても構いませんが、産後については、たとえ本人が休みたくないと言っても原則8週間（医師が認めた場合は6週間）は必ず休ませなくてはならないのです。

♠出産と休業期間

　出産は、妊娠4か月以上とされています。ただし、1か月は28日として計算されることになっているため、「4か月以上」というのは85日以上ということになります。

　生産か死産かは問われませんので、死産や妊娠中絶の場合も妊娠85日以上であれば、産後休業を取らせる必要があります。

　なお、出産が予定日より遅れた場合は、予定日から出産日までの期間も産前の休業期間に含まれます。

【図表232　産前・産後の休業期間】

♠産前産後の休業における賃金は

　産前産後の休業における賃金については、有給でも無給でも構わず、会社が定めることができます。

　なお、無給であった場合は、社会保険に加入している社員であれば、健康保険で「出産手当金」を受給することができます。

　また、所定の手続を行えば、産前産後の休業期間について、健康保険料、介護保険料、厚生年金保険料が免除されます。

♠軽易業務への転換

　妊娠中の女性が請求した場合は、他の軽易な業務に転換させなければならないと定められています（労基法65条）。母体保護の観点から、負担が少ない業務に転換することが求められますが、そのために新たに軽易な業務をつくる必要まではありません。社内の既存業務の中で軽易な業務に転換するように配慮しましょう。

　なお、この業務の転換については、妊娠中の女性のみに適用され、産後の女性には適用されません。

♠解雇制限は

　労基法19条では、産前産後の休業期間とその後30日間は解雇制限に該当しますので、この間は解雇することはできません。

　ただし、あくまで「休業期間およびその後30日間」ですので、たとえ予定日前6週間以内であっても、本人が請求せずに就業しているのであれば解雇制限に該当しません。

　また、解雇制限は「産前産後の休業期間」ですので、産後8週間を超えて育児休業を取得している場合は解雇制限に該当しません。

ANSWER POINT

♤生後満1歳に達しない子供を育てる女性社員は、通常の休憩時間のほか、1日2回それぞれ少なくとも30分、育児時間を請求できます。

♤1日4時間以内の労働時間であれば、1日1回の育児時間の付与で足ります。

♤育児時間についての賃金を有給にするか無給にするかは、就業規則に定めておくことが必要です。

♠育児時間とは

　労基法67条では「育児時間」について定めており、生後満1歳に達しない子供を育てる女性社員は、通常の休憩時間のほか、1日2回それぞれ少なくとも30分、育児時間を請求できます。

　会社側は、女性社員から請求があれば、この育児時間中に労働させることはできません。

　なお、この子供については、女性社員が出産した実子だけではなく養子でも構いません。

　また、「育児時間中は、その女性を使用してはならない」と定められており、労基法119条により、これに違反する事業主には罰則が適用されることになります。

♠育児時間を請求できるのは女性

　この育児時間については、もともと子供への授乳時間の確保や母体保護のために設けられた制度であり、育児休業とは異なり、女性だけが請求することができます。そのため、男性社員については対象としなくても構いません。

　なお、この育児時間をどの時間に請求するかは「原則として本人の自由」とされているため、授乳に限定せず、育児に関することであれば、別の用途にあてることも可能です。

　また、始業時間のすぐ後、終業時間の直前に請求してきた場合であってもよく、通常の休憩時間は労働時間の途中に与えなければなりませんが、この育児時間については、労働時間の途中でなくても構いません。

例えば、保育園への送迎のため、夕方にまとめて 2 回、あわせて 1 時間を請求することもできます。

♠ 短時間労働の場合は

育児時間は、1 日 2 回それぞれ少なくても 30 分請求できますので、例えば、短時間勤務の社員が 2 回請求した場合、労働時間がかなり短くなってしまいます。

そのため、1 日 4 時間以内の労働時間であれば、1 日 1 回育児時間を与えればよいとされています（S.36 基収 8996 号）。

したがって、正社員だけではなく、パート・アルバイトといった非正規社員であっても育児時間を請求することができます。

♠ 育児・介護休業法の所定労働時間短縮措置と併用は

育児・介護休業法では、3 歳に満たない子を養育する労働者に関して、1 日の所定労働時間を原則として 6 時間とする短時間勤務制度を設けなければならないことが規定されています（Q97 参照）。

この短縮措置と育児時間を併用することができるのでしょうか。これについては、育児時間は、前述のとおり、もともとは授乳に要する時間を通常の休憩とは別に確保するために設けられた制度であり、育児・介護休業法の短縮措置とは趣旨や目的が異なるものとなっていますので、併用することができるとされています（H.21 職発 1228 第 4 号）。

♠ 賃金について

育児時間中の賃金については、特に規定されているわけではないため、有給にするか無給にするかは、会社が決めることができます。

ただし、トラブルを未然に防ぐためにも、就業規則に明示しておきましょう。

【図表 233　育児時間についての就業規則の規定例】

（育児時間）
第〇〇条　　生後1年未満の子を育てる従業員は、あらかじめ申し出て、休憩時間の他に1日2回、各々30分の育児時間を受けることができる。
　　　2　ただし、1日の労働時間が4時間以内の従業員は1日1回、30分の育児時間を受けることができるものとする。
　　　3　前項および前々項の時間は、無給とする。

生理休暇ってなに・その与え方は

ANSWER POINT

♧生理日の就業が著しく困難な女性が休暇を請求したときは、その者を生理
　日に就業させてはなりません。

♧生理休暇の日数を定めることはできません。また、休暇の請求は1日単位
　ではなく、半日単位や時間単位でも構いません。

♧生理休暇の賃金については、法律上では規定されていないので、有給か無
　給かは会社が定めることができますが、賞与や昇給の査定などで極端に不
　利に扱うことは法の主旨から許されないとされています。

♠生理休暇とは

　労基法68条には、生理日の就業が著しく困難な女性に対する措置として、
「使用者は、生理日の就業が著しく困難な女性が休暇を請求したときは、そ
の者を生理日に就業させてはならない」と定められています。

　生理日であれば休暇を認めているというわけではなく、著しく困難な場合
のみ請求することができるのです。

♠生理休暇の日数は

　生理休暇の日数については、生理期間や苦痛の程度は、それぞれ個人差が
あり、基準を設けることはできません。そのため、1日や2日間など、会社
が日数を限定することはできません。ただし、有給の日数を定めておくこと
は問題ありません。

　例えば、「生理休暇は、1日は有給とするが2日目以降は無給とする」といっ
たように有給の日数だけを定めていて、それ以上の休暇を与えることが明ら
かであればよいとされています（S.23基発682号、S.63基発150号）。

　なお、休暇の請求は、1日単位ではなく、半日単位や時間単位でも構いま
せん（S.61基発151号）。

♠著しく困難であることの証明は

　生理休暇については、「就業が著しく困難であること」が要件となりますが、
医師の診断書のような証明を提出したりする必要はありません。事実を推断

8
年少者・妊産婦の実務ポイント

232

することができるならば充分であり、例えば同僚の証言程度の簡単な証明に
させるように指導するものとされています（S.63 基発 150 号・婦発 47 号）。

♣休暇中の賃金について
　生理休暇の賃金については、法律上規定されていないので、有給か無給か
は会社が定めることができます。就業規則に有給か無給かを定めて周知して
おくようにしましょう。

♠生理休暇中の賃金の有無についての統計
　図表 234 の統計は、厚生労働省による「平成 27 年度雇用均等基本調査」
の「生理休暇中の賃金の有無別事業所割合」です。

【図表 234　生理休暇中の賃金の有無別事業所割合】

(%)

	事業所計	有給		全期間 100%支給	その他	無給	不明
平成 19 年度	100.0	42.8	(100.0)	(70.0)	(30.0)	54.8	2.4
平成 27 年度	100.0	25.5	(100.0)	(70.6)	(29.4)	74.3	0.2

　生理休暇中の賃金を「有給」とする事業所の割合は 25.5％（平成 19 年
度 42.8％）で、そのうち 70.6％（同 70.0％）が「全期間 100％支給」となっ
ています。
　生理休暇については、平成 19 年度と比較しても無給としている事業所が
多いようで、実態としては各人が保有している年次有給休暇をあてる場合が
多いようです。

♠生理休暇を請求したことによる不利益
　年次有給休暇の出勤率の算定において、産前産後休業期間と育児介護休業
期間は、出勤したものとみなして取り扱わなければなりませんが、生理休暇
についてはそのような規定はありません。そのため、算定の上では欠勤扱い
にしても構いません。
　ただし、生理休暇は、労基法で定められている正当な制度ですので、もち
ろん著しく不利益を被るようなことは認めません。
　例えば、判例の中でも生理休暇による労働日の免除が賞与や昇給の査定な
どで極端に不利に扱うようなことは、法の主旨から許されないとされていま
す（日本シェーリング事件、最高裁　平成 .1.12.14）。

育児休業ってなに・適用できるのは

ANSWER　POINT

♧原則として、1歳に満たない子を養育する社員は、会社に申し出ることにより、希望する期間、子供を養育するために休業することができます。

♧育児休業は、女性だけでなく男性も取得することができます。契約社員であっても、一定の要件を満たす場合には取得することができます。

♧原則、子供が1歳に達するまでが育児休業期間となりますが、1歳以降であっても、保育所に入れないなどの一定の要件を満たす場合は、最長2歳に達するまで取得することができます。

♠育児休業とは

　育児・介護休業法5条には、「労働者は、その養育する1歳に満たない子について、その事業主に申し出ることにより、育児休業をすることができる」と定めており、原則として1歳に満たない子を養育する社員は、会社に申し出れば、希望する期間、子供を養育するために休業することができます。

　産婦の場合は、産後56日までは産前産後休業（Q92参照）が該当しますので、その後に引き続き育児休業を取得することが一般的です。

　なお、養育する子供については、法律上の親子関係があれば、実子、養子を問いません。

♠育児休業を取得することができる人

　産休と異なり育児休業は、女性だけでなく男性も取得することができます。また、正社員ではなく、契約期間の定めがある契約社員であっても、次の要件を満たしていれば取得することができます。

①　申出時点で過去1年以上継続して雇用されていること。

②　子が1歳6か月（2歳に達する日まで取得する場合は2歳）に達する日までの間に雇用契約が更新されないことが明らかでないこと。

　ただし、労使協定を結んでいる場合には、次の要件に該当する社員に対し、会社は育児休業を拒むことができます。

①　入社1年未満の社員。

②　申出の日から1年（子供が1歳6か月に達するまで延長する場合および

子供が2歳に達するまで延長する場合の申出にあっては6か月）以内に雇用関係が終了することが明らかな社員。

③　1週間の所定労働日数が2日以下の従業員。

♠育児休業の期間

　原則、子供が1歳に達するまでが育児休業期間となりますが、1歳以降であっても、保育所に入れないなどの一定の要件を満たす場合は、子供が1歳6か月まで育児休業期間を延長することができます。

　さらに、1歳6か月に達しても、保育所に入れない等の一定の要件を満たす場合は、最長で2歳に達する日までの間、育児休業を取得することができます。

　なお、父母ともに育児休業を取得する場合は、子供が1歳2か月に達するまでの間に、父母それぞれ1年間まで育児休業を取得することができます。

【図表235　育児休業期間】

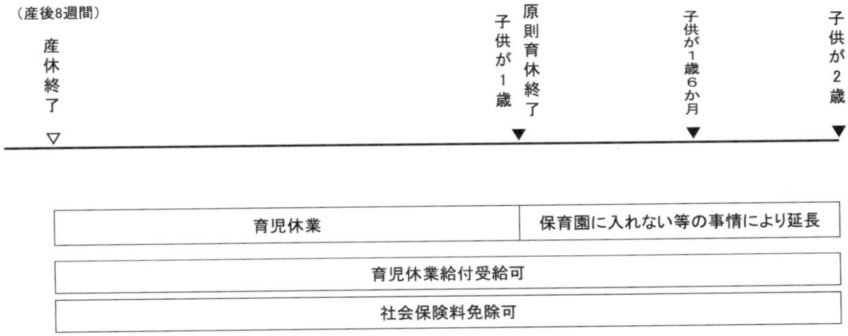

♠育児休業中の給付等

　育児休業中は、産前産後休業と同様に、必要な手続を行うことにより健康保険、介護保険、厚生年金保険料は、本人負担分、会社負担分ともに免除されます。

　また、ハローワークに申請することにより、育児休業期間中に育児休業給付金が雇用保険から支給されます。金額は、休業開始後6か月間については休業開始前の賃金の67%、休業開始から6か月経過後は50%が支給されます。

　最近では、法令で認められている期間を超えて育児休業を認める会社が増えています。この場合、健康保険、介護保険、厚生年金保険料の免除は3歳まで可能ですが、育児休業給付の給付は2歳までとなります。

育児のための短時間勤務や
労働時間の規制は

ANSWER POINT

♤ 3歳未満の子を養育する社員について、短時間勤務制度（1日原則として6時間）を設けなければなりません。

♤ 3歳に満たない子を養育する社員が子供を養育するために請求した場合には、残業をさせることができません。

♤ 小学校に入学するまでの子を養育する社員が子供を養育するために請求した場合には、一定時間以上の残業をさせることはできません。また、深夜労働もさせることができません。

♠ 育児のための短時間勤務制度

　育児・介護休業法23条により、会社は、3歳未満の子を養育する社員について、1日の労働時間を原則として6時間にする短時間勤務制度を設けなければならないこととされています。

　対象の社員は、日雇いおよび1日の労働時間が6時間以下の従業員を除くすべての社員で、男女は問いません。

　ただし、図表236の社員は、労使協定により対象外にできます。

【図表236　労使協定により対象外にできる社員】

①	入社1年未満の社員。
②	1週間の所定労働日数が2日以下の社員。
③	労働者数が少ない会社で、同じ業務に従事する労働者数が著しく少ない場合や、個人ごとに担当する企業、地域等が厳密に分担されていて他の労働者では代替が困難な営業業務、国際線の客室乗務員等の業務といった性質または実施体制に照らして短時間勤務制度を講ずることが困難な業務。

　なお、配偶者が専業主婦（夫）や育児休業中である場合等の労働者は、労使協定を締結しても対象外にできません。

　この短時間勤務制度を講ずることが困難な社員については、「育児休業に関する制度の準ずる措置」「フレックスタイム制度」「時差出勤の制度」「事業所内保育施設の設置運営その他これに準ずる便宜の供与」のいずれかの措置を準備しておかなければなりません。

♠所定外労働の制限

会社は、3歳に満たない子を養育する社員が子供を養育するために請求した場合には、所定労働時間を超えて労働させることはできません。つまり、残業をさせることができないということです。

「所定労働時間」とは、会社で定めている1日の労働時間のことで、「法定労働時間」である8時間とは限りません。労使協定を結べば、「入社1年未満の社員」や「1週間の所定労働日数が2日以下の社員」は除外できます。

ただし、配偶者が専業主婦（夫）や育児休業中である場合等の労働者は、対象外にできません。例外として事業の正常な運営を妨げる場合は、拒めます。

♠時間外労働の制限

会社は、小学校就学の始期に達するまで（一般的に小学校に入学するまで）の子を養育する社員が子供を養育するために請求した場合には、制限時間（1か月24時間、1年150時間）を超えて時間外労働をさせることはできません。こちらの「時間外労働」は、法定の労働時間を超える時間外労働を指します。

なお、「入社1年未満の社員」や「1週間の所定労働日数が2日以下の社員」等は対象外にすることができます。

♠深夜業の制限

小学校就学の始期に達するまでの子を養育する労働者がその子を養育するために請求した場合には、午後10時〜午前5時（深夜）において労働させてはなりません。

この制度も「入社1年未満の社員」や「1週間の所定労働日数が2日以下の社員」等は対象外にすることができます。

【図表237　子供の養育にかかる制度】

制度	期間	内容
所定労働時間短縮の措置	3歳に達するまで	1日の所定労働時間を原則として6時間とする。
所定外労働の制限	3歳に達するまで	所定外労働（残業）をさせることができない。
時間外労働の制限	小学校就学の始期に達するまで	1か月24時間、1年150時間を超えて時間外労働をさせることができない。
深夜業の制限	小学校就学の始期に達するまで	午後10時から午前5時までの深夜時間帯に労働をさせることができない。

ANSWER POINT

♤子どもが病気したとき、ケガをしたときや家族を介護するときは、休暇を取得することができます。

♤賃金を支給するかどうかは会社が決めて構いませんが、就業規則等には定めておきましょう。

♤子の看護休暇と介護休暇は、1日単位だけではなく時間単位でも取得できます。

♠子の看護休暇とは

　子の看護休暇とは、負傷し、または疾病にかかった子の世話、または疾病の予防を図るために必要な世話（施行規則第32条）を行う社員に対し与えられる休暇です。

　小学校就学前の子を養育する社員が申し出た場合、労働基準法第39条の規定による年次有給休暇とは別に与える必要があります。

　必要な世話には、子どもに健康診断を受けさせることや法定の予防接種はもちろん、それ以外のインフルエンザ予防接種なども含まれます。

♠制度の内容は

　小学校就学の始期に達するまで（6歳に達する日の属する年度の3月31日まで）の子を養育する労働者は、1年に5日（子が2人以上の場合は10日）まで取得できます。取得にあたっては1日単位での取得のほかに、令和3年1月より、時間単位での取得も可能になりました。なお、今回の時間単位での取得を認める法改正にともない、これまであった半日単位での休暇取得の制度は、法律上の義務ではなくなりました。

　子の看護休暇における「時間」単位とは、1時間の整数倍の時間をいい、社員からの申し出に応じて労働者の希望する時間数で取得できるようにする必要があります。整数倍の時間となりますので、所定労働時間が7時間30分であっても「30分」という端数を切り上げて、8時間分の休暇で「1日分」となります。

　法令により求められているのは、いわゆる「中抜け」なしの時間単位休暇

となりますので、労働時間の途中に取得できるような措置は必須ではありません。ただし、法を上回る制度として、社員が活用しやすいように「中抜け」ありの取得を認めるような制度を設けることはもちろん構いません。

なお、すでに「中抜け」ありの休暇を導入している企業が、「中抜け」なしの制度に変更することは、社員にとって不利益な労働条件の変更になりますので注意が必要です。

♠すべての業務に対して時間単位で取得させる必要があるのか

会社にはさまざまな業務がありますので、中には時間単位で取得してもらうことが難しい業務もあるかと思います。そのような時間単位で取得することが困難と認められる業務に従事する社員は、労使協定を結ぶことで、1日単位での取得のみとすることができます。どのような業務が「困難」と言えるかは法律等では決まっていませんので、会社と社員で話し合って決めるようにしましょう。

なお、取得した日について賃金を支払うかどうかは会社が決めることができますが、トラブルを避けるために、就業規則等に定めておきましょう。

【図表238　子の看護休暇の就業規則例】

（子の看護休暇）

第〇〇条　小学校就学の始期に達するまでの子を養育する従業員（日雇従業員を除く）は、負傷し、又は疾病にかかった当該子の世話をするために、又は当該子に予防接種や健康診断を受けさせるために、就業規則に規定する年次有給休暇とは別に、当該子が1人の場合は1年間につき5日、2人以上の場合は1年間につき10日を限度として、子の看護休暇を取得することができる。この場合の1年間とは、4月1日から翌年3月31日までの期間とする。ただし、労使協定によって除外された次の従業員からの子の看護休暇の申出は拒むことができる。

（1）入社6か月未満の従業員

（2）1週間の所定労働日数が2日以下の従業員

2　子の看護休暇は、時間単位で始業時刻から連続又は終業時刻まで連続して取得することができる。

3　取得しようとする者は、原則として、子の看護休暇申出書を事前に会社に申し出るものとする。

4　給与、賞与、定期昇給及び退職金の算定に当たっては取得期間は通常の勤務をしたものとみなす。

5　子の看護休暇は、無給とする。

♠家族の介護休暇とは

子の看護休暇とセットで覚えておくべき制度として介護休暇があります。「介護休業」と言葉は似ていますが、別の制度となりますので混同しないようにしましょう。

介護休暇は、「要介護状態にある対象家族の介護その他の世話を行う労働者は、年5日（対象家族が2人以上の場合は年10日）まで、介護その他の世話を行うために休暇が取得できる」制度です。子の看護休暇は、病気・けがをした子の看護のためや、予防接種・健康診断を受けさせるためが休暇の

目的となりますが、介護休暇は、家族の直接的な介護だけでなく、通院の付添いや介護サービスの手続代行の場合など、またケアマネジャーなどとの打ち合わせ等にも活用することができます。

　ここでいう「要介護状態」とは、「負傷、疾病または身体上もしくは精神上の障害により、２週間以上の期間にわたり常時介護を必要とする状態」のことを言い、配偶者（事実婚を含む）、父母、子、配偶者の父母、祖父母、兄弟姉妹、孫の介護が対象となります。制度の内容については、子の看護休暇とほとんど相違ありません。

【図表 239　介護休暇の就業規則例】

> （介護休暇）
> 第〇〇条　要介護状態にある家族の介護その他の世話をする従業員（日雇従業員を除く）は、就業規則に規定する年次有給休暇とは別に、当該家族が１人の場合は１年間につき５日、２人以上の場合は１年間につき10日を限度として、介護休暇を取得することができる。この場合の１年間とは、４月１日から翌年３月31日までの期間とする。ただし、労使協定によって除外された次の従業員からの介護休暇の申出は拒むことができる。
> （１）入社６か月未満の従業員
> （２）１週間の所定労働日数が２日以下の従業員
> 2　介護休暇は、時間単位で始業時刻から連続又は終業時刻まで連続して取得することができる。
> 3　取得しようとする者は、原則として、介護休暇申出書を事前に会社に申し出るものとする。
> 4　給与、賞与、定期昇給及び退職金の算定に当たっては、取得期間は通常の勤務をしたものとみなす。
> 5　介護休暇は、無給とする。

♠子の看護休暇、介護休暇を取得することができる人

　日雇いを除く社員が、子の看護休暇および介護休暇を取得できることが可能ですが、一定の社員は、労使協定を結ぶことにより対象外とすることもあります。子の看護休暇と介護休暇の制度や、その対象となる労働者を図表240にまとめましたので、確認ください。

【図表 240　子の看護休暇と介護休暇のまとめ】

	子の看護休暇	介護休暇
制度の内容	小学校就学の始期に達するまでの子を養育する労働者は年5日（当該子が2人以上の場合は10日）まで、病気・けがをした子の看護又は子に予防接種・健康診断を受けさせるために休暇が取得できる。	要介護状態にある対象家族の介護その他の世話を行う労働者は、年5日（対象家族が2人以上の場合は年10日）まで、介護その他の世話を行うために休暇が取得できる。
対象労働者	○小学校就学前の子を養育する男女労働者（日々雇用者を除く。） ○労使協定で対象外にできる労働者 ・勤続6か月未満の労働者 ・週の所定労働時間が2日以下の労働者 ・時間単位で取得することが困難と認められる業務に従事する労働者 （※１日単位での申出は拒めない。）	○要介護状態にある対象家族を介護する労働者（日々雇用者を除く。） ○労使協定で対象外にできる労働者 ・勤続6か月未満の労働者 ・週の所定労働時間が2日以下の労働者 ・時間単位で取得することが困難と認められる業務に従事する労働者 （※１日単位での申出は拒めない。）
取得単位	1日又は中抜けなしの時間（1時間の整数倍の時間）単位	1日又は中抜けなしの時間（1時間の整数倍の時間）単位

ANSWER POINT

♧男性の育児休業の取得率が女性に比べて著しく低いため、育児休業をしやすくしていくことが社会的に求められています。

♧令和3年6月に育児・介護休業法が改正され、男性の育児休業の取得促進のために分割取得などの制度が創設されます。

♧育児休業の取得を促進するためには、社内の配慮も不可欠であるため、取得しやすい環境の整備も義務付けられます。

♠育児休業取得の現状は

　厚生労働省「令和元年度雇用均等基本調査」によると、平成29年10月1日から平成30年9月30日までの1年間に在職中に出産した女性のうち、令和元年10月1日までに育児休業を開始した者（育児休業の申出をしている者を含む）の割合は83.0％となっており、女性が育児休業を取得することは「当然」と言えます。

　一方、男性については、7.48％と前回調査よりは上昇しているものの低水準となっており、男性の育児休業取得が進んでいないことは明らかです。政府は令和7年に男性の育児休業取得率を30％にすることを目標にしており、男性が育児休業をしやすい施策を講じていくことが求められています。

【図表241　育児休業取得率の推移（厚生労働省「令和元年度雇用均等基本調査」）】

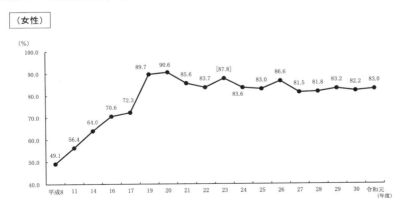

241

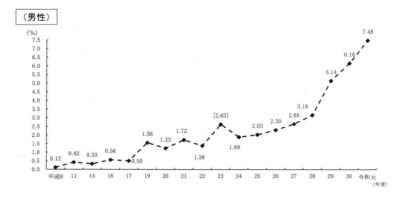

（男性）

注：平成23年度の[　]内の割合は、岩手県、宮城県及び福島県を除く全国の結果。

♠育児休業法改正の内容

　このような背景から、「出産・育児等による労働者の離職を防ぎ、希望に応じて男女ともに仕事と育児等を両立できるようにする」ことを目的として、令和3年6月9日に育児・介護休業法の改正が公布されました。

　今回の改正では、次の内容が令和4年4月1日から段階的に施行されます（カッコ内は施行期日）。

①男性の育児休業取得促進のための子の出生直後の時期における柔軟な育児休業の枠組みの創設（公布日から1年6か月を超えない範囲内で政令で定める日）

②育児休業を取得しやすい雇用環境整備及び妊娠・出産の申出をした労働者に対する個別の周知・意向確認の措置の義務付け（令和4年4月1日）

③育児休業の分割取得（公布日から1年6か月を超えない範囲内で政令で定める日）

④育児休業の取得の状況の公表の義務づけ（令和5年4月1日）

⑤有期雇用労働者の育児・介護休業取得要件の緩和（令和4年4月1日）

⑥育児休業給付に関する所要の規定の整備【雇用保険法の改正】（公布日から1年6か月を超えない範囲内で政令で定める日および公布日から3か月を超えない範囲内で政令で定める日）

♠男性の育児休業取得促進のための柔軟な育児休業の枠組みの創設

　法改正により、現在の育児休業とは別に、子の出生後8週間以内に4週間まで取得することができる枠組みが創設されます。妻が産前産後休業を取得している出産直後の8週間という大事なタイミングで、男性も育児休業を取

りやすくすることが目的です。

これまでも産後8週間の期間内の育児休業は取得回数にカウントしないパパ休暇がありましたが、この制度をリニューアルしたものです。

この新しい育児休業は、分割して2回取得することができます。また、会社に対して行う育児休業取得の申出期限も原則、休業の2週間前（現行の育児休業は原則1か月前）までになったため、これまでより休業が取得しやすくなりました。さらに、労使協定を締結している場合には、会社と育休取得者が、事前に調整した上で休業中に就業することも可能です。

最近は、会社に出社しなくてもできる業務も増えており、育児休業を取りながら仕事をしたいというニーズもあります。もちろん育児休業中なので、仕事がメインとなったり過度な負担がかかることのないように、労使協定を締結して、さらには取得者本人との個別合意を取ることにより休業中に就業することを可能にします。

また、これまでの1歳以降の育児休業の延長では、夫婦が育児休業を交代するタイミングが、1歳と1歳6か月に達した翌日のタイミングに限定されていました。法改正で育児休業の開始日を柔軟化し、1歳以降に延長する場合は、各期間の途中でも夫婦が育児休業を交代できるようになります。

♠職場の環境整備などその他の法改正の具体的な内容は

②は、育児休業を取得しやすい環境を社内に作るための措置です。統計では、育児休業を取得しなかった理由に「育児休業を取得しづらい雰囲気だった」という項目が依然として上位にあり、会社として、また社会として育児休業を取得しやすい環境を整えていくことが不可欠です。

そのため、法改正により「育児休業の申出・取得を円滑にするための雇用環境の整備に関する措置」と「妊娠・出産（本人または配偶者）の申出をした労働者に対して事業主から個別の制度周知及び休業の取得意向の確認のための措置」を講ずることを会社に義務づけます。

執筆時点（令和3年7月）では、具体的な詳細についてはまだ明らかになっていませんが、「雇用環境の整備に関する措置」については、育児休業を取得しやすくするために、研修や相談窓口設置等の複数の選択肢からいずれかを選択したり、短期の休業だけでなく1か月以上の長期の休業の取得を希望する労働者が、希望する期間を取得できるよう事業主が配慮することを指針において示す予定となっています。

また、「制度周知及び休業の取得意向の確認のための措置」として、社員

またはその配偶者が妊娠あるいは出産したなどの申出をしたときに、その社員に対して新制度と現行の育児休業制度等を周知（面談での制度説明、書面等による制度の情報提供等の複数の選択肢からいずれかを選択とする予定）するとともに、これらの制度の取得意向を確認するための措置が義務づけられます。また、取得意向の確認として育児休業の取得を控えさせるような形での周知や意向確認を認めないことを、こちらも指針において示す予定となっています。

　③は、原則分割不可であった現行の育児休業制度についても、今回の改正で２回に分割取得することが可能になります。新設される制度では、子の出生後８週間以内に４週間まで分割して２回取得することができますので、あわせて４回分割して育児休業を取得することも可能になります。

　④については、従業員1000人超の企業を対象に育児休業の取得の状況について公表が義務づけられ、⑤は、有期雇用労働者の育児休業取得には、「引き続き雇用された期間が１年以上」「１歳６か月までの間に契約が満了することが明らかでない」というの２つの要件がありますが、「引き続き雇用された期間が１年以上」という要件を撤廃して、無期雇用労働者と同様の取り扱いに変わることになります。また、⑥としては、今回の法改正に基づいて雇用保険の育児休業給付についても改正が行われる予定です。

【図表242　育児・介護休業法改正のポイント（厚生労働省より）】

	新制度（現行制度とは別に取得可能）➕	現行育休制度
対象期間 取得可能日数	子の出生後８週間以内に４週間まで取得可能	原則子が１歳（最長２歳）まで
申出期限	原則休業の２週間前まで（※１）	原則１か月前まで
分割取得	分割して２回取得可能	原則分割不可 （今回の改正で分割して２回まで取得可能）
休業中の就業	労使協定を締結している場合に限り、労働者が合意した範囲（※２）で休業中に就業することが可能	原則就業不可

※１　職場環境の整備などについて、今回の改正で義務付けられる内容を上回る取り組みの実施を労使協定で定めている場合は、１か月前までとすることができます。

※２　具体的な手続きの流れは以下①〜③のとおりです。
　　①労働者が就業してもよい場合は事業主にその条件を申出
　　②事業主は、労働者が申し出た条件の範囲内で候補日・時間を提示
　　③労働者が同意した範囲で就業
　　なお、就業可能日等の上限（休業期間中の労働日・所定労働時間の半分）を厚生労働省令で定める予定です。

（注）新制度についても育児休業給付の対象となります。

9 人事労務の実務ポイント

配転命令ってなに・有効要件は

ANSWER POINT

♤配転命令とは、転勤や職務転換を命ずることです。

♤配転を行うには、就業規則や雇用契約書にその旨を記載しておくことが必須です。

♤あらかじめ配転に対して制限していなければ、「業務上の必要性がない」「不当な動機・目的が認められる」「労働者に対し通常甘受すべき程度を著しく超える不利益を負わせる場合」等の特段の事情がなければ、配置転換は有効となります。

♠配置転換とは

　配置転換とは、転勤や職務変更といったように、同一企業内で勤務場所や職務の内容が変わることをいい、退職者の補充として行う場合や複数の職務の経験を積ませる教育として行うなど、多くの企業で一般的に行われています。

　労働契約法7条には、「労働者および使用者が労働契約を締結する場合において、使用者が合理的な労働条件が定められている就業規則を労働者に周知させていた場合には、労働契約の内容は、その就業規則で定める労働条件によるものとする」と定められており、就業規則に配置転換を命ずることができる旨が記載されていて、勤務場所や職務を限定するような労働者との個別合意がなければ、会社側は配置転換を命ずることができます。

　労働者がこの配置転換を正当な理由なく拒否した場合には、懲戒の対象にもなります。

　一方で、労働契約法3条5項に「労働者および使用者は、労働契約に基づく権利の行使に当たっては、それを濫用することがあってはならない」とあるように、業務上の必要性のない場合や、労働者にとって著しい不利益が生じるような配置転換については、「権利の濫用」として認められない場合もあります。

♠限定社員制度の注意点

　就業場所や職務の変更は、社員にとってみると、将来の生活や家庭にも影響を及ぼす労働条件の変更となりますので、当然、会社側が勝手に行うこと

はできません。あらかじめ、就業規則や雇用契約書の中で、「配置転換がある」旨を定めておき、本人が合意や承知をしていることが条件となります。

　したがって、勤務地限定社員や職務限定社員のように、限定されている場合は、本人の同意なしで配置転換を命ずることができません。

　最近は、限定社員制度を取り入れている会社が増えてきました。少子高齢化等の影響により、多様な働き方が増えている現代では、不可欠な制度とも言えますが、限定社員制度は、「働きやすさ」というメリットがある一方で、柔軟な人員配置や組織の臨機応変な対応が難しくなる部分があることは頭に入れておく必要があります。

【図表 243　就業規則の規定例】

> （配置転換）
> 第○○条　　会社は、業務上の必要がある場合、配置転換、転勤、または従事する職務内容の変更を命ずることがある。
> 　2　前項の命令を受けた従業員は、正当な理由なくこれを拒むことはできない。

♠「配置転換」に関する裁判例から見る基本的な方向性

　配転命令が有効とされた代表的な裁判である東亜ペイント事件（昭 61.07.14 最二小判）から、厚生労働省は「労働条件に関する総合情報サイト　確かめよう労働条件」の中で、配置転換に関して図表 243 のように基本的な方向性を出しています。

【図表 244　判例から見る基本的な方向性】

> ①　就業規則に、業務上の都合により転勤や配置転換を命じることができる旨が定められており、実際にこれに基づき転勤が頻繁に行われ、雇用契約で勤務地や職種が限定されていない場合には、企業は個々の労働者の同意なしに転勤や配置転換を命じることできます。
> ②　転勤や配置転換命令について、業務上の必要性がない場合、不当な動機・目的が認められる場合、労働者に対し通常甘受すべき程度を著しく超える不利益を負わせる場合等特段の事情がある場合には、その転勤や配置転換命令は権利の濫用に当たると考えられます。

　これらをまとめると、就業規則や雇用契約で限定されていないことを前提とすると、①業務上の必要性がない、②不当な動機・目的が認められる③労働者に対し通常甘受すべき程度を著しく超える不利益を負わせる場合等の特段の事情がなければ、基本的には配置転換は有効となります。

Q101　配転命令が無効になるのはどんなとき

ANSWERPOINT

♤配置転換は、場合によっては権利濫用として認められない場合があります。

♤育児・介護休業法にも子供の養育や家族の介護を行うことが配転により困難となる社員がいるときは、配慮しなければならない旨が定められています。

♤原則的に配転命令の権限は会社にあるものの、社員への配慮と説明を行うことがトラブルを防ぎます。

♠権利濫用として配置転換が認められないときは

Q100 で説明したとおり、「①業務上の必要性がない」「②不当な動機・目的が認められる」「③労働者に対し通常甘受すべき程度を著しく超える不利益を負わせる場合」等の特段の事情がなければ、配置転換は有効となります。

逆に言えば、①、②、③に当たるケースでは、配置転換が無効になります。

♠配置転換が認められなかった判例

配置転換は、社員にとっては生活に大きな影響を及ぼすものです。そのため、配転命令に納得しない社員が裁判を起こした例も多数あります。配転命令が「権利の濫用」とされ、配置転換が認められなかったケースでは、図表245 のような判例があります。

【図表245　配置転換が認められなかった主な判例】

権利濫用の要件	事件名	内容
①　業務上の必要がない場合	NTT西日本（大阪・名古屋配転）事件大阪高判・平21.1.15	早期退職を拒否した労働者に対し、新幹線通勤や単身赴任の負担を負わせる遠隔地配転を行った。
②　不当な動機・目的が認められる場合	マリンクロットメディカル事件東京地決・平7.3.31	業務上の必要性が不明確であり、経営に批判的な立場にある労働者を遠ざけ、配転命令に応じられず退職を期待する等、不当な動機・目的で行った。
③　労働者に対し通常甘受すべき程度を著しく超える不利益を負わせる場合	日本電気事件東京地判・昭43.8.31	労働協約に基づき会社は配置転換命令権を有しているが、家族に病人3人を抱えており、また、その転勤が余人をもっては代替しえないほどの必要性がなかった。

9　人事労務の実務ポイント

248

♠社員の事情に配慮する

　配置転換が、その労働者にとって「通常甘受すべき程度を著しく超える不利益」に当たるかどうかの判断、そして当たると判断しても、他の社員との公平性を考慮して決定することは難しいところであり、ケースバイケースの対応をせざるを得ない部分もあります。

　なお、育児・介護休業法26条には、「事業主は、その雇用する労働者の配置の変更で就業の場所の変更を伴うものをしようとする場合において、その就業の場所の変更により就業しつつその子の養育または家族の介護を行うことが困難となることとなる労働者がいるときは、当該労働者の子の養育または家族の介護の状況に配慮しなければならない」と定めていますので、この点も頭に入れておく必要があります。

♠配置転換を受け入れやすくする措置

　社員が配転命令を受け入れやすくするような措置を検討していくことも必要です。例えば、単身赴任手当とか、週末に帰宅する際の交通費負担、社宅の提供など、配転によって不利益になるようなことを軽減、回避するために何らかの措置を講じることで、社員側も受け入れやすくなります。

　これらの対応をすることで、転勤命令の効力が争われたとしても、会社側に有利となることも考えられます。

♠配置転換の注意点は

　配転命令は、会社の経営的な事項ですので、権利の濫用に当たらない限り社員は従わなければなりません。しかし、会社側が強引に命令を行えば、当然トラブルにもつながりかねません。配置転換の必要性や意図を社員本人にしっかり伝えて、納得してもらうことにより、トラブルが起きる可能性も低くなり、社員のモチベーションにも好影響をもたらすこともあり得ます。会社側が「法律に抵触しないから強気でいく」という対応は、当然あつれきを生み、社員にとっても会社にとってもよくありません。社員が納得するように説明を行い、また社員の事情も配慮しながら、配置転換を検討することが求められます。

　ただし、このように会社が誠意をもって対応したのに、最終的に従わない場合には、退職勧奨や解雇等の毅然とした対応も場合によっては必要です。

　配転命令の権限は会社にあることを念頭に、権利の濫用とならないよう、そして配慮と説明を心がけて行うことが求められます。

Q102 出向ってなに・有効要件は

ANSWER POINT

♧出向とは、「労働者が使用者（出向元）との間の雇用契約に基づく従業員たる身分を保有しながら、第三者（出向先）の指揮監督のもとに労務を提供するという形態」とされています。

♧出向命令の有効要件は、「出向命令権の根拠があるか」「強行法規違反でないか」「権利濫用に当たらないか」で判断されます。

♧権利の濫用に当たるかどうかは、「業務上の必要性」と「出向者の労働条件および生活上の不利益」とのバランスにより個別に判断されます。

♠出向とは

　出向は、「労働者が使用者（出向元）との間の雇用契約に基づく従業員たる身分を保有しながら、第三者（出向先）の指揮監督のもとに労務を提供するという形態」（古川電気工業・原子燃料工業事件　最高裁二小　昭60.4.5判決）と定義されています。

　勤務場所が変わるという意味では、転勤と同じですが、法的には転勤とは全く異なります。

　転勤は、単なる勤務場所の変更であって、労働契約の主体や従業員に対する指揮命令権者には変更がありません。しかし、出向の場合は、出向先に従業員に対する指揮命令権が移ることが特徴です。

　つまり、出向の場合は、出向元の企業に在籍したまま、出向先の指揮命令下に置かれることになります。さらに、労働契約の一部も移転すると考えられます。

【図表 246　出向の仕組み】

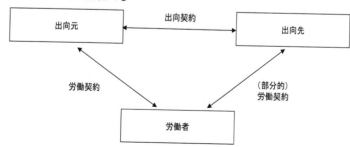

また、出向は、転籍（Q104 参照）とも異なります。出向の場合は、出向先に労働契約の一部が移転しますが、これは逆に言えば労働契約の一部は出向元に残るということです。

　これに対して、転籍の場合には、従業員に対する指揮命令権が転籍先に移転し、転籍元と労働者との労働契約関係は完全に切れてしまいます。労働契約の一部が移転するのか、全部が移転するのかという点が区別のポイントとなります。

♠出向命令の有効要件とは

　出向を命じられると、労働環境が大きく変わってしまうため、労働者に負担がかかります。そのため、会社が労働者に出向を命じる場合は、図表247 の要件が求められます。

【図表 247　出向の要件】

①　出向命令権の根拠があるか

　労働契約上、出向に関する取決めがない場合は、原則として出向を命じるには労働者の同意が必要となります。

　一方、就業規則や労働協約に出向を命じ得る旨の規定があり、出向によって賃金・退職金その他労働条件等の面での不利益が生じないように配慮されている場合は、労働者の個別の同意がなくても、会社が出向を命じることができるとされています。

②　強行法規違反でないか

　強行法規に違反する出向命令は無効となります。

　例えば、その出向が不当労働行為（労働組合法 7 条）の場合は、思想信条による差別（労基法 3 条）などの場合はその出向命令は無効となります。

③　権利濫用に当たらないか

　労働契約法 14 条は「使用者が労働者に出向を命ずることができる場合において、当該出向の命令が、その必要性、対象労働者の選定にかかる事情その他の事情に照らして、その権利を濫用したものと認められる場合には、当該命令は無効とする」とされています。

　なお、権利の濫用に当たるかどうかは、「出向させることに合理性・必要性があり、出向者の人選基準にも合理性があり、具体的な人選もその不当性をうかがわせるような事情がなく、出向によっても業務内容や勤務場所には何らの変更もなく、その生活関係、労働条件等において著しい不利益を受けるものとはいえず、発令手続に不相当な点があるともいえないものの場合には、権利の濫用とはいえません」。

出所：労働条件に関する総合情報サイト「確かめよう労働条件～「出向」に関する具体的な裁判例の骨子と基本的な方向性」より

Q103 出向が無効になるのはどんなとき

ANSWER POINT

♤出向命令の有効性は、個別的な同意を得るか、または出向先での賃金・労働条件、出向の期間、復帰の仕方などが就業規則等によって定められているほか、出向の必要性、対象労働者の選定にかかる事情等が考慮されます。

♤出向に関する規定については、出向の定義、出向期間、出向中の地位、賃金、処遇等、出向先での労働条件に関しての詳細の規定が求められます。

♤同一会社内での異動である配置転換ではなく、別の会社の指揮命令のもとで働くことになる出向は、より慎重に行うことが必要です。

♠出向命令の有効性は

Q102 でも触れましたが、出向命令の有効性は、次の要件で判断されます。

① 出向命令権の根拠があるか

② 強行法規違反でないか

③ 権利濫用にあたらないか

この要件に反するようであれば、無効ということになります。

厚生労働省のパンフレット「適切な労務管理のポイント」には、「（在籍）出向を命じるには、個別的な同意を得るか、または出向先での賃金・労働条件、出向の期間、復帰の仕方などが就業規則等によって、労働者の利益に配慮して整備されている必要があるとされています。出向の命令が、その必要性、対象労働者の選定にかかる事情等に照らして、その権利を濫用したものと認められる場合には、その命令は無効となります」と記載されています。

就業規則や労働協約に出向を命じ得る規定があることは必須ですが、規定があったとしても、業務上の必要性があるか、出向命令を受けた労働者の選定は適切であるか、その労働者の労働条件が不利益にならないか等が判断されます。

♠出向命令は、配転命令よりもさらに配慮が必要

出向は、出向元と出向先で労働時間や休日等の労働条件が異なる場合があります。労働条件が低下する場合は、その不利益に対する代償措置が、権利濫用に当たるかどうかの判断の基準にもなります。

現在よりも労働条件が低下し不利益になる場合は、どのような措置を講じるか、そしてできるだけ今までの労働条件に近づくように配慮が必要です。

♠出向に関する規定

出向に関する規定については、単に「出向があり得る」といった規定だけでは足りません。

判例では、就業規則に出向命令権を根拠づける規定があり、「出向の定義、出向期間、出向中の社員の地位、賃金、退職金、各種の出向手当、昇格・昇給等の査定その他処遇に関して出向者の利益に配慮した詳細な規定が設けられているということ」を認定した上で、労働者の個別同意を得ずに出向を命じることができると判断しています（新日本製鐵事件　H15.4.18最二小判）。

♠出向が無効となった裁判例

出向について、無効となった裁判例とポイントは、図表248のとおりです。

【図表248　出向が無効となった裁判例とポイント】

事件名	判決日付	裁判のポイント
日本ステンレス事件	新潟地裁　昭和61.10.31	寝たきりの両親と同居し、生活の面倒を見る必要のある労働者への出向命令は、人事権の濫用である。
ＪＲ東海事件	大阪地裁　昭和62.11.30	余剰人員の有効活用を目的に関連会社に出向を命じるに当たり、業務上の必要性が認められず、夜勤業務が中心になるなど、労働条件も著しく低下しており、また出向対象者の人選も合理性を有しておらず、当該出向命令は無効である。
東海旅客鉄道事件	大阪地裁　平成6.8.10	腰痛の持病があるためコルセットを常用せざるを得ない者らに対し、退職に追い込まれるほどの過酷な作業を課すことになる出向命令は、人事権の濫用として無効である。

配転命令の無効についての裁判例もQ101であげたように、配転命令も社員に対して配慮することがもちろん必要ですが、同一会社内での異動である配置転換ではなく、別の会社の指揮命令のもとで働くことになる出向は、より慎重に行うようにしてください。

転籍ってなに・有効要件は

ANSWER POINT

♤現在雇用されている会社と労働契約関係を終了させ、新たに他の会社との間に労働契約を締結することを「転籍」といいます。

♤出向は、従来の会社との労働契約を継続したまま、労働契約の一部を別の会社と結んでいるのに対し、転籍は、従来の会社との労働契約を終了して別の会社と労働契約を結ぶ点で、出向と大きく異なります。

♤転籍は、本人の同意なしには成立しません。

♠転籍とは

　転籍とは、現在雇用されている会社と労働契約関係を終了させ、新たに他の会社との間に労働契約を締結することをいいます。

　転籍をするためには、図表249の2つの方法があります。

【図表 249　転籍の方法】

| ① | 現企業との労働契約を合意解約し、新労働契約を締結する方法。 |
| ② | 現企業が労働契約上の使用者たる地位を譲渡する方法（民法625条1項）。 |

　転籍は、出向（Q102、Q103 参照）と同様に、他の会社で勤務することになりますが、出向は、従来の会社との労働契約を継続したまま、労働契約の一部を別の会社と結んでいるのに対し、転籍は、従来の会社との労働契約を終了して別の会社と労働契約を結ぶ点で、出向と大きく異なります。

♠転籍における同意の必要性

　図表249の①の場合は、従来の会社との労働契約を解約するので、本人の同意が必要になります。本人の同意なしに労働契約を解約すれば、解雇になってしまいますので、当然のことですが、本人の同意なしには、転籍が成立しません。

　これに対して、②は、労働者から労働を受け取る権利を、第三者に譲渡するという考え方です。一見すると、労働者に関係なくその権利を譲渡できるように思われるかもしれませんが、民法 625 条では、労働者の承諾なしに

その権利を譲渡できないとしています。

　したがって、①でも②でも、労働者の同意は必要となります。ただし、②は、関連会社間の異動や企業買収、合併など、企業間で労働者を異動させるときによく用いられる考え方です。会社法上の会社分割の場合には、「労働契約承継法」に定める手続に従い、個別同意なしで転籍させることができます。

♠転籍における裁判例

　裁判例の多くは、労働協約や就業規則の条項を根拠に転籍を命じることや、事前の包括的同意で転籍が成立するという考えは認められていません（日東タイヤ事件　最高裁判　昭48.10.1、ミクロ製作所事件　高知地裁　昭53.4.2など）。

　しかし、一部の裁判例には、親会社から子会社への転籍につき、入社時に転籍があることの説明を受けた上で明確な同意がなされ、子会社は実質的には親会社の一部門として扱われており、転籍も配置転換と同様に扱われてきたことなどの事情を考慮し、就業規則の規定によってこれを命じ得るとしたものが存在します（日立精機事件　千葉地判　昭和56.5.25）。

　なお、転籍が成立するためには、従来の会社を退職することが条件であり、新しい会社で採用が決まらなければ退職が成立しません。つまり、転籍することが内定しても新しい会社で正式に採用が決まらないうちは、従来の会社に在籍していることになります（生協イーコープ・下馬生協事件　東京地判　平5.6.11）。

♠転籍後の労働関係

　転籍をすると、転籍元との関係がなくなるので、使用者は、原則として転籍先の会社のみとなります。したがって、転籍によって給与が下がっても、転籍先の会社が保障する必要はありません。ただし、転籍を同意する際に、給与を下げないという条件だった場合には、転籍によって給与を下げることはできません。

　また、退職金に関しても、転籍先と転籍元で、退職金を引き継ぐ義務はありません。転籍先に退職金制度がなければ、転籍元の退職時に規定の退職金を受け取って、それ以降は退職金はないということになります。

　さらに、転籍先にも退職金制度がある場合は、勤続年数を通算して退職時に転籍元の基準で転籍先が支給するとか、転籍元と転籍先がそれぞれの在籍期間に応じた退職金を負担するなどのケースが考えられます。

Q105 海外への出張・出向・転籍の扱いは

ANSWER POINT

♤同じ海外勤務の場合でも、出張・出向・転籍により労働法の適用も異なります。

♤日本と社会保障協定を結んでいる国であれば、日本の年金加入期間を協定を結んでいる国の年金制度に加入していた期間とみなして取り扱い、その国の年金を受給できるようにすることなどの措置を受けることができます。

♤労災保険は、出向や転籍の場合は現地の保険制度の対象となりますが、一定の要件に該当すれば、「海外派遣者の特別加入」として、日本の労災保険の対象となることができます。

♠海外への出張・出向・転籍の違い

「海外で勤務する」と一言で言っても、出張・出向・転籍によりそれぞれ扱いが異なります。

「出張」は、一時的に海外で勤務することです。住所も日本のままであり、短期間で日本に戻ります。指揮命令も、当然、在籍している日本の会社となります。

「出向」については、籍は日本の会社にありますが、指揮命令は現地の会社になります。

「転籍」は、籍を日本の会社から現地の会社に移します。日本の会社との雇用関係が終了し、現地の会社との雇用関係が成立します。当然、指揮命令権も現地の会社となります。

♠適用される労働法は

労働法は、原則として属地主義といって勤務する場所の法律に従うこととなります。

出張は、一時的に海外で勤務しているだけなので、日本の労基法が適用されますが、出向や転籍の場合は、指揮命令を受ける現地法人、現地支社等が日本の会社から「独立した一の事業」として認められる場合には日本の労基法の適用は原則としてありません。

♠社会保険の適用は

　日本の会社との雇用関係が継続したまま海外で勤務する場合、出向元から給与の一部(全部)が支払われているときは、原則、健康保険・厚生年金保険の加入は継続します。しかし、転籍の場合のように、賃金の全額が海外の法人から支給されている場合は、原則として日本の健康保険・厚生年金保険の適用は受けません。

　なお、海外で働く場合は、働いている国の社会保障制度に加入をする必要があり、日本の社会保障制度との保険料と二重に負担しなければならない場合が生じています。

　また、日本や海外の年金を受け取るためには、一定の期間その国の年金に加入しなければならない場合があるため、保険料の掛捨てになってしまうことがあります。そのため、日本と社会保障協定を結んでいる国の場合は、次の措置があります。

① 　「保険料の二重負担」を防止するため、加入すべき制度を二国間で調整する。
② 　保険料の掛捨てとならないために、日本の年金加入期間を協定を結んでいる国の年金制度に加入していた期間とみなして取り扱い、その国の年金を受給できるようにする。

【図表250　各国との社会保障協定発効状況 (2019年7月時点)】

協定が発効済の国	ドイツ、いぎりす、韓国、アメリカ、ベルギー、フランス、カナダ、オーストラリア、オランダ、チェコ(※)、スペイン、アイルランド、ブラジル、スイス、ハンガリー、インド、ルクセンブルク、フィリピン
協定が未発効の国	イタリア、スロバキア、中国

注：※は、2018年8月に協定の一部改正。

　イギリス、韓国、イタリア、中国は、「保険料の二重負担防止」のみです。

♠労働保険の適用は

　雇用保険は、日本の会社との雇用関係が継続している場合は加入となりますが、雇用関係がない場合は資格を喪失することになります。

　また、労災保険に関しては、出張の場合は対象となりますが、出向や転籍の場合は対象外となり、現地の保険制度の対象となります。

　ただし、勤務する国によっては労災保険の制度が十分に発達していないこともあり、一定の要件に該当すれば、海外派遣者の特別加入として日本の労災保険の対象となることができます。

ANSWER POINT

♤「昇格」とは、社内の資格等級が上がることをいい、逆に下がることを「降格」といいます。「昇進」とは、「係長」から「課長」というように、高い役職に就くことをいいます。

♤昇格や降格には、それぞれの基準を設けることが必要であり、昇格基準、降格基準に該当した場合は、昇格や降格を行います。

♤「降格」を懲戒の規定に定めていれば、懲戒として行うことも可能です。

♠昇格と昇進の違い

　会社で働く上で昇格や昇進といったことは、とても誇らしいことですが、この「昇格」と「昇進」の違いはどのようなことでしょうか。

　一般的には、「昇格」とは社内の資格等級が上がること、反対に下がることを「降格」といいます。「昇進」とは、「係長」から「課長」というように、高い役職に就くことをいいます。

♠資格等級とは

　会社には、各社それぞれの人事制度が存在します。人事制度とは、月給や賞与などを決める「賃金制度」や、社内の評価基準を定める「評価制度」等がありますが、仕事を行う上で必要な能力や任される仕事の難易度や重要度などをレベル分けする「資格等級制度」を多くの会社では取り入れています。

　入社したばかりの若手社員に求める能力と会社や部をまとめる立場の経営幹部では、当然、能力も求める役割も異なります。それをわかりやすくレベル分けしたものが資格等級です。一般的には6〜10くらいに等級を分けて、それぞれの等級ごとに求める能力や役割をまとめた基準を「等級基準」といいます。

♠昇格の基準

　このような資格等級が上がることが昇格、下がることが降格となりますが、資格等級と賃金を結びつけているのが一般的であり、昇格すれば給与も上がり、降格すれば給与も下がります。そのため、昇格や降格は、社長や上司の

「鶴の一声」で行うわけにはいかず、基準を設けることが必要です。

　基準を設けずに昇格や降格を行う場合は、社内に不満が広がるだけではなく、特に降格の場合は不利益変更に該当する可能性もあり、会社のリスクにつながりかねません。例えば、在籍年数や人事評価などを昇格、降格に反映させるのが一般的です。

【図表 251　昇格基準サンプル】

	昇格条件	選考	最終承認
6、7等級 への昇格	・直近2年の人事評価がA以上 ・上司の推薦がある ・勤怠に問題がなく、勤続5年以上 ・懲戒がない（過去5年）	・経営課題に対する 　レポート作成 ・役員へのプレゼン	取締役会
4、5等級 への昇格	・直近2年の人事評価がA以上 ・上司の推薦がある ・勤怠に問題がなく、勤続3年以上 ・懲戒がない（過去3年）	・レポート提出 ・筆記試験（業界知 　識・一般常識） ・役員面談	取締役会
2、3等級 への昇格	・直近の人事評価がA以上 ・上司の推薦がある ・勤怠に問題がない ・懲戒がない（過去2年）	・レポート提出 ・部長面談	人事評価 委員会

♠昇進について

　役職は、人数が限られています。例えば、会社が誰かを課長にさせたいと思っても、課を増やすか、課長の役職から誰かを外さない限り課長になることはできません。

　そのため昇格には基準を設けてその基準をクリアしないと昇格できませんが、昇進には細かい基準を設けず、該当等級の中から会社が任命するという会社が少なくありません。例えば、係長なら3等級、課長なら4等級の中から任命するといった具合です。

♠懲戒の場合の降格

　就業規則には懲戒について規定されていますが、多くの場合、懲戒の中に「降格」を定めています。規律違反等があった場合に降格するということです。これは、前述した人事制度上の降格とは異なり、懲戒として行うものです。

　懲戒として行う場合は、「犯した規律違反等の内容が懲戒の規定に該当しているか」、そして「降格に値するほどの内容か」といったことが求められますので注意が必要です。

Q107 労使慣行ってなに・その効力は

ANSWER POINT

♧就業規則には定められていませんが、労働条件やルールが会社と社員の間で当然のこととして受け入れられていることを労使慣行といいます。

♧労使慣行が成立するには、一定の要素があります。

♧労使慣行は、就業規則のように明文化されていなくても、ルールとして当然今まで運用しているものですので、労使慣行を破棄することは就業規則の変更と同様に簡単にはできません。

♠労使慣行とは

　会社のルールを定めるものとして就業規則があります。しかし、就業規則を長年見直していなかったり、就業規則に定めているものより、よりよいルールで行われていたりと、就業規則とは異なる方法が会社内でいつの間にか定着していることがあります。

　このようなことは実際の会社でよくあることですが、就業規則には定められていませんが、労働条件やルールが会社と社員の間で当然のこととして受け入れられていることを「労使慣行」、あるいは「労働慣行」といいます。

♠労使慣行についての法律

　労使慣行については、民法92条（任意規定と異なる慣習）に「法令中の公の秩序に関しない規定と異なる慣習がある場合において，法律行為の当事者がその慣習による意思を有しているものと認められるときは，その慣習に従う」と定めています。

　また、法の適用に関する通則法3条では、「法令または道徳に反しない慣習は、法令で認めているもの、あるいは法令でとくに定めていない事項は、法と同一の効力を認める」と定められています。

♠労使慣行が成立する要素

　労使慣行の成立については、商大八戸ノ里ドライビングスクール事件（大阪高裁　平成5.6.25）で次のようにされています。

① 同種の行為または事実が一定の範囲において長期間反復継続して行わ

9　人事労務の実務ポイント

260

れていたこと。

② 労使双方が明示的にこれによることを排除・排斥していないこと。

③ 当該慣行が労使双方の規範意識によって支えられていること。

【図表252　よくある労使慣行例】

・長期間に渡り、当たり前のように賞与を○か月分支給していた。

・遅刻をしても賃金から控除をしていない。

・休憩時間を就業規則よりも多く取っている。

・就業規則に記載してある懲戒事項に該当しても懲戒していない。

・就業規則で定年を定めているのに、定年年齢を超えても再雇用ではなく、今までどおり働き続けている。

など

♠労使慣行の破棄

　労使慣行は、就業規則のように明文化されていなくても、ルールとして当然今まで運用しているものですので、労使慣行を破棄することは、就業規則の変更と同様に簡単にはできません。

　つまり、労働条件の変更は、労働者と使用者の個別の合意があればできますが、就業規則の変更によりこれまでの労使慣行を破棄する場合は、労働者の受ける不利益の程度、変更の必要性、変更後の内容の相当性、労働組合等との交渉の状況等に照らして合理的であること、また、就業規則を労働者に周知させることが必要です

♠社内ルールは安易につくらない

　社員が少ない会社などは、つい簡単にルールをつくってしまうことがあります。しかし、それが当たり前のように運用されていくと労使慣行になり、会社側としては変えようとしてもこれまで説明してきたとおりになかなか変えることはできません。

　「今回だけ」「この人だけ」などと会社がよかれと思って運用したルールがいつの間にか定着して労使慣行となり、数年後に、「あのルールをつくらなければよかった」などと後悔するケースも少なくありません。

　社内ルールをつくるときは、これが労使慣行となってもよいかということを考えた上で、安易に決めないことが重要です。

セクシャルハラスメントってなに・防止義務は

ANSWER POINT

♤平成 29 年度に労働者や事業主等から雇用環境・均等部（室）に寄せられた相談の中では、セクシャルハラスメントの相談が最も多くなっています。

♤職場におけるセクシャルハラスメントとは、「職場」において行われる「労働者」の意に反する「性的な言動」に起因するものです。

♤職場におけるセクシャルハラスメントを防止するために、事業主が雇用管理上講ずべき措置が 9 項目定められています。

♠セクシャルハラスメントにおける相談件数

　マスコミ等によりセクハラの問題が多いというのは、感覚的に感じているかと思いますが、職場におけるセクシャルハラスメントは依然として大きな問題となっています。

　平成 29 年度に労働者や事業主等から雇用環境・均等部（室）に寄せられた相談のうち、男女雇用機会均等法に関する相談は 19,187 件。そのうち 6,808 件がセクシャルハラスメントについての相談です。男女雇用機会均等法に関する相談の中では最も多く、セクシャルハラスメントの問題がいかに多いかわかるかと思います。

【図表 253　平成 29 年度の雇用環境・均等部（室）への相談内容内訳】

単位：件

	28 年度	29 年度
・性差別（募集・採用、配置・昇進、教育訓練、間接差別等）（5 条〜 8 条関係）	1,281　（6.1%）	1,266　（6.6%）
・婚姻、妊娠・出産等を理由とする不利益取扱い（9 条関係）	5,933　（28.2%）	4,434　（23.1%）
・セクシュアルハラスメント（11 条関係）	7,526　（35.8%）	6,808　（35.5%）
・妊娠・出産等に関するハラスメント（11 条の 2 関係）	1,411　（6.7%）	2,506　（13.1%）
・母性健康管理（12 条、13 条関係）	2,755　（13.1%）	2,686　（14.0%）
・その他（ポジティブ・アクション等）	2,144　（10.2%）	1,487　（7.8%）
合計	21,050（100.0%）	19,187（100.0%）

♠ セクシャルハラスメントとは

　セクシャルハラスメントに関しては、男女雇用機会均等法11条に職場における性的な言動により「労働者の就業環境が害されることがないようにすること」「性的な言動に対する労働者の対応により労働条件の不利益を受けないようにすること」「労働者の相談に応じ適切に対応するために体制の整備や必要な措置を講ずること」といった旨を定めています。

♠ セクシャルハラスメントの定義

　均等法上の「職場におけるセクシャルハラスメント」とは、「職場」において行われる「労働者」の意に反する「性的な言動」に起因するものです。
　それぞれの定義は、図表254のとおりです。

【図表254　セクシャルハラスメントの定義】

職場	事業主が雇用する労働者が業務を遂行する場所を指し、通常就業している場所以外であっても、労働者が業務を遂行する場所であれば「職場」に含まれる。	取引先の事務所。取引先と打合せをするための飲食店（接待の席も含む）、顧客の自宅、取材先、出張先、業務で使用する車中など。勤務時間外の宴会などであっても、実質上職務の延長と考える場合は「職場」
労働者	事業主が雇用するすべての労働者	正社員、パートタイム、アルバイト、契約社員など。派遣労働者に関しては、派遣元の会社だけでなく派遣先の会社についても規定が適用されるので、雇用する労働者と同様に措置を講ずる必要がある。
性的な言動	性的な内容および性的な行動を指し、社長や上司、同僚に限らず、取引先、顧客、患者、学校における生徒などもセクシャルハラスメントの行為者になり得るものであり、異性にだけでなく、同性同士であっても該当する。	性的な内容の発言とは、性的な事実関係を尋ねることや性的な冗談やからかい、食事やデートへの執拗な誘いなど。性的な行動とは、性的な関係を強要すること、必要なく身体へ接触することなど。

♠ セクシャルハラスメントの種類

　職場におけるセクシャルハラスメントには、「対価型」と「環境型」があります。それぞれの定義は、図表255のとおりです。

【図表255　セクシャルハラスメントの種類】

種類	定義	例
対価型	労働者の意に反する性的な言動に対する労働者の対応（拒否や	事業所内において、事業主が労働者に対して性的な関係を要求したが、

	抵抗）により、その労働者が解雇、降格、減給など（労働契約の更新拒否、昇進、昇格の対象からの除外、客観的に見て不利益な配置転換など）の不利益を受けること。	拒否されたため、その労働者を解雇すること。 　出張中の社内において、上司が労働者の腰や胸などに触ったが、抵抗されたため、その労働者について不利益な配置転換をすること。　　など
環境型	労働者の意に反する性的な言動により労働者の就業環境が不快なものとなったため、能力の発揮に重大な悪影響が生じるなど、その労働者が就業する上で看過できない程度の支障が生じること。	事業所内において、上司が労働者の腰や胸などに度々触ったため、その労働者が苦痛に感じて、その就業意欲が低下していること。 　労働者が抗議しているにもかかわらず、事業所内にヌードポスターを掲示しているため、その労働者が苦痛に感じて業務に専念できないこと。　　など

♠セクシャルハラスメントの判断基準

　セクシャルハラスメントの状況は多様であり、個別の状況により判断する必要があります。また、「労働者の意に反する性的な言動」および「就業環境を害すること」の判断に当たっては、労働者それぞれの受け止め方が異なりますので、労働者の主観を重視しつつも、一定の客観性が必要です。

　一般的には、意に反する身体的接触によって強い精神的苦痛を被る場合には、1回でも就業環境を害することとなり得ます。継続性または繰返しが要件となるものであっても、「明確に抗議しているにもかかわらず放置された場合」または「心身に重大な影響を受けていることが明らかな場合」には、就業環境が害されていると判断できます。

　また、男女の認識の違いにより生じている面があることを考慮すると、被害を受けた労働者が女性である場合には「平均的な女性労働者の感じ方」を基準とし、被害を受けた労働者が男性である場合には「平均的な男性労働者の感じ方」を基準とすることが適当です。

♠事業主が雇用管理上講ずべき措置

　職場におけるセクシャルハラスメントを防止するために、事業主が雇用管理上講ずべき措置として、厚生労働者の指針により図表256の9項目が定められています。

【図表256　事業主が雇用管理上講ずべき9項目】

①　セクシャルハラスメントの内容、あってはならない旨の方針の明確化と管理・監督者を含む労働者に周知・啓発する。

② セクシャルハラスメントの行為者については、厳正に対処する旨の方針・対処の内容を就業規則等の文書に規定し、管理・監督者を含む労働者に周知・啓発する。

③ 対応のための相談窓口をあらかじめ定める。

④ 相談窓口担当者が、相談に対し、その内容や状況に応じ適切に対応できるようにする。また、現実に生じている場合だけでなく、発生の恐れがある場合や、セクシャルハラスメントに該当するか微妙な場合であっても、広く相談に対応する。

⑤ 事案にかかる事実関係を迅速かつ正確に確認する。

⑥ 職場におけるセクシャルハラスメントが生じた事実が確認できた場合においては、行為者に対する措置、および被害者に対する措置をそれぞれ適正に行う。

⑦ 職場におけるセクシャルハラスメントに関する方針を周知・啓発する等の再発防止に向けた措置を講ずる。

⑧ 相談者・行為者等のプライバシーを保護するための必要な措置を講ずる。

⑨ 相談・協力等を理由に不利益な取扱いを行ってはならない旨を定め、労働者に周知・啓発する。

♠セクシャルハラスメントで争われた裁判例

　セクハラか否かの判断基準は、言動の内容・回数・性格・意識・場所・抗議後の対応と態様、相互の職場での地位等の総合的相関関係で決まります。

　判例では、「職場において、男性の上司が部下の女性に対し、その地位を利用して、女性の意に反する性的言動に出た場合、これがすべて違法と評価されるのではなく、その行為、態様、行為者である男性の職務上の地位、年齢、婚姻有無、両者のそれまでの関係、当該言動の行われた場所、その言動の反復・継続性、被害女性の対応等を総合的に見て、社会的見地から不相当とされる程度のものである場合には、性的自由ないし性的自己決定権等の人格権を侵害するものとして違法となる」（名古屋高金沢支判　平8.10.30）としています。

♠セクシャルハラスメントが認定された場合の使用者責任

　セクハラを放置すると、使用者には賠償責任が課せられることもあります。例えば、セクハラ被害者が、再三にわたり使用者に改善要求していたにもかかわらず、適切な対応を怠ったため被害が継続していると判断され、使用者責任に基づく損害賠償請求を認めた例もあります。

Q109 パワーハラスメントってなに・防止義務は

ANSWER POINT

♤職場のパワーハラスメントとは、「同じ職場で働く者に対して、職務上の
地位や人間関係などの職場内の優位性を背景に、業務の適正な範囲を超え
て、精神的・身体的苦痛を与える又は職場環境を悪化させる行為」です。

♤パワーハラスメントには、身体的攻撃や精神的攻撃といったものだけでな
く6つのパターンに分けられます。

♤パワーハラスメントの対応をしっかりしておくことが、パワーハラスメン
トを未然に防ぐとともに、会社のリスクも軽減します。

♠パワーハラスメントの定義

　パワーハラスメントという言葉は、どのような行為が該当するのか、人によっ
て判断が異なる現状があります。パワハラの行為者がパワハラと意識していな
いケースもあり、適正な指導・教育との区分が非常に難しくなっています。

　厚生労働省は、職場のパワーハラスメントとは、「同じ職場で働く者に対
して、職務上の地位や人間関係などの職場内の優位性を背景に、業務の適正
な範囲を超えて、精神的・身体的苦痛を与えるまたは職場環境を悪化させる
行為」と定義をしています。

　パワーハラスメントというと、上司から部下へのいじめ・嫌がらせを指し
て使われる場合が多いですが、先輩・後輩間や同僚間、さらには部下から上
司に対して行われるものもあります。

♠パワーハラスメントの種類

　パワーハラスメント該当行為としては、図表257の6パターンがあります。

【図表257　パワーハラスメントの6パターン】

```
①　身体的な攻撃
　叩く、殴る、蹴るなどの暴行や丸めたポスターで頭を叩く等
②　精神的な攻撃
　同僚の目の前で叱責される。他の職員をあて先に含めてメールで罵倒される。必
要以上に長時間にわたり、繰り返し執拗に叱る等
③　人間関係からの切り離し
　1人だけ別室に席を移される。強制的に自宅待機を命じられる。送別会に出席さ
せない等
④　過大な要求
```

新人で仕事のやり方もわからないのに、他の人の仕事まで押しつけられて、同僚
は、皆先に帰ってしまった等
⑤　過少な要求
　　運転手なのに営業所の草むしりだけを命じられる。事務職なのに倉庫業務だけを
命じられる等
⑥　個の侵害
　　交際相手について執拗に問われる。妻に対する悪口を言われる等

♠パワーハラスメントの対応

　職場のパワーアラスメントを予防・解決するために、図表258のような
取組みが必要です。これにより未然に防ぐだけでなく、もし発生した場合で
あっても会社は「必要な対応をしていた」と言うことができます。

【図表258　パワーハラスメントの具体的な対応】

対応策	取組内容
トップのメッセージ	経営理念、行動指針などに「パワーハラスメントやセクシャルハラスメントなど、個人の尊厳を損なう行動を許さない」といった旨を明文化するなど、会社のメッセージを発信する。
ルールを定める	就業規則にパワーハラスメントやセクシャルハラスメントに関する条文を設け、防止に努める。
社内アンケートなどで実態を把握する	社内の実情を把握するため、定期的な面談を行うなどして情報を収集することと、異変などにすぐに気づくことができるように普段からコミュニケーションを充実させておく。 また、定期的にハラスメントの実態に関して、アンケートを作成し、匿名にて回答させるなどの施策も実態調査として効果的。
教育をする	社員1人ひとりが「どんな行為がパワーハラスメントに該当するのか」「もし起こってしまった場合にどういった対応をした方が良いのか」など、様々な知識を学び、ハラスメントにおいて理解を深めておくことが必要。 担当者を研修に参加させるなどをして、教育の浸透を深めることが重要。
社内での周知・啓蒙	社内報等で周知・啓発を行ったり、面談などでも会社の方針として繰り返し伝達していくなどが必要。
相談や解決の場を提供する	相談窓口を設置して文書やメール、電話などで社員が相談できる環境を整備する。 また、せっかく相談窓口を整備しても、その存在が認知されなければ、目的を果たすことができないため、相談窓口について就業規則、社内報、掲示板などで連絡方法や場所について周知する。
再発防止のための取組み	もし、パワーハラスメントが起こってしまった場合、再発防止に努める。 上記の取組みに不足はなかったかプロセスを確認、見直すとともに、社内のコミュニケーションの状態に問題がないかを留意しながら、組織風土をよりよいものにしていく。

ANSWER POINT

♤マタニティハラスメントとは、「職場」において行われる上司・同僚からの言動により、妊娠・出産した「女性労働者」や育児休業等を申出・取得した「男女労働者」等の就業環境が害されることです。

♤マタニティハラスメントには、「制度等の利用への嫌がらせ型」と「状態への嫌がらせ型」があります。

♤職場における妊娠・出産・育児休業等に関するハラスメントを防止するために、必要な措置を講じなければなりません。

♠マタニティハラスメントとは

　マタニティハラスメントとは、職場における妊娠・出産・育児休業等に関するハラスメントのことで、「男女雇用機会均等法 11 条の 2」と「育児・介護休業法 25 条」で事業主に図表 259 のような防止措置を講じることを義務づけています。

【図表 259　マタニティハラスメントの防止措置】

<男女雇用機会均等法第 11 条の 2（抄）>
　事業主は、職場において行われるその雇用する女性労働者に対する当該女性労働者が妊娠したこと、出産したこと、妊娠または出産に関する事由であって厚生労働省令で定めるものに関する言動により当該女性労働者の就業環境が害されることのないよう、当該女性労働者からの相談に応じ、適切に対応するために必要な体制の整備その他の雇用管理上必要な措置を講じなければならない。

<育児・介護休業法第 25 条>
　事業主は、職場において行われるその雇用する労働者に対する育児休業、介護休業その他の子の養育または家族の介護に関する厚生労働省令で定める制度または措置の利用に関する言動により当該労働者の就業環境が害されることのないよう、当該労働者からの相談に応じ、適切に対応するために必要な体制の整備その他の雇用管理上必要な措置を講じなければならない。

　厚生労働省では、職場における妊娠・出産・育児休業等に関するハラスメントとは、「職場」において行われる上司・同僚からの言動（妊娠・出産したこと、育児休業等の利用に関する言動）により、妊娠・出産した「女性労働者」や育児休業等を申出・取得した「男女労働者」等の就業環境が害されることと定義しています。

♠マタニティハラスメントの相談件数は多い

　Q108 でも説明した平成 29 年度に労働者や事業主等から雇用環境・均等部（室）に寄せられた男女雇用機会均等法に関する相談内容は、セクシュアルハラスメントに関する相談が最も多く、次いで婚姻、妊娠・出産等を理由とする不利益取扱いに関する相談が多くなっており、マタニティハラスメントのトラブルも多いことがわかります。

　多様な働き方を受け入れている会社が増えている一方で、このようなハラスメントも増えています。

♠マタニティハラスメントの内容

　マタニティハラスメントには、図表 260 のように「制度等の利用への嫌がらせ型」と「状態への嫌がらせ型」があります。

【図表 260　マタニティハラスメントの種類】

種類	内容	例
制度等の利用への嫌がらせ型	妊娠・出産・育児休業等に関する制度や措置の利用の請求等をしたい旨を上司に相談したことや制度等をしたことなどにより、上司がその労働者に対し、解雇その他不利益な取扱いを示唆することや、制度等利用の請求等または制度等の利用を阻害すること。	・産前休業の取得を上司に相談したところ、「休みをとるなら辞めてもらう」と言われた。 ・時間外労働の免除について上司に相談したところ、「次の査定の際は昇進しないと思え」と言われた。 ・育児休業の取得について上司に相談したところ、「男のくせに育児休業をとるなんてあり得ない」と言われ、取得を諦めざるを得ない状況になっている。
状態への嫌がらせ型	女性労働者が妊娠したこと、出産したこと等に関して、上司がその女性労働者に対し、解雇その他の不利益な取扱いを示唆することや、上司・同僚がその女性労働者に対し、繰り返しまたは継続的に嫌がらせ等をすること。	・上司・同僚が「妊婦はいつ休むかわからないから仕事は任せられない」と繰り返しまたは継続的に言い、仕事をさせない状況となっており、就業をする上で看過できない程度の支障が生じる状況となっている（意に反することを明示した場合にさらに行われる言動も含む）。 ・上司・同僚が「妊娠するなら忙しい時期を避けるべきだった」と繰り返しまたは継続的に言い、就業をする上で看過できない程度の支障が生じる状況となっている（意に反することを明示した場合にさらに行われる言動も含む）。

♠マタニティハラスメントに該当しない言動

　「ハラスメントに該当するのではないか」と職場における妊娠・出産・育

Q110　マタニティハラスメントってなに

269

児休業等に関することは、話しづらいと思われる方もいるかもしれませんが、当然業務上の必要性による言動であればハラスメントには該当しません。

　ハラスメントに該当しない言動の具体例としては、図表261のようなものがあります。

【図表261　マタニティハラスメントに該当しない言動例】

種類	例
制度等の利用への嫌がらせ型	(1)　業務体制を見直すため、上司が育児休業をいつからいつまで取得するのか確認すること。 (2)　業務状況を考えて、上司が「次の妊婦健診はこの日は避けてほしいが調整できるか」と確認すること。 (3)　同僚が自分の休暇との調整をする目的で休業の期間を尋ね、変更を相談すること。 ※(2)や(3)のように、制度等の利用を希望する労働者に対する変更の依頼や相談は、強要しない場合に限られます。
状態への嫌がらせ型	(1)　上司が、長時間労働をしている妊婦に対して、「妊婦には長時間労働は負担が大きいだろうから、業務分担の見直しを行い、あなたの残業量を減らそうと思うがどうか」と配慮する。 (2)　上司・同僚が「妊婦には負担が大きいだろうから、もう少し楽な業務にかわってはどうか」と配慮する。 (3)　上司・同僚が「つわりで体調が悪そうだが、少し休んだほうがよいのではないか」と配慮する。 ※(1)から(3)のような配慮については、妊婦本人にはこれまでどおり勤務を続けたいという意欲がある場合であっても、客観的に見て、妊婦の体調が悪い場合は、業務上の必要性に基づく言動となります。

♠マタニティハラスメントの防止措置

　職場における妊娠・出産・育児休業等に関するハラスメントを防止するために、事業主が雇用管理上講ずべき措置が、厚生労働大臣の指針に定められています（図表262参照）。事業主は、これらを必ず実施しなければなりません。

【図表262　指針に関する定められている事業主が講ずべき措置】

●事業主の方針の明確化およびその周知・啓発

1	・妊娠・出産・育児休業等に関するハラスメントの内容 ・妊娠・出産等、育児休業等に関する否定的な言動が職場における妊娠・出産・育児休業等に関するハラスメントの発生の原因や背景となり得ること ・妊娠・出産・育児休業等に関するハラスメントがあってはならない旨の方針

	・制度等の利用ができること 以上を明確化し、管理・監督者を含む労働者に周知・啓発すること。
2	・妊娠・出産・育児休業等に関するハラスメントにかかる言動を行った者については、厳正に対処する旨の方針・対処の内容を就業規則等の文書に規定し、管理・監督者を含む労働者に周知・啓発すること。

●相談（苦情を含む）に応じ、適切に対応するために必要な体制の整備

3	・相談窓口をあらかじめ定めること。
4	・相談窓口担当者が、内容や状況に応じ適切に対応できるようにすること。 ・妊娠・出産・育児休業等に関するハラスメントが現実に生じている場合だけでなく、その発生のおそれがある場合や、妊娠・出産・育児休業等に関するハラスメントに該当するか否か微妙な場合であっても広く相談に対応すること。
5	・事実関係を迅速かつ正確に確認すること。
6	・事実確認ができた場合には、速やかに被害者に対する配慮の措置を適正に行うこと。
7	・事実確認ができた場合には、行為者に対する措置を適正に行うこと。
8	・再発防止に向けた措置を講ずること。

●職場における妊娠・出産等に関するハラスメントの原因や背景となる要因を解消するための措置

9	・業務体制の整備など、事業主や妊娠等した労働者その他の労働者の実情に応じ、必要な措置を講ずること。

●併せて講ずべき措置

10	・相談者・行為者等のプライバシーを保護するために必要な措置を講じ、周知すること。
11	・相談したこと、事実関係の確認に協力したこと等を理由として不利益な取扱いを行ってはならない旨を定め、労働者に周知・啓発すること。

妊娠・出産・育児休業等に関するハラスメントの発生の原因や背景には、妊娠・出産・育児休業等に関する否定的な言動が頻繁に行われるなど、制度等の利用をしにくい職場風土だったり、制度の利用ができることの周知が不十分であることが考えられます。

これからの時代は、このような職場では採用も難しく、有望な社員が離職してしまうことにもつながります。会社として「ハラスメントは許さない」といったことを周知徹底していくことが必要です。

271

介護休業ってなに・その与え方は

ANSWER　POINT

♧介護休業とは、要介護状態にある対象家族を介護するために休業すること
であり、対象家族1人につき3回、通算93日まで取得できます。

♧確認のために診断書等の提出を義務づけることは望ましくありません。

♧介護休業とは別に、介護休暇や所定外労働および深夜労働の免除など、様々
な制度があります。

♠介護休業とは

　育児・介護休業法11条から15条には介護休業について定められており、
「労働者が要介護状態（負傷、疾病または身体上もしくは精神上の障害により、
2週間以上の期間にわたり常時介護を必要とする状態）にある対象家族を介
護するために休業することができる」とされています。

♠対象となる家族の範囲と状態

　介護の対象家族は、配偶者（事実婚を含む）、父母、子（養子を含む）、配
偶者の父母、祖父母、兄弟姉妹及び孫です。対象家族1人につきそれぞれ3
回、通算93日まで介護休業を取得することができます。

　2週間以上の期間にわたり常時介護を必要とする状態の具体的な判断基準
は、図表263のようになっています。

【図表263　常時介護を必要とする状態に関する判断基準】

　介護休業は2週間以上の期間にわたり常時介護を必要とする状態にある対象家族を介護するための休業
で、常時介護を必要とする状態については、以下の表を参照しつつ、判断することとなります。ただし、
この基準に厳密に従うことにとらわれて労働者の介護休業の取得が制限されてしまわないように、介護を
している労働者の個々の事情にあわせて、なるべく労働者が仕事と介護を両立できるよう、事業主は柔軟
に運用することが望まれます。

　「常時介護を必要とする状態」とは、以下の(1)または(2)のいずれかに該当する場合であること。
(1) 介護保険制度の要介護状態区分において要介護2以上であること。
(2) 状態①～⑫のうち、2が2つ以上または3が1つ以上該当し、かつ、その状態が継続すると認められ
ること。

項目＼状態	1 （注1）	2 （注2）	3
①座位保持（10分間一人で座っていることができる）	自分で可	支えてもらえればできる （注3）	できない

②歩行（立ち止まらず、座り込まずに5m程度歩くことができる）	つかまらないでできる	何かにつかまればできる	できない
③移乗（ベッドと車いす、車いすと便座の間を移るなどの乗り移りの動作）	自分で可	一部介助、見守り等が必要	全面的介助が必要
④水分・食事摂取（注4）	自分で可	一部介助、見守り等が必要	全面的介助が必要
⑤排泄	自分で可	一部介助、見守り等が必要	全面的介助が必要
⑥衣類の着脱	自分で可	一部介助、見守り等が必要	全面的介助が必要
⑦意思の伝達	できる	ときどきできない	できない
⑧外出すると戻れない	ない	ときどきある	ほとんど毎回ある
⑨物を壊したり衣類を破くことがある	ない	ときどきある	ほとんど毎日ある（注5）
⑩周囲の者が何らかの対応をとらなければならないほどの物忘れがある	ない	ときどきある	ほとんど毎日ある
⑪薬の内服	自分で可	一部介助、見守り等が必要	全面的介助が必要
⑫日常の意思決定（注6）	できる	本人に関する重要な意思決定はできない（注7）	ほとんどできない

（注1） 各項目の1の状態中、「自分で可」には、福祉用具を使ったり、自分の手で支えて自分でできる場合も含む。
（注2） 各項目の2の状態中、「見守り等」とは、常時の付き添いの必要がある「見守り」や、認知症高齢者等の場合に必要な行為の「確認」、「指示」、「声かけ」等のことである。
（注3） 「①座位保持」の「支えてもらえればできる」には背もたれがあれば一人で座っていることができる場合も含む。
（注4） 「④水分・食事摂取」の「見守り等」には動作を見守ることや、摂取する量の過小・過多の判断を支援する声かけを含む。
（注5） ⑨3の状態（「物を壊したり衣類を破くことがほとんど毎日ある」）には「自分や他人を傷つけることがときどきある」状態を含む。
（注6） 「⑫日常の意思決定」とは毎日の暮らしにおける活動に関して意思決定ができる能力をいう。
（注7） 慣れ親しんだ日常生活に関する事項（見たいテレビ番組やその日の献立等）に関する意思決定はできるが、本人に関する重要な決定への合意等（ケアプランの作成への参加、治療方針への合意等）には、指示や支援を必要とすることをいう。

出所：厚生労働省「育児・介護休業制度ガイドブック」より

　なお、対象家族の状態を確認については、その社員が提出できる範囲のものとすべきで、診断書等の添付を義務づけることは、社員に負担をかけることとなるため望ましくありません。

♠介護休暇、その他の制度とは

　介護休業とは、対象家族の介護その他の世話を行う社員は、1年に5日（対象家族が2人以上の場合は10日）まで休暇を取得できる制度です（Q98参照）。

　また、要介護状態にある対象家族を介護する社員は、所定外労働や深夜労働（午後10時～午前5時）の免除を請求することができます。なお、所定外労働の免除を請求しなくても時間外労働を1か月24時間、1年150時間以内に抑える請求をすることも可能です。

　また、会社はこのような社員に関して、所定労働時間の短縮やフレックスタイム制度、時差出勤等の制度を設けなければなりません。

障害者の雇用で注意することは

ANSWER POINT

♤自社の社員に占める身体障害者・知的障害者・精神障害者の割合を「法定雇用率」（現在は 2.2％）以上にする義務があり、社員を 45.5 人以上雇用している会社は障害者を 1 人以上雇用する必要があります。

♤身体障害者手帳、療育手帳、精神障害者保健福祉手帳の所有者を実雇用率の算定対象としており、週 30 時間以上であれば「1 人」、週 20 時間以上 30 未満であれば「0.5 人」として算定します。

♤常用労働者が 100 人を超える会社は、障害者の雇用人数について申告しなければならず、法定雇用率に不足している場合は納付金を支払う必要があります。

♠障害者雇用率制度とは

　空前の採用難が続く昨今では、今までの正社員、男性中心といった雇用から育児や介護を抱えている方や高年齢者、障害者など、様々な人材を雇用する会社も増えてきています。仕事をする上でいろいろなツールやシステムも開発されて、特殊な事情を抱える社員や障害者が活躍している会社も少なくありません。

　障害者雇用率制度については、障害者雇用促進法 43 条 1 項で定められており、自社の社員に占める身体障害者・知的障害者・精神障害者の割合を「法定雇用率」以上にする義務があります。現在（平成 30 年度）の法定雇用率は 2.2％ですので社員を 45.5 人以上雇用している会社は、障害者を 1 人以上雇用しなくてはなりません。

♠障害者の算定

　障害者雇用率制度の上では、身体障害者手帳、療育手帳、精神障害者保健福祉手帳の所有者を実雇用率の算定対象としています。

　なお、週 30 時間以上であれば「1 人」として算定し、週 20 時間以上 30 時間未満の短時間労働者については「0.5 人」として算定します。ただし、重度の障害者であれば、それぞれ「2 人」「1 人」と算定します。

　なお、実雇用率の低い会社については、ハローワークが障害者を雇用する

ための作成を求める「雇入れ計画作成命令」が出されることもあります。

さらに、その計画の実施状況が悪ければ適正な実施勧告を受けたり、特別指導や企業名の公表を受ける旨も障害者雇用促進法には定められています。

【図表264　障害者雇用人数の算定】

週所定労働時間		30時間以上	20時間以上30時間未満
身体障害者		1	0.5
	重度	2	1
知的障害者		1	0.5
	重度	2	1
精神障害者		1	0．5または1

♠障害者雇用納付金

常用雇用労働者数が100人を超えるすべての事業主に障害者雇用納付金の申告義務があります。常用雇用労働者数とは、雇用期間の定めがなく雇用されている正社員だけでなく雇用期間を定めて雇用されている契約社員やパート・アルバイト等であっても入社から1年を超えて雇用することが見込まれる場合や実際に過去1年以上雇用されている場合は該当し、週30時間以上働いている社員は「1人」、週20時間以上30時間未満の社員は「0.5人」として算定します。

毎年4月から翌年3月までの1年間のうち、100人を超える月が5か月以上ある場合は申告義務が生じ、法定雇用障害者数から不足していた場合は納付金を納付しなくてはなりません。

納付金は、不足数1人につき月額5万円ですが、2020年3月31日までは減額特例として、常用雇用労働者が100人超200人以下の会社（常時雇用している労働者数が200人以下の月が8か月以上の場合）は月額4万円が納付額となります。

♠法定雇用率を超えて障害者を雇用している会社は

前述のように、一定の要件に該当して法定雇用率を満たない会社に対しては納付金を支払う必要が生じますが、逆に法定雇用率を超えて一定の人数以上雇用している常用雇用労働者が100人以下の会社では、報奨金を支給申請をすることができます。また、在宅就業障害者に仕事を発注して金額を支払った場合等にも、調整金や報奨金を受給できる制度があります。

ANSWER POINT

♤定年を定める場合は60歳以上としなくてはなりません。

♤定年年齢を65歳未満に定めている会社は、「65歳までの定年の引上げ」「65歳までの継続雇用制度の導入」「定年の廃止」のいずれかの措置を実施しなくてはなりません。

♤定年制を廃止したり定年年齢を上げたりしている会社が増えてきています。

♠定年とは

　「定年」とは、一般的には「定年退職」の意味合いとして使用することが多く、一定の年齢に達した場合に当然に退職となることをいいます。

　「定年」については、定めなくても構いませんが、会社にとっても労働者にとっても「区切り」として、多くの会社が就業規則に定年について定めています。当然、定年の年齢に達した場合は、必ず退職することになりますので、定年年齢には一定の制約があります。

　なお、定年について定める場合は、就業規則に記載し周知することが必要です。

♠ 65歳までの雇用機会の確保

　従業員の定年を定める場合は、高年齢者雇用安定法8条により「60歳以上」としなくてはなりません。また、高年齢者雇用確保措置として、定年年齢を65歳未満に定めている会社は、その雇用する高年齢者の65歳までの安定した雇用を確保するため、「65歳までの定年の引上げ」「65歳までの継続雇用制度の導入」「定年の廃止」のいずれかの措置を実施する必要があります。

　つまり、定年を定める場合、年齢は60歳未満に定めることはできず、65歳未満に定めた場合は65歳まで原則として継続雇用しなくてはなりません。

　この継続雇用（再雇用）については、Q114で説明します。

♠定年年齢について

　ご存知のように日本は、空前の少子高齢化社会を迎えており、これからさらに労働力が年々減少していくことが予想されます。また、実際に新規採用も非常に難しくなっています。

そのため、高年齢者に長く働いてほしいという会社も多いですし、また医療等の発達により年齢が高くてもまだまだ働ける高年齢者も多く、会社の定める定年年齢を上げたり、定年制を廃止している会社も増えてきています。

　厚生労働省の「平成29年高年齢者の雇用状況集計結果」によると、図表265のように定年制を廃止している企業は、報告した企業の2.6%、定年を65歳以上に定めている企業は17.0%となっています。

【図表265　定年制の廃止および65歳以上定年企業の状況】

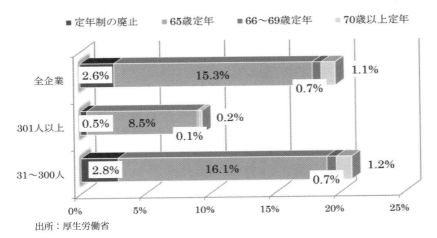

出所：厚生労働省

♠定年になったときは

　「定年退職」については、就業規則等に定めていれば、定年年齢到達時に使用者の特別な意思表示なく当然に労働契約が終了するものですが、定年を解雇事由として定めている場合などは「定年解雇」に該当します。

　定年解雇の場合は、退職ではなく解雇になり、労基法20条の「解雇の予告」に該当します。定年を解雇の要件として定めている会社は、あまりないかと思いますが、自社の就業規則を念のため確認してみましょう。

♠高年齢者を雇用したり定年を引き上げるときの助成金は

　60歳以上の高年齢者などの就職困難者を、ハローワーク等の紹介により雇い入れた場合に受給できる「特定求職者雇用開発助成金」や65歳以上への定年引上げ等や高年齢者の雇用環境整備、高年齢の有期契約労働者を無期雇用に転換する措置を講じた場合に受給できる「65歳超雇用推進助成金」といった助成金もあります。高年齢者の活用を考えている場合は、検討してみてもよいでしょう。

ANSWER　POINT

♤定年年齢を 65 歳未満に定めている会社は、65 歳までの継続雇用制度を
　導入しなくてはなりません。

♤再雇用者の労働条件は定年前を変更しても構いません。

♤原則として再雇用を希望する人全員を対象とすることが必要ですが、平成
　25 年 3 月 31 日までに継続雇用制度の対象者を限定する基準を労使協定
　で設けている場合は経過措置が認められています。

♠定年再雇用とは

　Q113 で説明したように、定年年齢を 65 歳未満に定めている会社は、「65
歳までの定年の引上げ」「65 歳までの継続雇用制度の導入」「定年の廃止」
のいずれかの措置を実施する必要があります。

　「継続雇用制度」とは、雇用している高年齢者を、本人が希望すれば定年
後も引き続いて雇用する「再雇用制度」などの制度をいいます。この制度の
対象者は、以前は労使協定で定めた基準によって限定することが認められて
いましたが、高年齢者雇用安定法の改正により、平成 25 年度以降、希望者
全員を対象とすることが必要となっています。なお、継続雇用先は自社のみ
ならずグループ会社とすることも認められています。

♠再雇用の労働条件

　65 歳未満の定年を定めている会社は、65 歳まで継続雇用を行わなければ
なりません。

　「継続雇用」とは、定年退職後改めて「嘱託社員」として再雇用し直すこ
とが一般的です。契約をし直すこととなりますので、定年前の労働条件と同
一でなくても構わず、定年前と比べて軽易な業務に転換することにより、賃
金も定年前と比べて下げることが多く見られます。

♠継続雇用制度の導入率

　このような背景から「65 歳までの定年の引上げ」「定年制の廃止」よりも
「65 歳までの継続雇用制度の導入」を実施している会社が多く、厚生労働省

の「平成29年高年齢者の雇用状況集計結果」でも80.3％の企業が継続雇用制度の導入を実施しています。

【図表266　雇用確保措置の内訳】

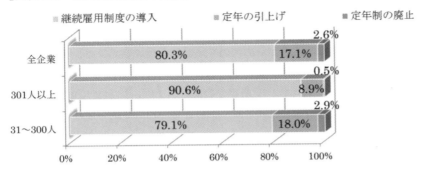

出所：厚生労働省

♦原則として希望者全員の継続雇用が必要

　この継続雇用制度は就業規則に定める解雇・退職事由（年齢に関するものを除く）に該当していなければ、希望する人全員を対象とすることが必要です。したがって、一定の能力や成績等を継続雇用の条件とすることはできません。

　ただし、平成25年3月31日までに継続雇用制度の対象者を限定する基準を労使協定で設けている場合は、次の経過措置が認められています。例えば、平成31年4月1日であれば62歳までは希望者全員を継続雇用する必要がありますが、63歳以上の人に対しては労使協定に定める条件により、継続雇用の対象者を限定することが可能です。

【図表267　継続雇用制度の対象者を限定する基準を労使協定で設けている場合の経過措置】

・平成28年3月31日までは61歳以上の人に対して
・平成31年3月31日までは62歳以上の人に対して
・平成34年3月31日までは63歳以上の人に対して
・平成37年3月31日までは64歳以上の人に対して

　➡　継続雇用の対象者を限定する基準を適用することができます

♦有期労働無期転換申込権の特例

　契約が繰返し更新されて通算5年を超えたときは、労働者の申込みにより、期間の定めのない労働契約（無期労働契約）に転換できる「無期転換申込権」が発生します（Q121参照）。

　ただし、定年後引続き継続雇用される有期雇用労働者については、労働局の認定を受けることで、「無期転換申込権」が発生しない特例があります。

ANSWER POINT

♤働く意欲がある高年齢者がその能力を十分に発揮できるよう、令和3年4月から高年齢雇用安定法が改正されました。

♤法改正により、定年廃止、70歳までの定年引上げ、70歳までの継続雇用のほか、業務委託や社会貢献事業に従事させる措置が努力義務となりました。

♤これからの時代の高年齢者の活用に向けては、法改正に対応するだけでなく、賃金制度等も考えていく必要があります。

♠「就業確保措置」の背景

　ご存知の通り、日本は少子高齢化が急速に進展し人口が減少する傾向にあり、それは当然労働力人口が減っていくことにもつながります。そのような中で働く意欲がある高年齢者がその能力を十分に発揮できるよう、高年齢者が活躍できる環境の整備を目的として、令和3年4月から高年齢雇用安定法が改正され、70歳までの就業確保措置を講じることが「努力義務」となりました。

　あくまで努力義務なので、就業確保措置を講じなくても罰則等があるわけではありませんが、法律により各企業に措置を講じる努力が求められています。

♠就業確保措置の具体的内容

　就業確保措置と、具体的には、次の①～⑤のいずれかの措置を講じるように努めなければならないことになっています。

①70歳までの定年引上げ

②定年制の廃止

③70歳までの継続雇用制度（再雇用制度・勤務延長制度）の導入

④70歳まで継続的に業務委託契約を締結する制度の導入

⑤70歳まで継続的に以下の事業に従事できる制度の導入

　a.事業主が自ら実施する社会貢献事業

　b.事業主が委託、出資（資金提供）等する団体が行う社会貢献事業

現在は、Q113とQ114で説明したように、原則として65歳までの雇用確保が義務になっています。これに加え、今回の法改正により、70歳までの定年制度や継続雇用制度、もしくは定年制度の廃止の措置を努めるようする必要があります。また、今回は雇用以外の措置として、70歳までの業務委託制度および70歳までの社会貢献事業に従事できる制度であっても雇用確保の措置を行ったことになります。

【図表268　現行の「高年齢者雇用確保措置」と新設の「高年齢者就業確保措置」】

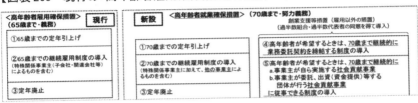

　一般的には、①から③の措置の導入、特に③の継続雇用制度を導入していくことが多くなると思いますが、企業への負担を考慮して、「雇用」という形態ではなく業務委託や社会貢献事業に従事させる「創業支援等措置」（④および⑤）の導入をすることも可能であることが今回の法改正の特徴でもあります。

　ただし、労働者にとってみると「雇用」ではないことは不安定な形態にもつながりかねないので、「創業支援等措置」制度を導入する場合は、計画を作成し、その計画について労働者の過半数を代表する労働組合がある場合にはその労働組合、労働者の過半数を代表する労働組合がない場合には労働者の過半数を代表する者の同意を得ることが必要です。

　なお、⑤の「社会貢献事業」とは、不特定かつ多数の者の利益に資することを目的とした事業のことであり、実際に「社会貢献事業」に該当するかどうかは、事業の性質や内容等を勘案して個別に判断されることになります。

♠高年齢者を活用していくためには

　このように、努力義務とはいえ、70歳までの就業を各社検討する必要が出てきていますが、気になるのは対象者に対する給与水準です。給与制度を考えずに、70歳になるまで賃金を右肩上がりや横ばいのまま雇用をすることは、会社の経営を圧迫することにもつながりかねません。統計によると、定年後の再雇用の給与水準は、定年前の6割〜7割くらいの水準が一般的ですが、これからの高年齢者の活用に向けて賃金制度も検討していくことが求められます。

ANSWER POINT

♧個別労働紛争（労働関係に関する事項についての個々の労働者と事業主との間の紛争）は依然として多く、総合労働相談件数は10年連続で100万件を超えています。

♧労務トラブルの内容は、「いじめ・嫌がらせ」が最も多く、「自己都合退職」「解雇」「雇止め」といった退職についてのトラブルも多いです。

♧労務トラブルは、起きてしまってからの対応はもちろんですが、トラブルが発生しない予防の観点が重要です。

♠ **労務トラブルはいつ起きてもおかしくない**

　終身雇用制度の崩壊と非正規雇用や派遣労働など雇用形態の多様化、ＳＮＳの普及などを背景として、労働条件や待遇に不満を持った労働者が会社を相手に訴訟等の手段に訴えることはもはや珍しいことではありません。

　労働組合の組織率が低下する中、個々の労働者と会社との間の紛争である個別労働紛争は依然として多く、厚生労働省「平成29年度個別労働紛争解決制度の施行状況」によると、平成29年度は、総合労働相談件数が110万件を超え、10年連続で100万件を超えています。

　また、労基法をはじめとした労働関連諸法令では解決のできない民事上の紛争だけでも、約25万件という数値になっています。

　なお、トラブル内容のトップは、「いじめ・嫌がらせ」であり、「自己都合退職」「解雇」「雇止め」といった退職に関する案件もトラブルになりやすくなっています。

　自社の人事労務管理が適切な状態にあるかを継続的に点検・整備することもなく、「ウチの会社は大丈夫」とたかをくくっていると、ある日突然トラブルに見舞われるリスクがあることを経営者は知っておかなければなりません。

♠ **労働紛争を解決するための各種制度**

　労使トラブルが起きた場合、何をどうしたらよいのかとまどってしまいがちですが、労働紛争の解決のために図表268のような機関、制度が整備さ

れています。

【図表 269　労働紛争解決のための機関、制度】

①	総合労働相談コーナーにおける情報提供・相談
②	都道府県労働局長による助言・指導
③	紛争調整委員会によるあっせん
④	労働審判制度
⑤	簡易裁判所における民事調停手続
⑥	裁判所における訴訟、仮処分手続
⑦	労働組合との団体交渉

♠労務トラブルは予防が最重要

　いったん、労務トラブルが発生すると、会社にとってよいことは１つもありません。

　労働者は弱者としてみられることが一般的で、紛争解決の上で会社が全面的な勝利に至るケースはまれでしょう。

　さらに、紛争の解決に至るまでの時間的・経済的な損失は、規模の小さな会社ほど非常に大きな負担になります。

　また、最も恐れるべきは、トラブルの当事者以外の従業員が会社の対応を見ていることです。仮に在職者の反感を買うようなことがあれば、士気の低下にとどまらず、大量離職やさらなるトラブルの発生につながる恐れもあります。

　つまり、トラブルが起きてからのことはもちろんですが、むしろ最も重要なことは、予防のための施策を日頃から講じておくことです。

　厳しくも温かみのある組織運営によって従業員の満足度を上げ、従業員との信頼関係を強固にすることは、無用のトラブルの防止にとどまらず、業績アップの重要な決め手にもなるのです。

♠「同一労働同一賃金」に注意

　2020 年 4 月から（中小企業は 2021 年 4 月から）は、正社員と非正規社員の不合理な待遇差について法律で禁止されます。これが「同一労働同一賃金」です。給与等の待遇で、正社員と非正規社員の間で差を設けている会社は、労使トラブルを避けるためにもその差が合理的であるか見直しましょう。

Q117　公民権行使の時間は

ANSWER　POINT

♤公民権や公の職務を執行するための時間を社員が請求した場合は、会社は
　拒むことはできません。

♤公民権行使や公の職務執行の時間については、賃金の支払義務はありません。

♤会社に許可を得ないで議員に当選した場合でも、労基法で公民権の行　使
について保障しているため、懲戒解雇は認められません。

♠公民権行使の保障について

　私たちの代表者を選ぶ選挙。投票をしたくてもその日に仕事があるという
こともあるでしょう。事前にその日が仕事ということがわかっていれば、不
在者投票等の制度もありますが、急に仕事に行かなくてはいけなくなったと
いうことも当然あり得ます。そんなときは、選挙に行くことができないので
しょうか。

　労基法7条では、「公民権や公の職務を執行するための時間を社員が請求
した場合は、会社は拒むことはできない」とされています。

　公民権とは、その名のとおり国民なら誰しも持っている権利であり、選挙
で投票することができる選挙権や選挙に出ることができる被選挙権などが該
当します。また、公の職務とは、議員活動や裁判員などです。

　会社は、この公民権の行使を労働時間中に請求された場合は、認めなくて
はなりません。ただし、公民権の行使や公の職務の執行に妨げがない限り、
時間をずらしてもらうことは可能です。

【図表270　公民としての権利および公の職務】

公民としての権利

該当するもの	該当しないもの
・公職の選挙権および被選挙権 ・最高裁判所裁判官の国民審査 ・特別法の住民投票 ・憲法改正の国民投票 ・行政事件訴訟法に規定する民衆訴訟 など	・他の立候補者のための選挙運動 ・個人としての訴権の行使 　（損害賠償に関する訴え等） など

公の職務

該当するもの	該当しないもの
・衆議院議員その他の議員 ・労働委員会の委員 ・民事訴訟法による証人 ・労働委員会の証人 ・裁判員 など	・非常勤の消防団員の召集 ・予備自衛官の防衛召集または訓練召集

♠賃金は

公民権行使や公の職務執行の時間については、労働が免除されることとなりますので、その時間については、賃金の支払義務はありませんので、会社で自由に決めることができます。有給か無給かは就業規則にその旨を記載しておきましょう。

♠公民権行使についての判例

この公民権の行使や公の職務の執行については、例えば選挙権の行使や裁判員のような一時的なものであればあまり問題はありません。しかし、議員活動のような長期にわたるものであれば、会社に対して長期間労務の提供がなされないことになるのでトラブルに発展することがあります。

公民権の行使等のトラブルについての判例は、十和田観光電鉄事件(昭38.6.21　最高裁)が挙げられます。

この事件は、会社の承認を得ないで、社員が市議会議員に立候補して、その後当選して市議会議員になったことに対し、会社は就業規則に基づいてその社員を懲戒解雇にしたことについての有効性を争った事件です。

判決では、「公民権の行使や公の職務の執行を社員が請求した場合は、会社は拒むことができないという労基法7条があるのですから、公職に就任する場合に、会社の承認を義務づけることはできない」とし、この懲戒解雇は無効であるとされました。

以上の判例から、公民権の行使や公の職務の執行について懲戒解雇はできません。しかし、権利を行使することで著しく会社の業務に影響を与えるようであれば、普通解雇であれば認められる可能性はあります。そのようなことを想定して、あらかじめ就業規則などにルールを定めておきましょう。

ANSWER POINT

♧裁判員の休暇は、「公民権の行使」に該当し、法で認められています。

♧裁判員には日当が支給されます。休暇を有給にするか無給にするかは、会社によって定めることができます。

♧裁判員に選ばれた場合は、「仕事が忙しい」といった理由では辞退することはできません。

♠裁判員制度とは

裁判員制度とは、私たち国民が裁判員として刑事裁判に参加し、被告人が有罪かどうか、有罪の場合どのような刑にするかを裁判官と一緒に決める制度です。国民が刑事裁判に参加することにより、裁判が身近でわかりやすいものとなり、司法に対する国民の信頼向上につながることを目的に、平成21年5月21日から始まりました。

♠裁判員選任までの流れ

裁判員制度は、一定の除外要件に該当しなければ、原則として国民誰でも選ばれる可能性があります。

裁判員に選ばれるまでの流れは、①前年11月頃に裁判員候補者名簿に登録されたことを通知され、就職禁止事由や客観的な辞退事由に該当しているかを確認する調査票を提出、②事件ごとに候補者が選ばれて原則、裁判の6週間までに質問票とともに選任手続期日のお知らせが届き、③選任手続日の当日、裁判員候補者として裁判所に来所し、事件ごとに最終的に原則6人が裁判員に選任されます。

♠裁判員に選ばれた場合の休暇

このように、裁判員に選任されると、裁判所に来所することとなり、仕事を休まざるを得なくなりますが、労基法7条に定める公民権の行使（Q117参照）に該当しますので、休みは認められています。

ただ、その休暇を有給休暇とするか無給休暇とするかは，各企業の判断に委ねられていますが、法務省では裁判員に選ばれた従業員が参加しやすいよ

うに特別な有給休暇として対応するなどの配慮をお願いしています。

♠裁判員に選ばれた場合の賃金

休暇を有給とするか無給とするかは、会社が任意に定めることができます。

なお、裁判員には、1日1万円以内、裁判員候補者1日8,000円以内の日当が国から支給されます（旅費や遠方等で宿泊が必要な場合は宿泊料が別途支給されます）が、この日当は裁判員等としての勤務の対価ではないため、会社が賃金を支給しても「報酬の二重取り」にはなりません。

日当を会社に納付すると定めた場合、支給された日当を会社に納付させて、実質的に労働者が不利益を被るような場合は，裁判員法100条が禁止している不利益取扱いに該当する可能性があります。

例えば、日当が1万円であり、特別の有給休暇に支払われる給与額が6,000円である場合には，日当を納付することで4,000円の不利益を被ることになりますので認められません。

特別の有給休暇に支払われる給与額が1万5,000円で日当が5,000円の場合、差額の5,000円を支給するということであれば問題ありません。

【図表271　裁判員休暇の就業規則規定例】

（裁判員休暇）
第○○条　　従業員が裁判員法により次の事由に該当し、申請があった場合には裁判員休暇を与える。
　（1）　裁判員候補者として通知を受け、裁判所に出頭したとき
　（2）　裁判員もしくは補充裁判員として選任を受け、裁判審理に参加するとき
　2　休暇を申請するときは、裁判所から交付される裁判員候補者通知などを添付して申請するものとする。
　3　裁判員休暇は無給とする。

♠裁判員を辞退することができるか

仕事が忙しいというだけの理由では、辞退はできないことになっています。ただし、とても重要な仕事があり、自身が処理しなければ事業に著しい損害が生じる場合や、裁判員になることにより自分自身や周りの人に経済上の重大な不利益が生じる場合には、辞退が認められることになっています。

仕事を理由とする辞退が認められるかどうかは、「裁判員として職務に従事する期間」「事業所の規模」「担当職務についての代替性」「予定される仕事の日時を変更できる可能性」「裁判員として参加することによる事業への影響」といった観点を総合的に判断され、具体的な事情を勘案した上で判断されます。

兼業ってなに・禁止できるってホント

ANSWER POINT

♤兼業とは、自社だけでなく複数の会社で勤務することであり、最近は、労働者側のニーズもさることながら、会社側が許可することも増えてきています。

♤労働者には「職業選択の自由」が保障されており、また、会社は労働時間外の行動まで社員を拘束することはできないことから、兼業を一方的に禁止することは原則としてできません。

♤労基法では、複数の会社で働いた場合は、それぞれの就業時間を合算して考えるため、自社で時間外労働を行っていなくても、兼業先との労働時間を合わせて時間外労働を行う場合、割増賃金を支払わなくてはならない場合があります。

♠兼業とは

　兼業とは、自社だけでなく複数の会社で勤務することです。従来は、兼業をすすめている会社はあまりなく、就業規則に「会社に許可なく兼業した場合は、懲戒の対象とする」と定めている会社が大勢を占めている状況にありました。

　兼業が禁止される理由としては、兼業することによって疲労が溜まり、遅刻や欠勤、業務の効率性の低下など、会社業務に悪影響を及ぼす可能性があることが挙げられ、自社で力を発揮してもらうということが一般的な考え方だったからでした。

　しかし、最近は、兼業に対する考え方が変わってきています。もちろん、会社に無許可で兼業を行うのは、当然従来どおり禁止していかなくてはなりませんが、ルールを守っている場合には、兼業を許可する会社も増えてきているのです。

♠兼業の現状

　厚生労働省の「副業・兼業の促進に関するガイドライン」によると、図表272からもわかるように、副業・兼業を希望する者は、年々増加傾向にあります。

【図表 272　副業を希望している者の推移】

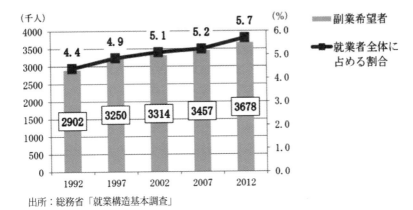

出所：総務省「就業構造基本調査」

　理由としては、次のようなことが挙げられます。

　1つは、給与の問題です。以前のように、大幅なベースアップや定期昇給は難しくなり、また「働き方改革」による残業の上限規制などにより、自社だけでは収入を増やせないという社員が増えてきました。会社としても、自社で給与を上げられない以上は、兼業を認めざるを得ないという理由もあります。

　次に、キャリアの問題です。従来の終身雇用が前提という社会ではなく、自分のキャリアを磨くためには、1つの会社だけではなく、他の会社から経験や知識を得たいという考え方も増えてきています。また、会社の働き方も価値観も多様になり、各社それぞれの魅力の違いが目立つようになってきました。そのため、「給与を得るための仕事」と「やりたい仕事」を分けて考えている社員も少なくありません。会社としても、社員が他社で培った知識や経験を自社で活かしてもらえるというメリットもあります。

♠兼業を一方的に禁止することはできない

　このように、ニーズが増えている兼業ですが、運用には注意が必要です。

　まず、労働者には「職業選択の自由」が保障されていること、また、会社は労働時間外の行動まで社員を拘束することはできず、兼業を一方的に禁止することは、原則的にできません。

　しかし、会社側としては、他社での就業が、肉体的、精神的の損耗により、自社での労働の提供に影響することも考えられますし、また、自社のノウハウや秘密情報の漏洩につながる可能性も否定できません。

そのため、自社での就労に影響を及ぼすほどの疲労につながるような場合や競業会社での就業、会社の名誉や信用を損なう行為、信頼関係を破壊する行為がある場合は、図表272のように「禁止または制限する」と就業規則に定めておくべきでしょう。

【図表 273　就業規則の規定例】

（副業・兼業）

第〇条　労働者は、勤務時間外において、他の会社等の業務に従事することができる。
　　2　労働者は、前項の業務に従事するに当たっては、事前に、会社に所定の届出を行うものとする。
　　3　第 1 項の業務に従事することにより、次の各号のいずれかに該当する場合には、会社は、これを禁止または制限することができる。
　　①　労務提供上の支障がある場合
　　②　企業秘密が漏洩する場合
　　③　会社の名誉や信用を損なう行為や、信頼関係を破壊する行為がある場合
　　④　競業により、企業の利益を害する場合
　　⑤　その他、前各号に準ずる場合

♠労働時間には要注意

重要なのは、労働時間についてです。労基法では、複数の会社で働いた場合は、それぞれの就業時間を合算して考えます。副業の雇用契約書を確認させてもらうなどして、自社と他社の就業時間を把握する必要があります。しっかり管理をしていないと、過労により労災が起きた場合など、自社に責任が及ぶ可能性がありますので注意が必要です。

また、自社では、時間外労働を行っていなくても、割増賃金の支払が必要になる可能性もあります。行政解釈では、複数での労働時間の通算により時間外労働になった場合は、割増賃金を支払うのは、その社員と「時間的に後で労働契約を締結した事業主」とされています。

例えば、A 社で正社員として 8 時間働いていた後に、夜だけ B 社で兼業として就職した場合、その社員は既に A 社で 8 時間働いているわけですから、B 社は、働き始めから割増賃金を支払わなくてはならないのです。

兼業をしている社員に対して、自社で時間外労働を行っていなければ割増賃金は支払わなくてもよいと思っている方も多いかと思いますが、法律上は労働時間を通算して考えなくてはいけませんし、割増賃金についてもこのように考えなくてはならないのです。そのため、兼業を行うときは、社員に他社での労働時間の報告を義務づけることは必須になるのです。未払賃金が生じないように、正しい知識を理解して運用しましょう。

10 期間雇用者・契約社員等の実務ポイント

ANSWER POINT

♤有期契約は、原則として 3 年が上限とされています。

♤有期契約の労働契約を締結している場合は、原則として会社と労働者のどちらでも途中で契約を解消することはできません。

♤1 年を超えて継続勤務している従業員に対して雇用契約の更新を行わない場合は、30 日前までに予告をしなければなりません。

♠会社が従業員と契約できる雇用期間の長さは

労働期間を締結できる期間は、原則として 3 年以内となります。この期間には特例が設けられています。特例は、次の(1)～(3)になります。

(1) 専門的知識などを持っている労働者がそのような専門的知識などを必要とする業務に就く場合には、契約期間を 5 年以内とできます。専門知識に該当する職業は、厚生労働省告示で図表 274 のように定められています。

ただし、専門的な知識を持つ者を雇用しても業務内容が専門知識以外であった場合は、5 年以内の雇用契約を締結することはできず、通常の 3 年以内の雇用期間となります。

【図表 274　専門的知識であって高度なものと認められる職種】

①	博士の学位（外国において授与されたこれに該当する学位を含む）を有する者
②	公認会計士、医師、歯科医師、獣医師、弁護士、一級建築士、税理士、薬剤師、社会保険労務士、不動産鑑定士、技術士、弁理士
③	システムアナリストおよびアクチュアリーに関する資格試験に合格した者
④	特許発明の発明者、登録意匠の創作者、種苗登録品種の育成者
⑤	次のイ、ロに該当する者であって、労働契約の期間中に支払われることが確実に見込まれる賃金の額を 1 年当たりの額に換算した額が 1,075 万円を下回らない者 イ　農林水産業・鉱工業・機械・電気・土木・建築の技術者、システムエンジニア、デザイナーであって、大学卒業後 5 年以上、短期大学・高等専門学校卒業後 6 年以上、高等学校卒業後 7 年以上の実務経験を有する者 ロ　システムエンジニアとして 5 年以上の実務経験を有するシステムコンサルタント
⑥	国、地方公共団体、一般社団法人または一般財団法人によって知識が優れたものと認定されている者

(2)　60 歳以上の労働者との間に締結される労働契約は、5 年以内の期間を設けて締結することができます。

(3)　ダムの建設事業や大規模なトンネル工事を行う場合、工期が 5 年を超えてしまう場合があります。そのような有期事業の場合は、その事業が完了に必要な期間の労働契約を締結することができます。

♦期間雇用者の契約解消

　原則として、契約中は、会社の倒産や労働者側の病気や傷病などといったやむを得ない事由がない限り会社、労働者双方ともに契約期間の途中で解消することはできないとされています。

　実務的には、期間雇用者本人から会社に対して退職届を提出してくるといったケースもあります。この場合、会社はすぐに受理をしなくてもルール上は問題ないことになります。理論的には、損害賠償も請求できます。ただ、損害賠償請求の可能性を示して期間契約満了まで辞めさせないようにするのではなく、今後の契約を双方でよく話し合って決めていくことが重要です。

　労働者には、例外が定められており、労働契約を締結して 1 年を経過すれば、いつでも退職が認められます。

　会社からの解雇も、重大な犯罪行為を行って判決が下ったなどの事情を除けば、期間雇用者を契約の途中で解雇できないと考えるべきでしょう。

♦契約社員に対する雇止め

　契約社員などの有期契約労働者の労働契約を更新しない場合には、少なくとも契約期間が満了する 30 日前までに予告をする必要があります。これを雇止めと呼びます。雇止めの対象となるのは、図表 275 の①～③の条件に該当する有期契約労働者です。

【図表 275　雇止めの対象となる労働者】

①	有期労働契約が 3 回以上更新されている場合。
②	1 年以下の契約期間の労働契約が更新または反復更新され、最初に労働契約を締結してから継続して通算 1 年を超える場合。
③	1 年を超える契約期間の労働契約を締結している場合。

　急に、次の雇用契約は更新しないと会社に言われてしまうと、次の就職先を見つけることが難しいため、30 日前までに雇止めを行うというルールになっています。

Q121 期間雇用者は5年を超えると無期雇用者になれるってホント

ANSWER POINT

♤無期転換の申込みを会社は拒否することはできません。

♤無期転換＝正社員になるというわけではありません。

♠無期転換ルールとは

平成25年4月1日に改正労働契約法が施行され、無期転換ルールが規定されました。無期転換ルールとは、同一の使用者（会社）との間で、有期労働契約が更新されて通算5年を超えたときに、労働者の申込みによって無期労働契約に転換されるルールのことです。

例えば、契約期間が1年の場合では、5回目の更新後の1年間に、無期転換の申込権が発生します。無期労働契約がスタートするのは、申込みをした契約期間終了の翌月に転換されます。

契約期間に定めのある労働者は、その名称にかかわらず、すべて「無期転換ルール」の対象です。なお、「派遣社員」の場合は、派遣元の企業に対して無期転換を申し込むことになります。

【図表276　無期転換ルール例】

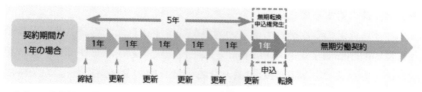

出所：厚生労働省「有期契約労働者の円滑な無期転換のためのハンドブック」より

♠無期転換後の雇用契約

有期契約労働者が使用者（会社）に対して無期転換の申込みをした場合、使用者は断ることができず、無期労働契約が成立することになります。

ただし、無期転換の申込みをしたからといって、必ず正社員になるわけではありません。

転換後の就業規則や給与規程を作成していない場合は、転換後も労働条件は同じになります。

一方で、転換後の労働条件が変更するのであれば、労働協約や就業規則な

10 期間雇用者・契約社員等の実務ポイント

どで別に定めておく必要があります。

　実務的には、労働条件を変えている企業が多いと思います。また、同一労働同一賃金の問題も出てきますので、処遇の整理を行った上で社内規程の整備をしたほうがよいでしょう。

♠クーリングとは

　有期労働契約とその次の有期労働契約の間に契約がない期間が6か月以上あるときは、その空白期間より前の有期労働契約は通算契約期間に含めません。このことをクーリングと呼びます。

　クーリング期間が終了した後に、改めて雇用契約を結んだ場合は、その契約を結んだときから5年を経過すると無期転換申込権が発生します。

【図表277　クーリング期間】

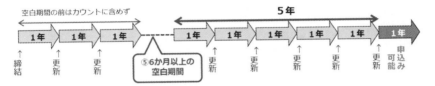

出所：厚生労働省「労働契約法改正のポイント」より

♠無期転換できない期間雇用者

　労働契約法の改正によって、平成25年4月から無期転換ルールが導入されました。このルールには、有期契約雇用特別措置法による例外が設けられています。

　一定の手続を経た図表278の①と②に該当する有期契約労働者の方は、無期転換申込権が発生しません。

【図表278　例外に該当する有期契約労働者】

| ① | 専門的知識等を有する有期契約労働者（高度専門職と呼ばれています）。 |
| ② | 定年に達した後、引き続いて雇用される有期契約労働者（継続雇用の労働者）。 |

　この①②が特別措置法を利用するためには、都道府県労働局長の認定を受けなければなりません。

　提出する申請書類は、高度専門職に関する申請書類は、図表279の「第一種計画認定・変更申請書」となり、継続雇用の高齢者に関する申請書は、図表280の「第二種計画認定・変更申請書」になります。

【図表279　第一種計画認定・変更申請書】

様式第1号

第一種計画認定・変更申請書

年　　月　　日

労働局長殿

1　申請事業主

名称・氏名		代表者氏名 （法人の場合）	
住所・所在地	〒（　　－　　）	電話番号 ＦＡＸ番号	（　　） （　　） 印

2　特定有期業務の内容並びに開始及び完了の日
（1）内容

業務の内容	
	業務が行われる主な事業場の名称：（　　　　　　　　　　　　　）
必要とする 専門的知識 等	□博士の学位　　　□公認会計士　　　□医師　　　□歯科医師　　　□獣医師 □弁護士　　　　　□一級建築士　　　□税理士　　　□薬剤師　　　□社会保険労務士 □不動産鑑定士　　□技術士　　　　　□弁理士 □ITストラテジスト又はシステムアナリストの資格試験に合格している者 □アクチュアリーの資格試験に合格している者 □特許発明の発明者　　　　□登録意匠の創作者　　□登録品種の育成者 □農林水産業・鉱工業・機械・電気・土木・建築の技術者 □システムエンジニア　　　□デザイナー　　　　□システムコンサルタント

（2）開始及び完了の日

開始の日	完了の日	特定有期業務の期間
年　　月　　日	年　　月　　日	年　　月　　日

3　第一種特定有期雇用労働者の特性に応じた雇用管理に関する措置の内容
□教育訓練を受けるための有給休暇又は長期休暇の付与（労働基準法第39条の年次有給休暇を除く）
□始業及び終業時刻の変更　　　□勤務時間の短縮
□その他能力の維持向上を自主的に図るための時間の確保に関する措置（学会参加を含む）
　（　　　　　　　　　　　　　　　　　　　　　　　　　　　　　　　　　　）
□受講料などの金銭的援助
□その他職業能力開発を支援するための教育訓練に係る費用の助成
　（　　　　　　　　　　　　　　　　　　　　　　　　　　　　　　　　　　）
□教育訓練の実施（事業主以外の機関等の施設により行われる教育訓練の受講を含む）
□職業能力検定の実施（他の事業主等が行う職業能力検定の受検を含む）
□業務の遂行に必要な技能及び知識の内容等に関する情報の提供、相談の機会の確保その他の援助
　（　　　　　　　　　　　　　　　　　　　　　　　　　　　　　　　　　　）

〈記入上の注意〉
1.「2（1）内容」の「必要とする専門的知識等」の欄は、該当する専門的知識等の□にチェックして下さい。
2.「3　第一種特定有期雇用労働者の特性に応じた雇用管理に関する措置の内容」は該当する措置の内容の□にチェックして下さい。

〈添付書類〉
1.「3　第一種特定有期雇用労働者の特性に応じた雇用管理に関する措置」を実施することが分かる資料（例：職業能力開発計画、労働契約書の雛形、就業規則等）
2.変更申請の場合は、認定されている計画の写し。

10

期間雇用者・契約社員等の実務ポイント

296

【図表 280　第二種計画認定・変更申請書】

様式第7号

第二種計画認定・変更申請書

年　　月　　日

労働局長殿

1　申請事業主

名称・氏名		代表者職氏名 （法人の場合）		印
住所・所在地	〒（　　－　　）	電話番号 FAX番号	（　　　） （　　　）	

2　第二種特定有期雇用労働者の特性に応じた雇用管理に関する措置の内容

□高年齢者雇用推進者の選任
□職業訓練の実施
□作業施設・方法の改善
□健康管理、安全衛生の配慮
□職域の拡大
□職業能力を評価する仕組み、資格制度、専門職制度等の整備
□職務等の要素を重視する賃金制度の整備
□勤務時間制度の弾力化

3　その他

□高年齢者雇用安定法第9条の高年齢者雇用確保措置を講じている。
　　□65歳以上への定年の引き上げ
　　□継続雇用制度の導入
　　　　□希望者全員を対象
　　　　□経過措置に基づく労使協定により継続雇用の対象者を限定する基準を利用
　　　　（注）高年齢者等の雇用の安定等に関する法律の一部を改正する法律〈平成24年法律第78号〉附則第3項
　　　　　　に規定する経過措置に基づく継続雇用の対象者を限定する基準がある場合

（記入上の注意）
1.「2　第二種特定有期雇用労働者の特性に応じた雇用管理に関する措置の内容」は該当する措置の内容の□にチェック
　して下さい。
2.「3　その他」は、該当する□はすべてチェックしてください。

（添付書類）
1.「2　第二種特定有期雇用労働者の特性に応じた雇用管理に関する措置」を実施することが分かる資料〈例：契約書の
　雛形、就業規則等〉
2. 高年齢者雇用確保措置を講じていることが分かる資料〈就業規則等（経過措置に基づく継続雇用の対象者を限定する基
　準を設けている場合は、当該基準を定めた労使協定書（複数事業所を有する場合は本社分のみで可。）を含む。〉〉
3. 変更申請の場合は、認定されている計画の写し。

Q
121

期間雇用者は5年を超えると無期雇用者になれるってホント

297

Q122 パートタイム労働者の労働条件は

ANSWER　POINT

♤パートタイム労働者とは、１週間の所定労働時間が同一の事業主に雇用される通常の労働者の１週間の所定労働時間に比して短い労働者をいいます。

♤パートタイム労働者については、雇用契約書は作成しなくてもよいですが、労働条件の明示が義務づけられています。

♠パートタイム労働者とは

パートタイム労働者と聞いてイメージするのは、「正社員と比べて働く時間が短い」、「扶養の範囲内で働く」といったことではないでしょうか。パートタイム労働者について定める法律は、「短時間労働者および有期雇用労働者の雇用管理の改善などに関する法律」という少し長い名前の法律なのです。一般的には、「パート労働法」とか「パートタイム労働法」と呼ばれていますが、パートタイム労働者については、パート労働法２条に図表 281 のように定義されています。

【図表 281　パートタイム労働者の定義】

「短時間労働者」とは、１週間の所定労働時間が同一の事業主に雇用される通常の労働者の１週間の所定労働時間に比し短い労働者をいう。

要するに、１週間の所定労働時間が、正社員などのフルタイム労働者と比べて短い雇用形態の人を短時間労働者と定義しているということです。正社員に比べて所定労働時間が少しでも短かったり、働く日数が少なければ、短時間労働者に該当します。

パートタイム労働者の条文では、パートタイム労働者という言葉は出てきません。法律の観点からすると、アルバイトもパートタイム労働者も同じ扱いで「短時間労働者」と呼ばれています。

♠パートタイム労働者の労働条件

パートタイム労働者に対しても労基法が適用されます。雇用契約を締結する場合、図表 282 の項目については、必ず明示をしなければならないルー

ルになっています。

【図表 282　有期雇用労働者の労働条件通知書の記載すべき内容】

①	労働契約の期間
②	有期労働契約を更新する場合の基準
③	就業の場所、従事すべき業務
④	所定労働時間を超える労働の有無
⑤	始業および就業の時刻、休憩時間、休日、休暇、労働者を2組以上に分けて就業させる場合における就業時転換
⑥	賃金（退職手当、臨時に支払われる賃金、賞与など除く）の決定、計算、支払方法、締切り・支払の時期、昇給
⑦	退職（解雇の事由を含む）
⑧	昇給の有無
⑨	退職手当の有無
⑩	賞与の有無
⑪	相談窓口について

　労基法では、パートタイム労働者も含めて、労働者を雇い入れる際には労働条件を明示することが事業主に義務づけられています。「契約期間」「就業の場所と従事すべき業務」「始業・終業の時刻や所定時間外労働の有無、休憩・休日・休暇」「賃金」「退職に関する事項」などについては、すべての労働者に対して文書で明示することが義務づけられています。

　パートタイム労働者については、これらに加えて、「昇給の有無」「退職手当の有無」、「賞与の有無」の3つの事項を文書で交付などにより明示しなければなりません。

　パートタイム労働者が希望した場合は、メールやFAXで明示することも可能です。

　会社の業績や本人の成績などによって賞与や昇給を決定する場合や一定期間の勤続年数が経過した後に退職金の受給資格が生じる場合については、雇用契約書上は「有」とした上で、「業績により不支給の場合あり」や「勤続〇年未満は不支給」など、支給されない可能性もあるということを明示する必要があります。

　なお、雇用契約書の作成は義務ではありませんが、労働条件の明示は義務となります。

Q
122
パートタイム労働者の労働条件は

ANSWER POINT

♤契約社員の労働条件については、理由もなく正社員との待遇に差をつける
　ことはできません。

♤有期契約労働者のすべてが雇止めの対象とはなりません。

♠契約社員の労働条件

　契約社員と呼ばれる雇用期間の定めがある労働者は、正社員（無期契約労
働者）と比べて身分が不安定といわれています。実際に、「雇止めをされて
しまった」「正社員と同じ仕事をしているのに給与が低く設定されている」
といった問題が発生しています。

　そこで、労働契約法20条では、図表283のように期間の定めがあるこ
とによる不合理な労働条件を禁止しています。

【図表283　不合理な労働条件の禁止】

> 　有期労働契約を締結している労働者の労働契約の内容である労働条件が、期間
> の定めがあることにより同一の使用者と期間の定めのない労働契約を締結してい
> る労働者の労働契約の内容である労働条件と相違する場合においては、当該労働
> 条件の相違は、労働者の業務の内容及び当該業務に伴う責任の程度（以下、この
> 条において「職務の内容」という）、当該職務の内容および配置の変更の範囲、そ
> の他の事情を考慮して、不合理と認められるものであってはならない。

　この条文での労働条件は、「労働時間」「雇用期間」「給与」だけではなく、
福利厚生や安全管理なども含まれています。理由もなく、「契約社員にだけ
通勤手当の支給をしない」「契約社員にだけ社員食堂を利用させない」といっ
た対応をすることは認められません。

♠労働条件が不合理な場合の判断基準

　正社員と契約社員の間の待遇差については、次の2つも考慮して不合理
か否かを判断することになります。

① 業務内容・責任の程度

② 配置の変更範囲（配置転換）

　正社員と契約社員で労働条件の待遇に差が認められるケースは、正社員の
業務内容や責任の範囲の違い、配置転換の有無などのルールが明確に定めら

れている必要があります。

厚生労働者は、同一労働同一賃金ガイドラインでは、図表284のように無期契約者と有期契約者の間でどのような差であれば認められるのか具体的な例を踏まえて公表しています。

【図表284　同一労働同一賃金ガイドライン（基本給部分抜粋）】

　　短時間・有期雇用労働者の待遇に関して、原則となる考え方および具体例は次のとおりである。

　1　基本給
⑴　基本給であって、労働者の能力または経験に応じて支給するもの
　基本給であって、労働者の能力または経験に応じて支給するものについて、通常の労働者と同一の能力または経験を有する短時間・有期雇用労働者には、能力または経験に応じた部分につき、通常の労働者と同一の基本給を支給しなければならない。また、能力または経験に一定の相違がある場合においては、その相違に応じた基本給を支給しなければならない。

（問題とならない例）
イ　基本給について、労働者の能力または経験に応じて支給しているA社において、ある能力の向上のための特殊なキャリアコースを設定している。通常の労働者であるXは、このキャリアコースを選択し、その結果としてその能力を習得した。短時間労働者であるYは、その能力を習得していない。A社は、その能力に応じた基本給をXには支給し、Yには支給していない。

ロ　A社においては、定期的に職務の内容および勤務地の変更がある通常の労働者の総合職であるXは、管理職となるためのキャリアコースの一環として、新卒採用後の数年間、店舗等において、職務の内容および配置に変更のない短時間労働者であるYの助言を受けながら、Yと同様の定型的な業務に従事している。A社はXに対し、キャリアコースの一環として従事させている定型的な業務における能力または経験に応じることなく、Yに比べ基本給を高く支給している。

ハ　A社においては、同一の職場で同一の業務に従事している有期雇用労働者であるXとYのうち、能力または経験が一定の水準を満たしたYを定期的に職務の内容および勤務地に変更がある通常の労働者として登用し、その後、職務の内容や勤務地に変更があることを理由に、Xに比べ基本給を高く支給している。

ニ　A社においては、同一の能力または経験を有する通常の労働者であるXと短時間労働者であるYがいるが、XとYに共通して適用される基準を設定し、就業の時間帯や就業日が日曜日、土曜日または国民の祝日に関する法律（昭和23年法律第178号）に規定する休日（以下、「土日祝日」という）か否か等の違いにより、時間当たりの基本給に差を設けている。

（問題となる例）
　基本給について、労働者の能力または経験に応じて支給しているA社において、通常の労働者であるXが有期雇用労働者であるYに比べて多くの経験を有することを理由として、Xに対し、Yよりも基本給を高く支給しているが、Xのこれまでの経験はXの現在の業務に関連性を持たない。

⑵　基本給であって、労働者の業績又は成果に応じて支給するもの
　基本給であって、労働者の業績または成果に応じて支給するものについて、通常の労働者と同一の業績または成果を有する短時間・有期雇用労働者には、業績または成果に応じた部分につき、通常の労働者と同一の基本給を支給しなければならない。また、業績または成果に一定の相違がある場合においては、その相違に応じた基本給を支給しなければならない。
　なお、基本給とは別に、労働者の業績または成果に応じた手当を支給する場合も同様である。

（問題とならない例）
イ　基本給の一部について、労働者の業績または成果に応じて支給しているＡ社において、所定労働時間が通常の労働者の半分の短時間労働者であるＸに対し、その販売実績が通常の労働者に設定されている販売目標の半分の数値に達した場合には、通常の労働者が販売目標を達成した場合の半分を支給している。

ロ　Ａ社においては、通常の労働者であるＸは、短時間労働者であるＹと同様の業務に従事しているが、Ｘは生産効率および品質の目標値に対する責任を負っており、当該目標値を達成していない場合、待遇上の不利益を課されている。その一方で、Ｙは、生産効率および品質の目標値に対する責任を負っておらず、当該目標値を達成していない場合にも、待遇上の不利益を課されていない。Ａ社は、待遇上の不利益を課していることとの見合いに応じて、ＸにＹに比べ基本給を高く支給している。

（問題となる例）
　基本給の一部について、労働者の業績または成果に応じて支給しているＡ社において、通常の労働者が販売目標を達成した場合に行っている支給を、短時間労働者であるＸについて通常の労働者と同一の販売目標を設定し、それを達成しない場合には行っていない。

⑶　基本給であって、労働者の勤続年数に応じて支給するもの
　基本給であって、労働者の勤続年数に応じて支給するものについて、通常の労働者と同一の勤続年数である短時間・有期雇用労働者には、勤続年数に応じた部分につき、通常の労働者と同一の基本給を支給しなければならない。また、勤続年数に一定の相違がある場合においては、その相違に応じた基本給を支給しなければならない。

（問題とならない例）
　基本給について、労働者の勤続年数に応じて支給しているＡ社において、期間の定めのある労働契約を更新している有期雇用労働者であるＸに対し、当初の労働契約の開始時から通算して勤続年数を評価した上で支給している。

（問題となる例）
　基本給について、労働者の勤続年数に応じて支給しているＡ社において、期間の定めのある労働契約を更新している有期雇用労働者であるＸに対し、当初の労働契約の開始時から通算して勤続年数を評価せず、その時点の労働契約の期間のみにより勤続年数を評価した上で支給している。

Q124 社外労働者ってなに・使えるのは

ANSWER POINT

♧社外労働者とは、会社と請負契約や委託契約を締結して働く人のことを指します。

♧社外労働者には労基法は適用されませんが、会社は安全配慮義務を負っています。

♠社外労働者

社外労働者とは、会社とは雇用契約を結ばずに、請負契約や業務委託契約で働く人のことをいいます。具体的には、建設業における下請負会社や孫請負会社の社員などをあげることができます。

請負契約や業務委託契約で働く人は、会社とは雇用契約を結んでいないため、労基法は適用されません。しかし、実態として会社と社外労働者の間に使用従属関係が認められるような場合は、契約上の身分がどのような形になっていたとしても「労働者」としてみなされ、労基法が適用されることになります。

♠安全配慮義務について

労働契約法5条では、会社の安全配慮義務について図表285のように定めています。

【図表285　会社の安全配慮義務】

> 使用者は、労働契約に伴い、労働者がその生命、身体等の安全を確保しつつ労働することができるよう、必要な配慮をするものとする。

労働者は、会社と雇用契約を締結することによって、使用者の指示で、会社から提供された設備や器具などを使って労働をすることになります。

労働契約の内容に安全などに関する取決めがなかったとしても、信義則上当然に、会社は労働者がその生命、身体などの安全（心身の健康を含みます）を確保しつつ労働することができるよう、必要な配慮をしなければなりません。会社が、この義務を怠り、労働者に損害を生じさせたときは、その損害を賠償しなければなりません。この損害賠償は、労災認定による補償とは別

に請求される可能性があります。

　労働契約法５条の「必要な配慮」には、具体的な指針などが示されているわけではありません。労働者の職種、労務内容、労務提供場所などの具体的な状況に応じて、必要な配慮をすることが必要です。

　これまで、安全配慮義務を巡って様々な訴訟が起こされてきました。会社が安全配慮義務を怠っていたとして損害賠償の支払を裁判所から命じられるのは、図表286の①〜③の条件に該当する場合です。

【図表286　安全配慮義務違反になるポイント】

①	予見の可能性（損害が生じることが予測できた）。
②	結果回避義務を果たさなかった。
③	因果関係がある。

♠社外労働者の安全配慮義務は

　労働契約法５条をよく見てみると、「労働者」に対して"配慮するものとする"との記載があります。労働者になるためには、会社と雇用関係が必要となります。請負契約や業務委託契約で働く人は、会社と雇用契約を締結しているわけではないので労働者ではありません。この条文のまま解釈してしまうと、請負契約や業務委託契約で働く人は、会社の安全配慮義務が及ばないことになってしまいます。このような解釈では違和感があるのではないでしょうか。

　社外労働者に対する会社の安全配慮義務については、図表287のような判例があります。

【図表287　社外労働者に対する会社の安全配慮義務についての判例】

> 　下請企業の労働者が社外工（社外労働者）として注文者のＤ造船所で労働をするに当たっては、注文者の管理する設備、工具等を用い、事実上注文者の指揮、監督を受けて稼働し、その作業内容も注文者の従業員と同じであった場合は、下請企業の労働者との間に特別な社会的接触の関係に入ったもので、信義則上、注文者は社外工（社外労働者）に対して安全配慮義務を負う。
> （三菱重工業神戸造船所事件　平成３年４月11日）

　実際に出ている判例は、文章が読みにくいので少し手をいれています。この判例のポイントは、社外労働者であっても、会社に雇用されている従業員と同視できるような仕事内容や、同視できるような職場環境である場合は、直接の雇用関係のない労働者であっても、会社は安全配慮義務を負うということです。

Q 125　業務請負と派遣の違いは

ANSWER POINT
♤労働者派遣は、すべての業種で認められているわけではありません。
♤請負の契約をしていても、注文主と労働者との間に指揮命令関係があると
　労働者派遣に該当します。

♠労働者派遣とは

　派遣労働とは、労働者と派遣労働契約（労働契約）を結んだ会社（派遣元）が労働者派遣契約（派遣契約）を結んでいる会社（派遣先）へ労働者を派遣し、労働者は派遣先の指揮命令を受けて働くことをいいます。

　派遣先は、労働者から労務の提供を受けたことに対し派遣元に派遣料金を支払、派遣元は、派遣労働者が労務を提供したことに対し派遣労働者に賃金を支払ます。

　派遣労働は、労働契約を結んだ会社の指揮命令を受けて働く一般的な働き方とは異なり、指揮命令をする会社と労働契約を結ぶ会社が別であるため、様々な問題が生じることがあります。

【図表 288　派遣労働の関係図】

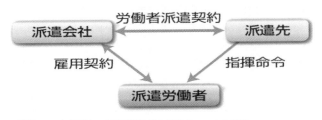

出所：　厚生労働省　「派遣労働者の皆さまへ」より抜粋

　そこで、派遣労働者の保護と雇用の安定などを図るため、労働者派遣法などでルールを定めています。

　派遣労働をすることができない業種としては、①港湾運送業務、②建設業務、③警備業務、④病院等における医療関係業務（ただし、紹介予定派遣・産休等代替・へき地の医師を除きます）、⑤弁護士・税理士等のいわゆる「士」業務（一部例外があります）などを挙げることができます。

　労基法や労働安全衛生法などは、原則として派遣元事業主が責任を負うこ

とになっています。しかし、派遣労働者の場合は、派遣先事業主が責任を負う事項もあるという点には注意が必要です。

【図表289　労基法などの適用】

	派遣元事業主	派　遣　先	双　　方	備　　考
労働基準法	・賃金 ・年次有給休暇 ・災害補償　等	・労働時間 ・休憩 ・休日 ・時間外／休日労働等 ※派遣元の36協定の範囲内で時間外／休日労働が可能	・均等待遇 ・申告を理由とする不利益取扱い禁止 ・強制労働の禁止　等	・派遣元の使用者は、派遣先の使用者が労働者派遣契約に定める就業条件に従って派遣労働者を労働させたならば、労働基準法に抵触することとなる場合においては、当該労働者派遣をしてはならない。
労働安全衛生法	・雇入れ時の安全衛生教育 ・一般健康診断　等	・安全管理者、安全委員会 ・危険防止等のための事業者の講ずべき措置等 ・危険有害業務就業時の安全衛生教育 ・作業環境測定 ・有害な業務に係る健康診断等	・総括安全衛生管理者 ・衛生管理者、衛生委員会 ・作業内容変更時の安全衛生教育 ・健康診断実施後の作業転換等の措置 ・労働者死傷病報告　等	・派遣元の事業者は、派遣先の事業者が労働者派遣契約に定める就業条件に従って派遣労働者を労働させたならば、労働安全衛生法に抵触することとなる場合においては、当該労働者派遣をしてはならない。 ※派遣先は労働基準監督署に提出した労働者死傷病報告の写しを派遣元の事業主に送付しなければならない。
男女雇用機会均等法	（右記以外の規定）	－	・妊娠／出産等を理由とする不利益取扱い禁止 ・職場における性的な言動に起因する問題に関する雇用管理上の措置 ・妊娠中及び出産後の健康管理に関する措置	－

出所：厚生労働省「労働者派遣・請負を適正に行うためのガイド」より抜粋。

♠請負とは

　請負とは、請負会社が発注者と契約の上、仕事を受注します。請負会社と請負労働者は、雇用契約の締結をして受注した業務を行う雇用形態です。

　労働者派遣との違いは、請負には、注文主と労働者との間に指揮命令関係が生じないという点です。注文主と労働者との間に指揮命令関係がある場合には、請負形式の契約により行われていたとしても、労働者派遣事業に該当します。そのため「労働者派遣法」の適用を受けることになるばかりか悪質

な場合は、「偽装請負」として処罰されることもあります。

【図表290　請負の関係図】

出所：　厚生労働省　「派遣労働者の皆さまへ」より抜粋

　労働者派遣に該当するのか請負に該当するのかという判断は、業種、業務
内容、業務遂行の方法などによって判断をしていきますが、場合によっては
簡単に判断をすることができないケースもあります。

　そこで、一定の基準によって明確に判断ができるように「労働者派遣事業
と請負により行われる事業との区分に関する基準」（昭和61年労働省告示
第37号）が定められています（図表291参照）。

【図表291　労働者派遣事業と請負により行われる事業との区分に関する基準】

> ### 労働者派遣事業と請負により行われる事業との区分に関する基準
> （昭和61年労働省告示第37号）
> （最終改正　平成24年厚生労働省告示第518号）
>
> 第一条　この基準は、労働者派遣事業の適正な運営の確保及び派遣労働者の保護等
> に関する法律（昭和六十年法律第八十八号。以下「法」という）の施行に伴
> い、法の適正な運用を確保するためには労働者派遣事業（法第二条第三号に
> 規定する労働者派遣事業をいう。以下同じ）に該当するか否かの判断を的確
> に行う必要があることに鑑み、労働者派遣事業と請負により行われる事業と
> の区分を明らかにすることを目的とする。
> 第二条　請負の形式による契約により行う業務に自己の雇用する労働者を従事させ
> ることを業として行う事業主であっても、当該事業主が当該業務の処理に関
> し次の各号のいずれにも該当する場合を除き、労働者派遣事業を行う事業主
> とする。
> 　一　次のイ、ロおよびハのいずれにも該当することにより自己の雇用する労
> 　　働者の労働力を自ら直接利用するものであること。
> 　　イ　次のいずれにも該当することにより業務の遂行に関する指示その他の
> 　　　管理を自ら行うものであること。
> 　　　（1）　労働者に対する業務の遂行方法に関する指示その他の管理を自ら
> 　　　　行うこと。
> 　　　（2）　労働者の業務の遂行に関する評価等に係る指示その他の管理を自
> 　　　　ら行うこと。
> 　　ロ　次のいずれにも該当することにより労働時間等に関する指示その他の
> 　　　管理を自ら行うものであること。
> 　　　（1）　労働者の始業および終業の時刻、休憩時間、休日、休暇等に関す
> 　　　　る指示その他の管理（これらの単なる把握を除く）を自ら行うこと。

（2）　労働者の労働時間を延長する場合または労働者を休日に労働させる場合における指示その他の管理（これらの場合における労働時間等の単なる把握を除く）を自ら行うこと。

ハ　次のいずれにも該当することにより企業における秩序の維持、確保等のための指示その他の管理を自ら行うものであること。

（1）　労働者の服務上の規律に関する事項についての指示その他の管理を自ら行うこと。

（2）　労働者の配置等の決定および変更を自ら行うこと。

二　次のイ、ロおよびハのいずれにも該当することにより請負契約により請け負った業務を自己の業務として当該契約の相手方から独立して処理するものであること。

イ　業務の処理に要する資金につき、すべて自らの責任の下に調達し、かつ、支弁すること。

ロ　業務の処理について、民法、商法その他の法律に規定された事業主としてのすべての責任を負うこと。

ハ　次のいずれかに該当するものであって、単に肉体的な労働力を提供するものでないこと。

（1）　自己の責任と負担で準備し、調達する機械、設備もしくは器材（業務上必要な簡易な工具を除く）または材料もしくは資材により、業務を処理すること。

（2）　自ら行う企画または自己の有する専門的な技術もしくは経験に基づいて、業務を処理すること。

第三条　前条各号のいずれにも該当する事業主であつても、それが法の規定に違反することを免れるため故意に偽装されたものであって、その事業の真の目的が法第二条第一号に規定する労働者派遣を業として行うことにあるときは、労働者派遣事業を行う事業主であることを免れることができない。

♠偽装請負の代表的なパターン

偽装請負のパターンは、大きく分けて図表 292 の 4 つが存在します。

【図表 292　偽装請負のパターン例】

代表型	請負と言いながら、発注者が業務の細かい指示を労働者に出したり、出退勤・勤務時間の管理を行ったりしています。偽装請負によく見られるパターンです。
形式だけ責任者型	現場には形式的に責任者を置いていますが、その責任者は、発注者の指示を個々の労働者に伝えるだけで、発注者が指示をしているのと実態は同じです。単純な業務に多いパターンです。
使用者不明型	業者 A が業者 B に仕事を発注し、B は別の業者 C に請けた仕事をそのまま出します。C に雇用されている労働者が A の現場に行って、A や B の指示によって仕事をします。一体誰に雇われているのかよくわからないというパターンです。
1 人請負型	実態として、業者 A から業者 B で働くように労働者を斡旋します。ところが、B はその労働者と労働契約は結ばず、個人事業主として請負契約を結び業務の指示、命令をして働かせるというパターンです。

出所：東京労働局ホームページより

Q126 派遣労働者を頼むときの注意点は

ANSWER POINT

♧原則として、派遣労働者は受入期間に制限があります。

♧違法派遣を受け入れてしまうと、労働契約みなし制度の対象となります。

♠派遣先事業所単位の期間制限

　派遣先の同一の事業所（工場、事務所、店舗等、場所的に独立している必要があります）に対し派遣できる期間は、原則、３年が限度となります。仮に、派遣先が３年を超えて派遣を受け入れようとする場合は、派遣先の事業所の過半数の労働組合等からの意見を聴く必要があります。

　３年間の起算日は、期間制限の対象となる労働者派遣を初めて行った日です。それ以降３年までの間に、派遣労働者の交替や、派遣会社を変更して他の労働者派遣契約に基づく労働者派遣を始めた場合でも、起算日は変わりません。派遣可能期間の途中から開始した労働者派遣の場合、派遣を受け入れられる期間は、派遣可能期間の終了までとなります。

【図表293　事業所単位の期間制限】

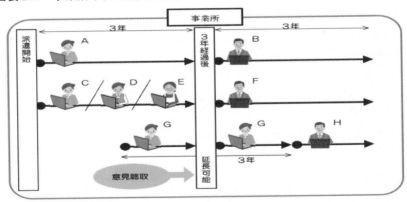

出所：厚生労働省「平成27年労働者派遣法改正法の概要」

♠派遣労働者個人単位の期間制限

　派遣先事業所単位の期間制限とは別に、同一の派遣労働者を、派遣先の事業所で同一の組織単位（いわゆる、課やグループ）に対し派遣できる期間も、３年が限度となります。こちらは、派遣先の事業所の過半数労働組合等から

の意見聴取を行っても延長することができません。

【図表294　個人単位の期間制限】

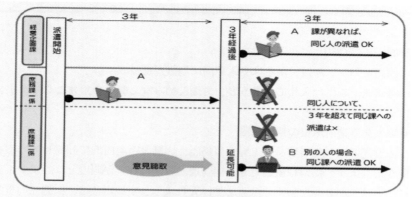

出所：厚生労働省「平成27年労働者派遣法改正法の概要」

　課やグループを変えれば、引き続き同一の派遣労働者を派遣することができますが、事業所単位の期間制限による派遣可能期間が延長されていることが前提となります。

　この場合でも、派遣先は同一の派遣労働者を指名するなどの特定目的行為を行わないように注意してください。派遣労働者の従事する業務が変わっても、同じ組織単位内の中にいる場合は、派遣期間は通算されるのでこの場合は、やはり3年間が限度になります。

♠期間制限のかからない業務

　2つの期間制限について見てきましたが、例外として図表295の場合は期間制限がかからないことになっています。同じ職場の同じ業務をいつまでも派遣労働者として働くことができます。

【図表295　期間制限のかからない業務】

①	派遣元事業主に無期雇用される派遣労働者を派遣する場合。
②	60歳以上の派遣労働者を派遣する場合。
③	日数限定業務（1か月の勤務日数が通常の労働者の半分以下かつ10日以下であるものに派遣労働者を派遣する場合。
④	終期が明確な有期プロジェクト業務に派遣労働者を派遣する場合。
⑤	産前産後休業、育児休業、介護休業等を取得する労働者の業務に派遣労働者を派遣する場合。

♠労働契約みなし制度とは

労働契約申込みみなし制度とは、派遣先が違法派遣を受けた時点で、派遣先が派遣労働者に対してその派遣労働者の雇用主（派遣元事業主）と締結している労働条件と同じ内容の労働契約を申し込んだとみなす制度です。

【図表 296　違法派遣の種類】

①	派遣労働者を禁止業務に従事させること。
②	無許可事業主から労働者派遣の役務の提供を受けること。
③	事業所単位の期間制限に違反して労働者派遣を受けること。
④	個人単位の期間制限に違反して労働者派遣を受けること。
⑤	偽装請負をしている。

ただ、派遣先が違法派遣と知らず、かつ、知らなかったことに過失がなかったときには適用されないことになっています。

派遣労働者がこの申込みに対して承諾する旨の意思表示をすることにより、派遣労働者と派遣先との間に労働契約が成立する仕組みです。

♠立入検査について

行政は、労働者派遣法 48 条第 1 項「厚生労働大臣は、法の施行に関し必要があると認めるときは、労働者派遣をする事業主及び労働者派遣の役務の提供を受ける者に対し、労働者派遣事業の適正な運営又は適正な派遣就業を確保するために必要な指導及び助言をすることができる」に基づいて、派遣元事業主、派遣先等に対する労働者派遣事業制度の周知徹底、指導、助言を通じて違法行為の防止を行っています。

また、それらを行う過程で、法違反の可能性がある場合は、労働者派遣法 51 条 1 項「厚生労働大臣は、法を施行するために必要な限度において、職業安定機関の職員に、労働者派遣事業を行う事業主及び当該事業主から労働者派遣の役務の提供を受ける者の事業所その他の施設に立ち入り、関係者に質問させ、又は帳簿、書類その他の物件を検査させることができる」に基づいて事業所に立入検査を行うこともできます。

事業所への立入調査などが行われれば、調査の準備や調査中は、本来行うべき業務をすることができなくなります。会社にとって相当なデメリットが生じることになりますので、知らない間に違法状態になっていたということがないように、しっかりと運用をしていく必要があります。

外国人労働者を雇用するときの注意点は

ANSWER　POINT

♤在留資格の内容と業務内容が合致していなければ不法就労になります。

♤不法就労の外国人を使用している会社は、不法就労助長罪が適用される可能性があります。

♠外国人が日本で働くためには

　外国人が、日本に就労目的で入国するためには、与えられている在留資格の内容と業務の内容が合致している必要があります。

　在留資格とは、外国人が日本に上陸し、出入国在留管理庁が在留許可を受けて国内で活動する際の滞在目的を示す資格のことで、目的や条件に応じて決定されるものです。日本に滞在する外国人は例外なく、在留資格を持っています。

　これまでは、高度な技術、専門性を持った外国人のみを受け入れる方針をとっていたので、原則的に外国人の単純労働を認めていませんでした。しかし、2019年4月の改正で、建設、農業、造船、宿泊、介護などの業種については、一定の技能や日本語能力を持っていれば在留が認められ、単純労働も含めて働くことが認められました。

　外国人労働者は、この与えられた在留期間内での活動が可能です。期間を過ぎても就労している場合は、不法就労となり、会社も罰せられる可能性があります。継続的に外国人労働者を雇う場合は、在留資格の期限についても管理を怠らないことが重要です。「知らぬ間に在留期限を超過していたまま働かせていた」ということのないようにしましょう。

　外国人労働者は、日本国内で自由に働くことはできません。しかし、「留学」や「家族滞在」等の在留資格を持っている外国人に関しては、資格外活動許可を受けることによって日本国内で就労することが可能になります。

　資格外活動許可を持っている外国人は、業種を問わず就労することが可能ですが、風俗営業または風俗関連営業が含まれている営業所にかかわる場所については就労することはできません。

　また、留学の在留資格に場合は、労働できる時間に制限があります。この時間を超えて働いてしまうと不法就労になってしまいます。

【図表297　就労が認められる在留資格】

在留資格	該当例
外交	外国政府の大使、公使等及びその家族
公用	外国政府等の公務に従事する者及びその家族
教授	大学教授等
芸術	作曲家、画家、作家等
宗教	外国の宗教団体から派遣される宣教師等
報道	外国の報道機関の記者、カメラマン等
高度専門職	ポイント制による高度人材
経営・管理	企業等の経営者、管理者等
法律・会計業務	弁護士、公認会計士等
医療	医師、歯科医師、看護師等
研究	政府関係機関や企業等の研究者等
教育	高等学校、中学校等の語学教師等
技術・人文知識・国際業務	機械工学等の技術者等、通訳、デザイナー、語学講師等
企業内転勤	外国の事務所からの転勤者
介護	介護福祉士
興行	俳優、歌手、プロスポーツ選手等
技能	外国料理の調理師、スポーツ指導者等
特定技能	特定産業分野の各業務従事者
技能実習	技能実習生

出所：出入国在留管理庁「在留資格特定技能について」より抜粋。

♠身分や地位に基づく在留資格

　次に「身分または地位に基づく在留資格」を見ていきましょう。「身分または地位に基づく在留資格」とは、前述したような特別な技術を持っているのではなく、日本人の配偶者や日系人といったような、身分または地位に基づいて判断される在留資格のことです。

　「身分または地位に基づく在留資格」の種類として、法務大臣から永住の許可を受けた「永住者」や「永住者の配偶者等」、「日本人の配偶者等」、難民や日系人が該当する「定住者」の4つの資格があります。

313

「活動に基づく在留資格」を持っている外国人が日本で就労するには、相当程度の制限がかかりますが、「身分または地位に基づく在留資格」を持っている外国人は、日本人が就労することができる職種であればほとんどのケースで就労することが可能です。

【図表298　身分・地位に関する在留資格】

在留資格	該当例
永住者	永住許可を受けた者
日本人の配偶者等	日本人の配偶者・実子・特別養子
永住者の配偶者等	永住者・特別永住者の配偶者，我が国で出生し引き続き在留している実子
定住者	日系3世，外国人配偶者の連れ子等

出所：法務省「在留資格一覧表」

♠外国人を不法就労させてしまうと

外国人を不法就労させてしまった場合、事業主は罰則を受けることになります。「不法就労」とは、不法に入国したり、在留期間を超えて不法に残留しているといった正規の在留資格を持たない外国人が日本で働くことをいいます。正規の在留資格を持っている外国人であっても、その資格外の活動で働くと不法就労の対象となりますので注意が必要です。

不法就労外国人と認識して雇用した場合は、入国管理法より「不法就労助長罪」を問われることがあります。不法就労助長罪は図表299の3項目が処罰の対象です。

【図表299　不法就労助長罪に該当する3つの項目】

①	事業活動に関し、外国人を雇用する等して不法就労活動をさせる行為。
②	外国人に不法就労をさせるために、これを自己の支配下に置く行為。
③	業として、外国人に不法就労活動をさせる行為または②の行為に関し斡旋する行為。

例えば、会社が不法就労であることを知りながら外国人を雇い、労働させる行為は、①に該当します。このような行為を行った事業主は、3年以下の懲役もしくは300万円以下の罰金となります。

一定の業種で外国人労働者の単純労働が認められるようになりました。今後は、人材不足の影響もあり外国人労働者が増えることは間違いありません。自社で雇用する際は、不法就労にならないようにしていく必要があります。

Q128 外国人労働者の職業訓練の実施要件は

ANSWER POINT

♧外国人労働者を就業制限業務に就かせるときは、技能講習を受講してからでなければなりません。

♧技能講習は、就業制限業務に就く場合のみ必要になります。

♠就業制限業務とは

労働安全衛生法61条では就労制限業務について図表300のように定めています。

【図表300 就業制限業務】

> 会社は、クレーンの運転、その他の業務（就業制限業務といいます）については、次の①～③に該当する労働者でなければ、その業務を行わせてはならない。
>
> 就業制限業務を行うことのできる労働者

①	都道府県労働局長の免許を受けた者
②	都道府県労働局長の登録を受けた者が行う技能講習を修了した者
③	その他厚生労働省令で定める資格を有する者

> 具体的に就業制限をされている業務の代表的なものには次のような業務があります。これらの業務は、作業中のミスによって怪我だけでなく命も落としてしまう可能性があります。そのため、就業に制限があるのです。
>
> 就業制限業務

①	発破の場合におけるせん孔、争点、結線、点火ならびに不発の装薬または残薬の点検および処理の業務
②	最大荷重が1トン以上のフォークリフトの運転
③	作業床の高さが10メートル以上の高所作業車の運転の業務（道路上を走行させる運転を除きます）

♠外国人労働者に対しての技能講習の実施

建設業に従事する外国人労働者の場合、就業制限業務に就く場合もあります。その際に、しっかりと技能講習を行わなければ、大規模な労働災害が発

生してしまう可能性があります。日本語で日常会話が問題なくできていても、技能講習は専門用語が使用されます。

　そこで、図表 301 のように外国人労働者に対する技能講習実施要領が示されています。

【図表 301　外国人労働者に対する技能講習実施要領】

　1　本要領の趣旨
　　本要領は、日常生活に必要な日本語の理解力を有するが、専門的、技術的な事項に関する日本語の理解力が十分でない外国人労働者（以下単に「日本語の理解力が十分でない外国人労働者」という）に対して、その日本語の理解力に配慮した技能講習が適切に実施されるようにするために定めるものである。
　2　技能講習の実施
　　日本語の理解力が十分でない外国人労働者に対して行う技能講習は、労働安全衛生法 61 条に定める就業制限業務にかかる技能講習に限ることとし、次により実施すること。
⑴　外国人労働者向けコースの設置
　　日本語の理解力が十分でない外国人労働者に対して技能講習を行う場合には、原則として外国人労働者向けコースを別途設置すること。
⑵　通訳の配置
　　講師が外国語に堪能でない場合には、通訳を配置して行うこと。
　　なお、通訳は、当該技能講習の講習科目に関する専門的、技術的な知識を有している者が望ましいこと。
⑶　講習時間
　　通訳を配置して技能講習を実施する場合には、通訳に要する時間は、各技能講習規程に定める学科講習に係る講習時間に含めないこと。
　　なお、通訳に要する時間は、通訳の速度を考慮の上、日本語による技能講習の内容をそのまま訳すのに過不足のない時間とすること。
⑷　修了試験
　イ　修了試験問題の程度は、通常の技能講習におけるものと同等のものとすること。
　ロ　修了試験のうち学科試験は、原則として筆記試験により行うと。
　ハ　筆記試験は、原則として試験問題を外国語に翻訳して行うこととするが、試験問題を外国語で読み上げ、受講者に解答させる方法としても差支えないこと。この場合、試験の適正な実施に十分留意すること。
⑸　適切な教材の使用
　　外国語によるテキスト、模型および OHP、ビデオ等の視聴覚教材の活用に努めること。なお、外国語による技能講習の補助テキストについて、現在、逐次関係団体において作成しているところであること。
　3　技能講習修了証の発行
⑴　氏名の欄は、旅券または外国人登録証明書に記載されている氏名を記入すること。
⑵　本籍地の欄は、国籍を記入すること。
　4　業務規程の変更
　　日本語の理解力が十分でない外国人労働者を対象として、技能講習を実施する指定教習機関は、業務規程に定める事項のうち、技能講習の時間および方法に関する事項、技能講習の受講料等に関する事項等必要な事項について変更を行い、所轄都道府県労働基準局長の認可を受ける必要があること。なお、通訳を配置して技能講習を行う場合には、技能講習の時間および方法に関する事項として、その旨および通訳に要する時間を記載すること。

　技能講習を受講した後も、労働災害防止のための措置の方法を外国人労働者にも理解してもらう必要があります。

11 就業規則の実務ポイント

就業規則ってなに・その役割は

ANSWER POINT

♤就業規則とは、その職場の労働条件や労働者が守るべきルールを定めたもので、常時10人以上の労働者が使用される事業所は作成・届出義務があります。

♤就業規則は、事業所ごとに作成し、事業所ごとに届出をします。労働者数には、パート・アルバイトなども含まれます。

♤就業規則により、労働者は安心して働くことができ、職場の秩序を守ることができます。

♠就業規則とは

　就業規則とは、労働時間や賃金などの労働条件や、労働者が守らなければならないルールを具体的に定めたものです。

　就業規則で定めた労働条件は、その職場における労働条件の最低基準としての効力を持ちます。そのため、就業規則に定める基準以下の労働契約を定めた場合、その部分の契約は無効になり、就業規則における基準が適用されます。

　また、労基法89条において、常時10人以上の労働者を使用する使用者は、就業規則を作成し、所轄の労基署長に届け出ることが定められています。就業規則の内容を変更した場合にも、届出義務があります。届出の際には、過半数労働組合や労働者代表の意見を聴き、意見書を添付しなければなりません。

　また、就業規則は、労基法に定められた方法で労働者に周知し、いつでも見られる状態にしておかなければなりません。

【図表302　就業規則の作成・届出義務】

労働者数	作成義務	届出義務
常時10人以上	就業規則の作成義務あり	所轄労働基準監督署長に届出
常時10人未満	就業規則の作成義務なし	届出義務なし

♠就業規則の作成基準

　労働者数の判断は、事業所ごとに行ないます。常時10人以上の労働者とは、

常に出勤している人数ではなく、常態として所属している労働者が 10 人以上の場合を指します。

　労働者には、パート、アルバイトや就業時間が短い労働者、契約社員なども含まれます。

　ただし、派遣社員は、派遣先ではなく派遣元の労働者とするため、人数からは除きます。

　本社のほかに、10 人以上の人数が所属している支店や工場などがある場合には、それぞれの事業所ごとに就業規則を作成、届出しなければなりません。

　ただし、規模が小さく、独立性を持たない場所であれば、上位の組織に一括された事業所として扱われます。

【図表 303　常時 10 人以上の労働者とは】

適用範囲	企業全体ではなく、事業所ごとに判断する
常時使用とは	出勤している人数ではなく、雇用（所属）人数で判断する。 一時的に使用労働者が 10 人未満となる場合でも作成義務はあるが、一時的に 10 人以上を使用する場合の作成義務はない。
労働者の範囲	正社員、パート、アルバイト、嘱託職員、臨時職員も含む。 派遣社員は、派遣元の労働者数に含め、派遣先では除く。

♠就業規則の持つ意味

　就業規則には、労働条件が具体的に明示されています。就業規則の内容を周知することにより、労働者は労働条件や理念を理解し、安心して働くことができます。

　また、ルールや罰則を定めることにより、職場の秩序を守り、トラブルを事前に防ぐことができます。

　就業規則を労使双方が遵守することは、労使関係の安定をもたらし、企業の発展につながります。

　減給や懲戒解雇などの懲戒は、就業規則にそれらの規定を定めていなければ行うことができません。万が一、労使トラブルが起きた場合にも、就業規則の内容は重要な判断基準となります。そのため、10 人未満で就業規則の作成義務がない場合も、労務管理のためには就業規則を制定することが望ましいと考えられます。

　また、社会情勢などの変化や法改正、労働条件の改定などに合わせ、就業規則も常に見直し、改定していく必要があります。

Q130 就業規則の構成・記載事項は

ANSWER POINT

♧就業規則として1冊にまとめるのではなく、賃金規程、育児介護休業規程などの規程を別冊として作成することも可能です。

♧就業規則には、必ず記載しなければならない「絶対的必要記載事項」の項目があります。

♧任意的記載事項として、会社理念などを自由に記載することもできます。

♠別規定の作成

就業規則は、すべてを1冊にまとめる必要はありません。賃金、育児介護休業などの規程を別冊として作成することも可能です。しかし、その場合でも就業規則の制定と同じ手続を行う必要があり、労基署への届出、労働者への周知も行なわなければなりません。

平成11年の労基法改正前は、「賃金」「退職手当」「安全および衛生」など、一部の規程しか別に定めをすることができませんでしたが、改正後は制限が撤廃されました。

また、パートタイム労働者など、雇用形態に合わせて就業規則を分けることもできます。その場合も、過半数労働組合または労働者代表の意見を聴かなければなりません。

ただし、パートタイム労働法など、別法で意見聴取の方法を定めている場合もあります。

【図表304　別規程の作成について】

規定内容	届出、周知など	労働者代表の意見
自由に分けることができる	就業規則と同じように、届出・周知義務あり	労働者代表の意見を聴かなければならない

♠絶対的必要記載事項と相対的必要記載事項

就業規則においては、必ず定めをし、記載しなければならない「絶対的必要記載事項」と、その事項について制度を定めた場合には必ず記載しなければならない「相対的必要記載事項」があります（労基法89条）。

絶対的必要記載事項に不備があった場合、労基法違反とはなりますが、それに

より就業規則の効力が無効となるわけではありません（S 25.2.20 基収 276 号）。

　相対的必要記載事項とは、定めをする場合には記載しなければならない事項です。実際には多くの就業規則でこの項目も記載されています。

【図表 305　絶対的必要記載事項、相対的必要記載事項とは】

絶対的 必要記載事項	必ず定め、記載しなければならない	①　始業時刻、就業時刻、休憩時間、休日、休暇、労働者を 2 組以上に分けて交替に就業させる場合においては就業時転換に関する事項
		②　賃金（臨時の賃金等を除く）の決定、計算および支払の方法、賃金の締切り、支払の時期、昇給に関する事項
		③　退職に関する事項（解雇の事由を含む）、定年制、契約期間満了による退職など
相対的 必要記載事項	その定めをするのであれば、必ず記載しなければならない	①　退職手当の適用される労働者の範囲、退職手当の決定、計算、支払の方法、支払の時期に関する事項
		②　臨時の賃金等（退職手当を除く）、最低賃金に関する事項
		③　労働者に食費、作業用品その他を負担させる場合の関係事項
		④　安全および衛生に関する事項
		⑤　職業訓練に関する事項
		⑥　災害補償および業務外の傷病扶助に関する事項
		⑦　表彰および制裁の種類・程度に関する事項
		⑧　①〜⑦までのほか、事業場の労働者のすべてに適用される定めに関する事項（福利厚生、休職の定めなど）
任意的 記載事項	自由に記載できる	企業理念、企業方針、雇用理念、期待する人材像、就業規則の制定趣旨など

◆任意的記載事項とは

　任意的記載事項とは必ず記載する必要はなく、自由に記載することができる事項のことです。

　例えば、企業理念や、就業規則の制定趣旨、条文についての解説などを記載することで、思いを共有することや、労働者の理解を深めることなどができます。ただし、法律に違反する内容などを記載してはいけません。

Q131　就業規則の作成・周知・届出の手続は

ANSWER　POINT

♤就業規則を作成・変更する際は、過半数組合または労働者の過半数代表者の意見を聞かなければなりません。

♤パートタイム労働者等の就業規則を作成する場合、できるだけパートタイム労働者の意見を聴くようにしなければなりません（パートタイム労働法7条）。

♤周知は、労基法に定められた方法で行います。また、届出を行う場合、意見書を提出しなければなりません。

♠就業規則作成の手続

就業規則の内容は、使用者が一方的に定めることができます。ただし、就業規則で定める労働条件は、労基法で定める基準以上でなければなりません。

また、就業規則を作成したり変更する際には、労働者の過半数で組織する労働組合、労働組合がない場合は労働者の過半数を代表する者の意見を聴き、届出の際にはその意見を記した意見書を添付する必要があります（労基法90条）。

同意を得る必要はないため、意見の内容が就業規則に対する反対意見を提出した場合でも、労基署への届出は受理され、就業規則の効力は有効となります。しかし、トラブルを未然に防ぐという意味でも、内容を説明して理解を得ることが望ましいでしょう。

【図表306　労働者代表の意見】

労働者代表とは	・当該事業場において労働者の過半数で組織される労働組合 ・労働組合がない場合は、労働者の過半数を代表する者（管理監督者ではないこと。労働者の過半数代表者の選出のためであることを明確にした投票、挙手などの方法で選ばれた者）
反対意見を出した場合	労働者代表の意見を聴取しているため、就業規則は有効

♠パートタイム労働者等の就業規則

パートタイム労働者や嘱託労働者などに関しても、できるだけ独自に就業

11

就業規則の実務ポイント

322

規則を定めたほうがよいでしょう。正社員のみの就業規則しか定めていない場合、正社員用の就業規則をそれらの労働者にも適用することになってしまいます。

別の就業規則を作成する場合は、実際にその就業規則が適用されるパートタイム労働者や嘱託労働者などの代表者の意見も聞くように努めることが大切です。特に、パートタイム労働者に関しては、パートタイム労働法で意見聴取に努めることが定められています。

【図表307　パートタイム労働法の就業規則】

第7条（就業規則作成の手続）
　事業主は、短時間労働者にかかる事項について就業規則を作成し、または変更しようとするときは、当該事業所において雇用する短時間労働者の過半数を代表すると認められる者の意見を聴くように努めるものとする。

◆周知・届出の方法

労基法106条に「法令等の周知義務」が定められています。就業規則もその中に含まれており、「作業場の見やすい場所へ掲示し、または備え付けること、書面を交付すること、その他の厚生労働省令で定める方法」により周知徹底することが求められています。

労基法では、労働条件の明示が求められていることから、就業規則の交付による周知が望ましいと考えられます。その場合、外部への流出を防ぐために、管理を厳しくするなどの対策も必要です。

就業規則の届出を行う際には、労働者代表の意見を記載した意見書を提出しなければなりません。意見書には労働者代表の署名または記名押印が必要です。

また、就業規則は、電子媒体により届出を行うことができますが、その場合でも意見書は書面により提出しなければなりません。

【図表308　就業規則の周知方法（労基則52条の2）】

①	常に各作業場の見やすい場所に掲示または備え付ける。
②	各労働者に書面で渡しておく。
③	磁気テープ、磁気ディスクなどに記録し、各作業場に労働者がいつでも確認できる機器を設置する。

さらに、支店や営業所がある場合は、それぞれの場所でも「周知する」ことが必要です。

就業規則に定めができる制裁は

ANSWER POINT

♤制裁は、就業規則の定めに則って行わなければなりません。

♤減給の定めについては、労基法により制限があります。

♤懲戒処分の原則を守り、権利の濫用とならないよう注意しましょう。

♠制裁をするときは

　労働者が就業規則に定める規定に違反した場合、その制裁として懲戒処分を行うことができます。ただし、就業規則に懲戒処分の理由・種類・程度を具体的に定めた規定がない場合、懲戒を行うことはできません。

　なお、きちんと就業規則に定めている場合でも、拡大解釈などによる懲戒は認められません。

　また、懲戒の内容は自由に定めることができますが、法令、労働協約、社会通念などに反するものは無効になることがあります。

【図表 309　懲戒処分事由の定めの有無にかかる判例】

■フジ興産事件（平成 15 年 10 月 10 日　第二小法廷判決）
　解雇された労働者が、周知されていない就業規則に基づく解雇は無効であると主張。二審で解雇は有効とされたため、上告した。
　判決は、「使用者が労働者を懲戒するには、あらかじめ就業規則において懲戒の種類および事由を定めておくことを要する」と。

♠減給の制限

　減給を行う場合、その額があまりに多いと労働者の生活に影響が出ることから、労基法 91 条により制限が加えられています。

　労働者に対して減給の制裁を定める場合においては、1 回の額が平均賃金の 1 日分の半額を超えてはならず、また総額が 1 支払日における賃金の総額の 10 分の 1 を超えてはなりません。

　ただし、1 日に複数の減給の制裁が行われた場合、合計額が 1 日の平均賃金の半額を超えることは認められています（昭 23.9.20 基収 1789 号）。

　なお、就業規則に定めがある場合、賞与からの減給も認められますが、その場合においても 1 回の額と総額の上限についての規制は守らなければなりません（図表 310）。

【図表 310　減給の制裁】

1回の額の上限	平均賃金の1日分の総額
1賃金支払期の総額の上限	賃金の総額の10分の1

◆懲戒処分の原則

　懲戒処分を行なう場合「罪刑法定主義」「不可及の原則」「一事不再理」「平等取扱いの原則」「相当性の原則」「個人責任の原則」「適正手続の原則」を守らなければなりません（人事院「懲戒処分の指針について（通知）」（H12.3.31　68号、同20.4.1改正）。

　これらの原則が守られていない場合は、その懲戒は合理的な理由を欠き、懲戒権を濫用したものとして無効となります（労働契約法15条）。

　また、懲戒処分を行うことは、違反を戒め、2度と違反行為がないようにすることが目的です。懲戒が目的とならないよう、服務規律についての教育を行い、懲戒を行う必要のない状態を目指さなくてはなりません。

【図表 311　懲戒処分の原則とは】

罪刑法定主義	懲戒の理由・種類・程度が就業規則に明記されていなければならない。
不可及の原則	規定を設ける前の違反について、さかのぼって懲戒を行うことはできない。
一事不再理	1つの違反に対し、複数の懲戒を行うことは許されない。
平等取扱いの原則	違反者の地位などにより懲戒の程度を変更することは許されず、平等に処分しなければならない。
相当性の原則	懲戒の内容は、違反の種類・程度・その他の事情に照らして、妥当とされるものでなければならない。
個人責任の原則	別の労働者の違反に対し、連座して懲戒を行うことは許されない。
適正手続の原則	規則などで定められた適正な手続によって懲戒を行わなければならない。

　図表 311 の原則を満たしているかが問われるため、主観での処分はできません。原則を遵守し毅然と制裁を行うことが、会社秩序を堅固に守ることとなります。

Q133 意見聴取・届出・周知を しなかったときは

ANSWER POINT

♤意見聴取を行わなかった場合、労基法違反として罰則があります。ただし、それにより就業規則が無効となるわけではありません。

♤届出を行わなかった場合、また作成や変更を行わなかった場合も労基法違反として罰則があります。

♤周知義務を怠った場合も、労基法違反となります。また、周知が不十分だと就業規則が無効とされる場合もあります。

♠意見聴取を行わなかった場合

就業規則の作成・変更について、労働者代表の意見を聴かなかった場合、労基法違反として30万円以下の罰金が科されます（労基法120条）。

意見聴取を行わず、労基法違反となった場合でも、そのために就業規則自体が無効となるわけではありません。

周知がなされていたことにより就業規則自体は有効とする判例もあります。しかし、意見聴取を行わなくてもいいということではありません。

また、労働者代表が意見書を提出しない場合などでも、使用者が意見を聴き、理解を得るため努力していることが客観的に証明できれば、意見書を提出しなくとも就業規則は受理され、有効となります（昭23.5.11　基発第735号、昭23.10.30　基発第1575号）。

【図表312　意見聴取にかかる就業規則の効力に関する判例】

■シンワ事件（平成10年3月3日　東京地判）
解雇された労働者が、就業規則は従業員の代表としての資格を欠く者の意見書を添付して届出ており、労基法90条に違反して無効であると主張。
判決は、「従業員の意見の聴取手続について同条（労基法90条）の規定に違反するとしても、それが直ちに就業規則の効力を失わせるものではないと解すべき」とのこと。

♠届出、作成、変更を行わなかったときは

就業規則の制定、変更の際に、監督署への届出の義務を怠った場合も労基法違反として30万円以下の罰金となります。しかし、そのために就業規則が必ずしも無効になるのではなく、やはり労働者への周知がきちんと行われていた場合には、、就業規則は有効とされます。

11　就業規則の実務ポイント

また、常時 10 人以上の労働者を使用している事業所が就業規則の作成を怠った場合、労働契約の変更や最低賃金の改定などが行われたが就業規則の変更を怠った場合なども、やはり労基法違反となり 30 万円以下の罰金が科せられます。

【図表 313　就業規則の効力に関する判例】

■ＮＴＴ西日本事件（平成 13 年 3 月 30 日　京都地判）
　就業規則の変更により労働者の賃金の減額が行われたが、就業規則は労基署に届けられていなかったため、就業規則の変更は無効であると主張。
　判決は、「労基署に対する就業規則の届出は、就業規則の内容についての行政的監督を容易にしようとしたものに過ぎないから、届出は就業規則の効力発生要件ではなく、使用者が就業規則を作成し、従業員一般にその存在および内容を周知させるに足る相当な方法を講じれば、就業規則として関係当事者を一般的に拘束する効力を生じると解すべきである」と。

♠周知義務違反

　就業規則を周知しなかった場合、労基法違反として 30 万円以下の罰金が科せられます。過去には、掲示や配布を行都っていたにもかかわらず、十分に周知されていないとして、就業規則の内容が無効とされた判例もあります。

　ただ明示するだけではなく、労働者が理解できるように伝えることが、周知義務を果たすためには必要となっています。

　何より、就業規則の周知や遵守はトラブルの防止や労使関係の安定のためにも重要です。単に掲示するだけではなく、それぞれ規則の目的や意図を説明し、労働者の理解を求めるように努めましょう。

【図表 314　周知義務違反にかかる判例】

■中部カラー事件（平成 19 年 10 月 30 日　東京高判）
　退職した労働者が、退職金に関する就業規則の変更について、周知が行われていなかったため無効であると主張。
　判決は、「経営会議、全体朝礼等での説明や休憩室の壁掲示などでは、退職金の計算についての従業員への周知が十分でなく、したがって同変更は無効である」と。

♠就業規則の周知の方法

　労基法では、就業規則の周知の方法を次のように定めています。

○　常時、職場の見やすいところに掲示するか、備え付ける。

○　社員に就業規則を配布する。

○　磁気テープ、磁気ディスク等に記録し、端末で見られるようにする。

　「周知」とは、社員が就業規則の内容を確認したいと思ったときには、いつでも確認できる状態にしてあるということです。

就業規則の効力はいつから

ANSWER　POINT

♤就業規則の内容を従業員に周知させて初めて効力が発生します。

♤施行日や届出日ではなく、周知日から効力が発生することになります。

♤就業規則の内容が合理的である場合は、それを実際に知っているか、個々の労働者が同意したかにかかわらず、効力は発生します。

♠内容を周知させたときに効力発生

　就業規則は、その内容を労働者に周知させたときに初めて効力が発生します。就業規則の内容が周知されていなければ、労働者は労働条件について知ることもできず、定められた規則も守りようがないため、就業規則の効力は発生しません。

　つまり、作成・変更や届出を行った場合でも、労働者への周知が行われていない限り、効力は認められません。労働者側への意見聴取が行われ、労基法における周知が行われていなかった就業規則を有効とした判例(昭27.10.22　朝日新聞社小倉支店事件　最高裁)もありますが、就業規則を理解、遵守することが労使関係の安定につながるという目的から考えても、周知は正しく行わなければなりません。

　意見聴取や届出が行われていない場合には、労基法の違反とはなりますが、周知が行われていた場合、就業規則自体の効力は認められます。

【図表315　就業規則の効力に関する判例】

■フジ興産事件（平成15年10月10日　最二小判）
　解雇された労働者が、周知されていない就業規則に基づく解雇は無効であると主張。二審で解雇は有効とされたため、上告した。
　判決は、「就業規則が法的規範としての性質を有するものとして、拘束力を生ずるためには、その内容を適用を受ける事業場の労働者に周知させる手続が採られていることを要するものというべきである」と。

♠労働者への周知と施行日

　就業規則の作成、変更を行う場合、施行日を定めることとなります。作成や変更を行う以前の日に遡って施行日とすることはできません。

　また、施行日を定めた場合、その日までに労働者に規則の内容を周知しな

ければなりません。施行日までに周知がなされていなかった場合、施行日からではなく、周知が行われた日から就業規則の効力は有効となります。

さらに、周知は行ったが届出を行うのが遅れてしまう場合も考えられます。届出は義務とされていますが、就業規則の効力発生のために必要とはされていません。そのため、届出日からではなく、周知を行った日から有効となります。

【図表316　就業規則の効力発生日】

施行日当日	周知なし	周知日から効力発生
施行日当日	周知済み	施行日から効力発生
周知済み	届出遅れ	周知日から効力発生

♠就業規則の内容を知らなかったり、反対している労働者がいる場合

就業規則の内容を知らない労働者がいる場合や、その内容に反対している労働者がいる場合であっても、それにより就業規則が無効となるわけではなく、またその労働者に就業規則が適用されないということもありません。

判例でも、「就業規則の内容が合理的である限り、事業場の労働者は、就業規則の存在および内容を現実に知っていると否とにかかわらず、また、これに対して個別的に同意を与えたかどうかを問わず、当然にその適用を受けること」とされています（昭61.3.13　日電電公社帯広局事件　最高裁判）。

【図表317　就業規則の存在にかかる判例】

> ■秋北バス事件（昭和43年12月25日　最高裁判）
> 　就業規則の変更により、主任以上の労働者の定年が50歳とされた。そのために定年で解雇された労働者が変更は無効であると主張した。
> 　判決は、「就業規則は、当該事業場内での社会的規範たるにとどまらず、法的規範としての性質を認められるに至っているものと解すべきであるから、当該事業場の労働者は、就業規則の存在および内容を現実に知っていると否とにかかわらず、また、これに対して個別的に同意を与えたかどうかを問わず、当然に、その適用を受けるものというべきである」と。

♠「社員に周知する」とは

就業規則の効力発生の時期は、社員に周知したときですが、社員が就業規則の内容を確認したいと思ったときには、いつでも確認できる状態にしておかないといけないということです。なお、この周知することは、就業規則の内容を理解させることまでは求められていません。さらに、支店や営業所がある場合は、それぞれの場所でも「周知する」ことが必要です。

ANSWER POINT

♤就業規則に定める労働条件の基準は、労基法に定める基準以上のものにしなければなりません（労基法92条）。

♤就業規則に定める基準に達しない労働条件を定める労働契約は、その部分については無効となります。無効となった部分は、就業規則で定める基準によります（労基法93条、労働契約法12条）。

♤就業規則よりも有利な労働条件を定める労働契約は有効です。

♠就業規則の優先順位

就業規則の優先順位は、法令（強行法規）＞労働協約＞就業規則＞労働契約の順番です。法令（労基法）に違反する規定や契約は、もちろん無効です。就業規則に反する労働契約も無効となります。

反対に、就業規則より有利な労働契約は有効であり、労働協約、法令（労基法）より有利な就業規則もまた有効となるのです。

【図表318　優先順位の具体例】

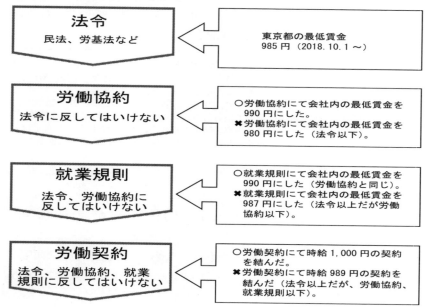

Q136 就業規則の変更による労働条件の不利益変更は

ANSWER POINT

♤就業規則の不利益変更をする場合は、労働者全員の同意が必要です。

♤全員の同意が取れなかった場合でも、その内容の変更が「合理的である場合」には変更が認められます。

♠労働条件は会社と社員の双方合意の上で成り立っている

労働条件は、労働契約の中に含まれていますが、この労働条件は会社と働く本人が「合意」すれば成立します。労働条件を変更するときは、それが不利益な変更でも、当事者が「合意」することで、変更は成立します。

ただし、Q135で触れた法令に違反しないこと、就業規則に定める基準以下の契約を結ばないことが前提です。

♠就業規則の不利益変更は労働者全員の同意が必要

現行の法令に合わせて変更する場合や、過去に作成した就業規則が実態と異なっている場合などは、就業規則の変更が必要になることがあります。

例えば、バブルの全盛期には給与や退職金が過剰な金額に設定されていたことがありますが、当時の内容のままでは会社は倒産せざるを得ない状況になります。もし、会社が倒産したとすれば社員の生活の安定を補償できなくなるので、やむを得ず不利益な変更をせざるを得なくなるかもしれません。

このような不利益変更をするときは、原則として労働者全員の同意を得ることで就業規則の変更が可能になります。

♠社員全員の同意が得られないときは

就業規則の不利益な変更に当たっては、会社は丁寧な説明と、同意を求めなければなりませんが、全員の同意を得られない場合もあります。そのような場合には、変更できないのかというと、必ずしもそうではありません。

「社員全員の同意が得られない場合でも、その変更が合理的である場合」には、変更することができるのです。合理的なものであるかどうかは、労働契約法10条（就業規則の変更による労働条件の変更）に掲げられている図表314の基準で判断することになります。

【図表319　不利益となるかどうかの判断基準】

不利益となるかどうかの判断基準	①　労働者の受ける不利益の程度
	②　労働条件変更の必要性
	③　変更後の就業規則の相当性
	④　労働組合との交渉状況
	⑤　その他の事情

　多くの会社では、就業規則で労働条件を定めており、その場合は使用者が就業規則を変更することで、個々の労働者の同意を得ないで労働条件を変更することが可能ではあります。

　しかし、その場合でも、労働者に不利益な就業規則の変更は、それが合理的なものでない限り労働者を拘束しません。

　図表319以外にも、代償措置、その他の労働条件の改善状況、同種事項に関する一般の状況、特に大きな不利益を被る者への経過措置（激変緩和措置）が講じられているかなども判断ポイントになります。

♠就業規則の変更後は必ず周知しよう

　就業規則を変更した場合は、必ず周知を行いましょう（Q134参照）。周知義務を怠ることで、「変更を聞いていない」等のトラブルの原因になることはもちろん、周知義務違反となり、30万円以下の罰金が科せられることになります。なお、従業員との話合いが不十分のまま就業規則の変更が行われると、その後の裁判で無効・差止めの判断が下されることもあります。

♠就業規則の変更について相談できる会社の風土づくりを

　就業規則の変更は、労働組合や社員と相談しながら慎重に進めることが必要でしょう。いくらやむを得ない事由があるからといっても、社員に十分な説明もなく勝手に変更しては、その後の関係がうまくいくとは到底思えません。法律や判例だけで判断するのではなく、よく話し合い、納得を得て変更することで、その後の業務がスムーズに進むのではないでしょうか。

　また、話合いの場を持てるような会社の雰囲気やよい風土づくりは、普段からしておく必要があります。「社長と社員、社員間の信頼関係をきちんと築けているか」「ポジティブなコミュニケーションをたくさん取れているか」をこの機会に見つめ直していただきたいものです。

Q137 従業員が10人未満でも就業規則は必要ってホント

ANSWER POINT

♤常時10人未満の事業所では、就業規則を作成しても、労基署への届出はしなくて構いません。

♤作成義務がない会社でも、就業規則をつくることが重要です。

♠小規模支店があるときは

就業規則は、「常時10人以上の労働者を使用する事業所は、それぞれの事業所ごとに就業規則を作成し、従業員代表の意見を聴いて労基署へ届け出る」必要があります。裏を返せば、常時10人未満の労働者しかいない事業所は、就業規則の作成・届出義務がありません。そのため、会社全体で何千人を雇用していようとも、10人以上の支店は義務があり、10人未満の小規模支店は作成・届出の義務がないことになります。

多くの会社では、ほとんどすべての支店を1つの就業規則にしているようです。このような場合は、10人未満の小規模支店では労基署の届出のみしないという対応で構いませんし、もちろん届出をすることも可能です。

【図表320　10人以上の事業所と10人未満の事業所の就業規則の届出義務】

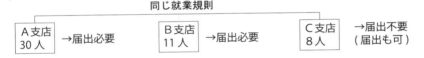

♠作成義務がない会社は

会社全体の従業員が10人未満だったり、常時10人以上の事業所がない会社は、就業規則の作成、届出義務がありません。しかし、就業規則は会社の労働条件、ルールと規律、制裁や解雇などを定めたものです。就業規則がない会社は、これらの内容をたとえば労働条件通知書等で明示すればよいのですが、実際にはボリュームの問題もあり、なかなか困難です。

やはり従業員が目で見て確認でき、文章で残っていることは、公平性や規律性を保ち、労務トラブルを防止する観点からも重要なので、作成、届出義務がない会社でも、就業規則を作成することをおすすめします。もちろん、届け出なくても効力はあります。

333

Q
137
従業員が10人未満でも就業規則は必要ってホント

ANSWER POINT

♤労働協約は、労働組合と使用者の間で交わされるものです。

♤労働協約の基準を下回る就業規則や労働契約は無効となります。

♤労働組合がない場合、労働協約を締結することはできません。

♠労働協約とは

　労働協約とは、労働組合と使用者またはその団体との間に結ばれる労働条件など（組合員の賃金、労働時間、休日・休暇等の労働条件並びに労働組合と使用者との関係に関する事項）に関する協定のことをいいます。

【図表321　労働協約で取り決められる事項の例示】

1、前文または序文
2、総則に関する条項 　労働協約の目的、労働協約の適用範囲、組合員の範囲、ショップ制経営権と労働権に関すること
3、組合活動に関する条項 　就業時間中の組合活動（賃金）、会社施設の利用（組合事務所、備品、掲示板）、組合専従者、チェックオフ（組合費天引き）
4、人事に関する条項 　人事原則、採用、人事異動（転勤、出向）、解雇（懲戒）、賞罰、退職（定年制）、休職（復職）、教育または研修
5、労働条件に関する条項 　総則、賃金（賃金、退職金、賞与（一時金）、昇給などの基準）、労働時間（所定労働時間、休憩、交替制、フレックスタイム制、変形労働時間制、時間外および休日労働、女子の時間外労働）、休日（休日振替、公民権行使）、休暇（年次有給休暇、生理休暇、産前産後の休暇、特別休暇、育児の時間、欠勤）育児休業、宿日直、出張、配置転換、出向
6、災害補償に関する条項 　療養補償、休業補償、障害補償、遺族補償、傷病補償、葬祭料
7、安全衛生に関する条項 　安全衛生の措置、総括安全衛生管理者、安全管理者、衛生管理者、作業主任者、産業医、安全衛生推進者等、災害予防、安全施設、安全衛生教育、安全委員会、衛生委員会、健康診断、病弱者の就業禁止等
8、福利厚生に関する条項 　福利厚生施設、施設の利用、生活および住宅融資、慶弔見舞金

9、苦情処理に関する条項
苦情処理の手続、苦情の範囲、苦情処理委員会（仲裁および団体交渉との関連）

10、労使協議制に関する条項
労使協議会（経営協議会または労働協議会）、設置趣旨、構成および運営、付議事項、専門委員会

11、団体交渉に関する条項
団体交渉の原則および交渉義務（唯一交渉団体）、交渉事項、交渉機関、交渉担当者、交渉手続と方式、交渉時間、傍聴者および公開・非公開

12、平和条項
平和義務、争議調整条項、労働委員会等第三者のあっせん・調停

13、争議行為に関する条項
争議行為の予告、争議行為不参加者（休暇、欠勤の取扱い）、代替要員雇入禁止、争議中の団体交渉、争議中の賃金不払、保安要員、会社施設の利用、その他争議行為に関する事項

14、効力
疑義の取扱い、協議中の適用、有効期間（改廃手続）、自動更新（自動延長）、余後効

15、附則
労働協約締結日および締結者、了解事項

　一般企業では、使用者と労働者が守るべき基準としての「就業規則」に対して、労働組合は「労働協約」を締結することによって、「就業規則」の内容とは違った労働条件を決めることができます。ただし、これは、あくまでも労基法が定めた範囲内でのことです。

　労働組合がない会社では、労働協約を締結することができません。成立の要件は、①書面であること、②労働組合と会社双方が署名または記名押印することです。

　就業規則は基本的に使用者が定めたものですが、労働協約は労働組合との合意に基づいて締結されるものですので、その点で違いがあります。

◆労働協約で定めた基準を下回る就業規則や労働契約は無効

　労働協約は、その基準を下回る就業規則や労働契約を無効にするという法的効力を持ちます。無効になった部分は、労働協約に規定する基準によるものとされ、その他の部分は、就業規則や労働契約によります。つまり、労働協約は、法律の次に効力が強いことになります。

　なお、就業規則が労働協約に違反している場合、労基署長は就業規則の変

更を命ずることができます。

【図表322　法令、労働協約などの優位性】

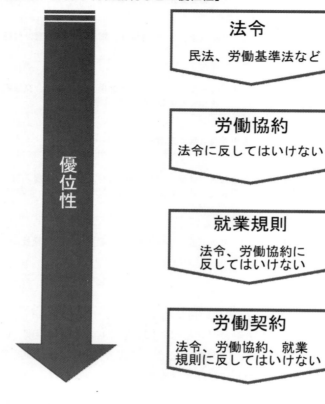

♠労働協約の有効期間は

　労働協約で有効期間を定める場合、その上限は3年です。3年を超えるような有効期間は、3年の有効期間を定めたとみなされます（労組法15条）。

　有効期間を定めていない場合には、期間の定めのない労働協約となり、それを解約する場合は、労働組合か使用者の一方が少なくとも90日前に書面にて解約予告をする必要があります（労組法15条）。

♠労働協約の効力

　「労働協約」は、前述のとおり使用者と「労働組合」との間で締結するものです。締結の一方となる労働組合については、その規模などは一切問いません。そして、締結した場合、原則として、その労働組合の組合員に限り効力が生じるものとなります。

12 監督機関・労基監督署調査の実務ポイント

Q139 労基法の監督機関は

ANSWER　POINT

♤労基法の基本的な行政窓口は、各地の労基署です。

♤その労基署は、厚生労働省の労働基準局や、都道府県の労働局の指揮監督を受けながら、基準行政を行っています。

♤労基監督官は、会社に臨検し、書類を提出させ、また尋問する権限があります。さらに、労基法違反には、司法警察官としての権限も与えられています。

♠労働基準行政のしくみ

　憲法は、「賃金、就業時間、休息その他の勤労条件に関する基準は、法律でこれを定める」と規定しています(憲法27条2項)。これを受けて、労基法、労働安全衛生法、最低賃金法などの法律が制定され、使用者に対して、様々な義務を課しています。

　国は、このような労働関係法令の実効性を確保するため、企業等がこれらの法令をきちんと守っているかをチェックし、違反がある場合は企業等に法令を守ってもらうために指導を行ったりします。各地の労基署が厚生労働省の出先機関として、労基法の実務を担っています。

♠実際の業務を行うのは監督官

　実際の実務は、国家公務員である監督官が行っています。大きい労基署は「第1方面〜第○方面」、小さい労基署では「第1課」の監督官が、労基法を担当します。

　なお、労基署長も監督官です。監督官は、労基法だけではなく、労働安全衛生法やじん肺法、最低賃金法、労災保険法などに関する業務も行っています。

♠監督官の権限は

　監督官は、「行政監督権限」と「特別司法警察職員」の2つの権限を持っています。そのため会社に臨検すること、書類の提出を求めることや、会社や役員に対して尋問することができます。

12 監督機関・労基監督署調査の実務ポイント

臨検とは、法令違反の発見とその違反事項の是正を目的として立入検査をすることをいいます。臨検は、通常、事前に日時や用意しておく書類等を連絡してから行われますが、場合によっては"抜き打ち"で行われることもあります。

　さらに、監督官は、労基法の違反がある場合、罰則対象となる事項については、司法警察官として捜査権が与えられています。すなわち、違反者を逮捕することができるわけです。

♠民事不介入の原則

　様々な法律に基づいて会社と人を監督する立場にあり、労働法の警察官とも言われる労基署には、「民事不介入」の原則があります。

　労働契約は、あくまで会社と個人の契約であり、民事上の契約です。そのため、契約内容や雇止めに関することなどについては、労基署は介入しないことが多いのです。

【図表 323　労基署の仕組み】

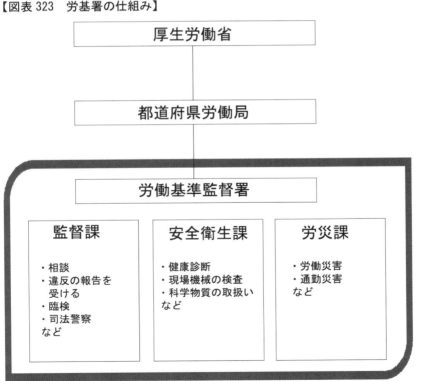

労基法違反の罰則は

ANSWER POINT

♤労基法に違反したときは、懲役刑もあります。

♤労基署の求めに応じず、臨検を拒んだり、虚偽の報告をしたときも罰則があります。

♤是正勧告を受けて、改善しなければ、送検されることになります。

♠労基法の罰則

　労基法は、労働条件の最低基準を決めたものなので、仮に労使間で結ばれた労働条件が労基法に違反していれば、その最低基準に満たない部分はすべて無効になり、労基法で定める基準が適用されることになります。

　労基法は、罰則のある法律のため、違反行為があった場合には、罰金刑や懲役刑の刑事罰が科せられます。しかし、違反すると即座に罰せられるわけではなく、ほとんどの場合は労基署より違反を是正するよう指導する「是正勧告」などが出されます。

♠臨検を拒んだり、虚偽の報告をしたときは

　労基法の罰則は、様々な規制に違反したときだけではなく、監督官の臨検を拒んだり、虚偽の報告をしたとき、また帳簿書類を提出しなかったときなどにも30万円以下の罰則に処せられることがあります。

♠違反に対するその他のリスク

　支払うべき賃金を支払っておらず、後で未払金として請求された場合、14.6％の遅延利息金が発生することもあります。

　また、裁判になった場合には、「付加金」が発生する場合があります。付加金とは、解雇予告手当・休業手当・割増賃金等を支払わない使用者に対し、裁判所が労働者の請求に基づいて、それら未払金に加えて支払いを命ずる金銭のことをいいます。付加金は、最大で未払金と同額なので、倍額になる可能性があるということです。

　さらに、法的な制裁のみならず、労基法違反が明るみに出れば、会社の「信用」を失うことにつながりかねません。

【図表324　労基法の主な罰則】

1年以上10年以下の懲役または20万円以上300万円以下の罰金	強制労働の禁止（第5条）
1年以下の懲役または50万円以下の罰金	中間搾取の排除（6条）、最低年齢（56条）、年少者の坑内労働の禁止（63条）、女性の坑内労働の禁止（64条の2）
6か月以下の懲役または30万円以下の罰金	均等待遇（3条）、男女同一賃金の原則（4条）、公民権行使の保障（7条）、賠償予定の禁止（16条）、前借金相殺の禁止（17条の2）、強制貯蓄（18条1項）、解雇制限（19条）、解雇の予告（20条）、退職時等の証明（22条4項）、労働時間（32条）、休憩（34条）、休日（35条）、時間外・休日および深夜の割増賃金（37条）、年次有給休暇（39条）、年少者の深夜業（61条）、妊産婦の時間外労働等（66条）、育児時間（67条）、療養補償（75条）、休業補償（76条）、障害補償（77条）、遺族補償（79条）、葬祭料（80条）
30万円以下の罰金	契約期間等（14条）、労働条件の明示（15条1項、3項）、強制貯金（18条7項）、金品の返還（23条）、賃金の支払（24条）、非常時払（25条）、休業手当（26条）、出来高払の保障給（27条）、事業場外労働の労使協定届出（38条の2第3項）、年少者の証明書（57条）、未成年者の労働契約（58条、59条）、記録の保存（109条）、就業規則作成および届出の義務（89条）就業規則作成時の労働者代表の意見聴取（90条1項）監督官の臨検を拒む

ANSWER POINT

♤労基署は、労基法、最低賃金法、労働安全衛生法などの規定がきちんと守
られているか調査を行います。

♤調査には、定期監督、災害時監督、申告監督、再監督があります。

♤調査のうち、労働者からの申告（駆込み）に伴う調査である申告監督は、
法違反の可能性が高いので重点的に調査が行われます。

♠労基署の調査とは

労基署が行う調査は、大きく図表325のように分かれます。

【図表325　調査の種類】

調査の種類	内　容
① 定期監督	最も一般的な調査で、年度ごとの監督計画により任意で選択した事業所に全般の調査を行う。原則は、予告なしで訪問するが、事前に準備してほしい資料内容と日時を予告しての調査もある。
② 災害時監督	労働災害発生時に災害の原因から安全衛生上の問題が予見されたり、深刻な災害が起きたときに行われる調査。
③ 申告監督	労働者からの申告を背景として行われる調査で、予告なしまたは電話等による事前連絡を経て、監督官が立入調査（臨検）することが多い。法違反の裏づけをもっての調査なので、申告の事実確認を中心に、全般にわたって重点的に調査される。
④ 再監督	監督の結果として、法違反に関する是正勧告を受けた場合に、是正が適正に行われているかなど確認をするための調査。

　労基署の調査に際しては、きちんと資料を揃えて調査を受けること、説明
を求められたことについては正確に答えることが重要です。

　また、定期監督等で予告なしに臨検が行われた場合、人事担当者などが不
在のときは、その旨を説明して日時を変更してもらうことも可能です。

　調査は1つの事業所に対して行われるもので、本社だけではなく支店が対
象になることもあります。本社の知らないところで、支店などで応対した従
業員が事情もわからずに様々な資料を提出し、さらにその従業員自身の理解

に基づいた説明を行うことで監督官に法違反の疑念を持たれるケースをときどき見受けます。このような事態になると大規模な調査に発展することもあるので、あらかじめ対応者や担当部署への報告などの流れを決めておくのがよいでしょう。

♠是正勧告書と指導書が出たときの対応は

実際に調査が行われると、ほとんどの会社が何かしらの是正勧告または行政指導を受けているのが実情です。

書面で出る指導のうち、法違反が確認されたものは「是正勧告書」、法違反まではなくても改善すべき点があれば「指導書」という書面を渡されます。

施設や設備の不備や不具合では、労働者に緊迫した危険があり、緊急を要する場合に「使用停止等命令書」が交付されることもあります。

書面には、それぞれ是正期日が記されており、それまでに是正を行って、「是正報告書」に記載して提出することになります。その際に気をつけることは、勧告や指導に対して不誠実・非協力的対応や、無視、虚偽の報告をしないことです。監督官は、悪質なケースについては書類送検を行うなど司法警察権があることを忘れてはいけません。

一方で、未払の残業代などについて、会社が主張すべき点、証拠となる書類を揃えてきちんと説明することが重要です。普段から労働時間の管理をきちんと行い、指示のない勝手な残業が行われていないか、今一度見直されてもよいと思います。労働者からの申告に起因している場合、監督官によっては、間に入って示談の手伝いをしてくれることもあります。

なお、未払の残業代については、監督官から具体的な支払金額を指導されることはありません。監督官は、その権限上から労働諸法令の指導は行っても、正当な支払額がいくらであるかを決定したり、支払を命ずる立場にはないためです。

監督官の臨検を拒んだり、妨げたり、尋問に答えなかったり、虚偽の陳述をしたり、帳簿書類を提出しなかったり、虚偽の帳簿書類を提出した場合は、30万円以下の罰金になることもあります（労基法120条）。

労基法に違反すると、多くの場合、まず違反状態を是正するように指導する「是正勧告」というものが労基署より出されます。是正勧告は，行政指導であって強制力はありませんが、違反状態は直ちに是正する必要があります。また、申告監督の場合、会社はその申告を理由として労働者に対し解雇その他の不利益な取扱いはしてはなりません（労基法104条）。

会社を監督調査する 労基署・監督官ってなに

ANSWER POINT

♧労基署は、厚生労働省の出先機関です。労基法に基づく事業所への監督、労災保険の給付等を行っています。監督官は、労働基準関連法　令に基づき、立入検査や指導を行い、また労災補償の業務を行う専門職員です。

♧労基署では、労基法、労働安全衛生法、最低賃金法など、労働関連法令にかかわる業務を行っています。また、監督官は、労基法違反の発見や是正のために、立入調査である臨検を行うことができます。

♧監督官は、労基法違反事件に対して、捜査や逮捕が行います。

♠労基署、監督官とは

労基署は、厚生労働省の出先機関です。労基法、労災保険法、最低賃金法、労働安全衛生法など、労働者保護に関する法律に基づき、各種事務や届出の受理、事業所への指導監督などを行っています。

監督官、厚生労働省の専門職員であり、労働基準関係法令に基づいて、職場への立入検査等を行い、労働条件の確保・向上、働く人の安全や健康の確保を図っています。

また、労災補償の業務も行っています。

【図表 326　労基署の内部組織】

方面（監督課）	臨検監督、申告処理、司法警察事務、許可・認定事務等
安全衛生課	機械・設備の設置等にかかる届出審査、安全衛生指導等
労災課	労災補償事務、労働保険の適用・徴収等
業務課	庶務、経理、事務等

♠労基署の業務

方面（監督課）では、労基法に基づく申告や労働相談の受付、事業所への監督指導を行う臨検、是正を行わない事業者や重大な法違反に対して捜査や送検を行う司法事務が主な仕事となっています。

安全衛生課では、機械設備や健康診断などの届の受理、安全衛生法に基づ

く事業所や工事現場への立入検査を行っています。

労災課では、労働保険の成立、保険料の徴収に関する事務や、労働災害や保険給付に関する調査、給付などを行っています。

監督官には、臨検を行う権限が与えられています。臨検とは、定期的に、あるいは労働者からの申告に基づき、事業所に立ち入り、設備や帳簿の検査、指導を行う業務のことです。

事前に日時を連絡して行うこともありますが、抜打ちで行われる場合もあります。労基法違反が発見された場合、指導の対象となります。

【図表327　臨検の種類】

定期監督	行政方針に基づき計画的に行われる。
再監督	是正状況の確認や、改善報告書を提出しない事業所に対して行われる。
申告監督	労働者の申告に基づき行われる。

♠監督官の権限

監督官には、事業場に臨検を行い、帳簿や書類の提出、使用者や労働者への尋問を行う権限が与えられています（労基法101条）。また、労基法違反の罪について、司法警察官として任意捜査、差押え、逮捕、送検などを行うことができます（労基法102条）。

なお、臨検を拒んだ場合、妨害や虚偽の申告をした場合などには、労基法違反として30万円以下の罰金が科せられます（労基法120条）。

【図表328　臨検の流れ】

1	計画による事業所選定	労働者の申告		労災の発生
2	事業場へ訪問			
3	立入検査、帳簿の確認、聞取り調査など			
4	法違反なし（指導終了）	法違反あり（文書指導、是正勧告、改善指導、使用停止命令等）		重大な法違反あり（送検）
5		是正・改善報告	再検査	
6		是正・改善の確認（指導終了）	重大な法違反あり（送検）	

Q
142

会社を監督調査する労基署・監督官ってなに

ANSWER POINT

♧ 定期監督は、労基法全般にかかる総合的な調査で労働時間や残業代が重点的に調査されます。

♧ 申告監督は、労働者が申告してきた項目に重きを置かれますが、他の項目も一通り調査されます。

♧ 申告者が在職しているか、退職しているかによっても対応は異なります。

♠ 定期監督とは

監督官が調査に来る前に、あらかじめ書類の準備をしておくように通知して連絡してくることがあります。調査の予告通知の書類に一緒に記載されていたり、「ご用意いただきたい書類」などの別紙に、必要とされる帳簿や書類などが箇条書きにされていたりします。

ただし、調査の段階で、さらに追加書類の提出を求められることがあります。要求される書類は、個々の調査ごとに異なりますが、おおむね共通して要求されるものは図表329のとおりです。

【図表329　一般的に臨検で求められる帳簿・書類】

会社組織図
労働者名簿
就業規則
雇用契約書（労働条件通知書）
賃金台帳（賃金明細書）
タイムカード（出勤簿）
時間外・休日労働に関する協定届（３６協定）
変形労働時間制など、当該企業で必要となる労使協定
変形労働時間のシフト表
有給休暇の取得状況の管理簿（有給休暇届）
健康診断個人票

総括安全衛生管理者の選任状況のわかる資料
安全委員会・衛生委員会の設置・運営状況のわかる資料
産業医の選任状況がわかる資料

♠調査する内容は

　実際の臨検調査は、調査ごとにその内容は変わりますが、一般的な調査ではおおむね図表 330 のような内容を確認します。

【図表 330　調査項目】

①　一般労働条件	
事業場、 労働者関係	事業の名称、所在地、事業内容、経営内容 事業主の氏名 労働者名簿（労働者の性別、人数、年齢等による構成） 派遣労働者の有無、請負企業の有無、外国人労働者の有無、 技能実習生の有無
労働条件	労働条件通知書、就業規則、就業規則の周知状況
労働時間	タイムカード等の労働時間の記録 変形労働時間制の労使協定 時間外・休日労働に関する協定届（36協定） 時間外・休日労働等の現状把握 管理監督者の範囲
賃金	賃金台帳 賃金控除の協定書 賃金控除協定書 時間外手当・休日労働手当等の支払状況 時間外手当・休日労働手当等の計算方法 最低賃金
年次有給休暇	年次有給休暇の取得状況 年次有給休暇の取得記録 年次有給休暇の取得手続
②　安全衛生	
安全衛生管理	安全衛生推進者等の選任状況 産業医の選任状況 安全衛生委員会等の設置状況
健康管理	健康診断の実施記録 事後措置の状況 過重労働の有無 健康診断結果報告

♠ 定期監督への対応は

　定期監督の場合の詳細度は、監督官の裁量による部分は比較的大きいと言えるでしょう。

　例えば、監督官の指摘や意見に対して、会社の態度が反抗的であったりすると、「遵法意識が低い会社ではないか」との印象や、「何か隠しているのではないか」との疑いを与えてしまい、より広範囲に詳細な調査が行われることがあります。その結果、調査が長時間になるうえ指摘される箇所も増え、抜本的な改善を求められる可能性が高くなるのです。

　一方、監督官の指摘や意見に対し、素直に耳を傾け、法違反があれば改善していくという姿勢で、誠意ある対応がなされた場合は、調査の時間も比較的短時間で済むことになるでしょう。

♠ 申告監督のときは

　申告監督では、定期監督と異なり申告者がいます。監督官は、申告を受けたからといって必ず調査をする義務はありませんが、確認の意味を含め、基本的には調査をすることになります。

　申告者は、通常、不当解雇や残業代の未払など、ある特定の部分について労基署に申告します。監督官も調査の結果を申告者に伝える必要がありますから、定期監督に比べれば監督官の裁量は小さく、その対応は厳しくなると言えるでしょう。

　申告監督の場合は、誰が申告したのかが、非常に気になるところです。しかし、監督官は、申告者の氏名を教えることはありません。それは、申告者の氏名を公表することで、申告者が会社から不利益な取扱いを受ける可能性が高くなるからです。

　ただし、退職者からの申告の場合には、このような心配がないため、氏名を公表してくれることもあります。

　退職者が労基署に申告する事例は、割増賃金を含めた未払賃金の請求がほとんどであり、このような場合であれば在職者に波及しないように、当事者間で解決することが得策なこともあります。例えば、申告者が裁判に訴えた場合、悪質であると判断されれば「付加金」や「遅延損害金」の支払を命じられる可能性があります（Q140参照）。退職者による申告であれば、早々に和解するほうが望ましいかもしれません。

　なお、監督官に「会社は和解のために本人と話し合いの場を持ちたい」という意思を伝えれば、仲立ちしてくれるケースもあるようです。

12　監督機関・労基監督署調査の実務ポイント

Q144 労基法違反例と 違反か否かの判断ポイントは

ANSWER POINT

♧労基法の主な違反例としては、労働時間管理と未払残業代等の有無、36
協定の届出の有無、就業規則の内容と届出、労働条件明示義務の履行、安
全衛生管理の状況などがあります。

♧よくある違反の事例を参考に是正勧告を受けないようにしましょう。

♠事例1 割増賃金の未払の是正勧告

時間外手当を支払っていないケースや、管理監督者に深夜の手当を支払っ
ていないケース、時間外手当の計算を間違えているケースなどがあります。

例えば、残業時間を頭打ちにしていたり、固定残業で超過分を支払ってい
なかったり、許可のない残業だとして認めていない場合などでよく起こりま
す。「基本給に含んで支払っている」「年俸制を適用している」などと会社が
主張するケースもありますが、当然、これは労基法では認められません。

労基法では、割増賃金は図表331の割合で支払わなければなりません。

【図表331　法定割増率】

①	時間外労働	2割5分の割増賃金（60時間超えは5割以上の率。ただし、中小企業は2023年4月1日から適用）
②	休日労働	3割5分の割増賃金
③	深夜業	2割5分の割増賃金

また、割増賃金を計算する場合、算定の基礎となる金額は、基本給のみで
はなく、各種手当を含んだ金額で計算しなければなりません。

ただし、図表332の手当で、所定の要件を満たしている場合は、除外し
て計算することが可能です。

【図表332　割増賃金の算定の基礎となる金額から除外できる手当】

①	家族手当
②	通勤手当
③	別居手当
④	子女教育手当

⑤	住宅手当
⑥	臨時に支払われた賃金（結婚祝、傷病見舞金など）
⑦	1か月を超える期間ごとに支払われる賃金（賞与など）

♠事例2　36協定の未提出の是正勧告

　労基法では、労働時間は休憩時間を除いて、原則として1週で40時間、1日で8時間を超えて労働させてはならないことになっています。これを超えて労働させる必要がある場合は、「時間外・休日労働に関する協定届（36協定）」を労使で締結して、所轄の労基署に届出る必要があります。

　労基署に36協定を届出しないまま、法定労働時間を超えて労働させた場合は、労基法の違反となります。時間外手当を支払っているとしても未提出は違反になります。

♠事例3　管理監督者の時間外手当の未払の是正勧告

　労基法の管理監督者に該当する場合は、時間外労働と休日労働に関しては適用除外とすることができますが、深夜業に関しては支払わなければなりません。しかし、名目だけ管理職であり、実態が異なるようないわゆる「名ばかり管理者」は、管理監督者として認められません。労基法では、管理監督者に該当するかは、図表333の判断基準から総合的に判断します。

【図表333　管理監督者に該当するかの判断基準】

①	経営方針の決定に参画し、または労務管理上の指揮権を有している。
②	勤務時間について自由裁量を有する地位にある。
③	賃金について一般労働者に比べて優遇措置が講じられている。

♠事例4　就業規則などの未提出の是正勧告

　労基法では、常時10人以上の労働者を使用する使用者は、必ず就業規則を作成し、労基署に届出なければなりません。就業規則を変更した場合も同様です。労働者はパートタイマーも含み、有期労働契約であるか否かは問われません。出向社員や、休職中の者も労働者数に含めます。

　また、未提出以外でも「就業規則の記載事項が不足している」「労働者代表の意見を聴いていない」「就業規則を周知していない」「変更した内容を届出していない」ケースなどがあります。

♠事例 5　健康診断未実施の是正勧告

　常時使用する労働者については、毎年、定期的に健康診断を実施しなければなりません（安衛法 66 条）。

　また、50 人以上の従業員を使用する事業所の場合は、定期健康診断を実施後は、労基署への結果報告が義務づけられています。50 人以下なら報告義務は免除されますが、定期健康診断の実施が免除されたわけではありません。

　健康診断を行わなかった場合は、50 万円以下の罰金（安衛法 120 条）となります。なお、健康診断の結果は健康診断個人票として記録し、5 年間保存する義務があります。

♣事例 6　産業医の未選任の是正勧告

　常時 50 人以上の労働者を使用する事業者は、産業医を選任しなければなりません。これはすべての業種が対象です。産業医を選任したら、労基署に届け出る必要があります。また、産業医は、衛生委員会に参加してもらう必要があります。

♠事例 7　衛生管理者や安全管理者の未選任の是正勧告

　常時 50 人以上の労働者を使用する事業者は、その事業場専属の衛生管理者を選任しなければなりません。これはすべての業種が対象です。衛生管理者を選任したら、労基署に届け出る必要があります。

　また、衛生管理者、毎月 1 回衛生委員会を開催し、議事録を保存しなければなりません。

　この他にも、建設業、運送業、清掃業、製造業等を営む事業所で常時 50 人以上の労働者を使用する場合は、安全管理者を選任しなければなりません。安全管理者を選任したら、やはり労基署に届け出る必要があります。

♠まず違反しているのかどうかを知る

　労働法における条件・法律文の解釈・裁判例等は、非常に細かく複雑です。また、労基法は、民法を基礎にした法律であり、民法中に流れる法的思想を理解しなければわかりにくいケースが多いです。

　なお、労基法に則って会社を監督する行政機関である労基署は、「労働基準法違反」ではないトラブルについては、解決策を持ちません。

　日頃から労基法違反が発生していないかチェックしていく必要性があります。その際には、外部の専門家を活用することが肝要です。

ANSWER POINT

♧監督官が事業場を監督する目的は、憲法25条の理念を実現するために制定された労基法等に基づいて、労働者が、健康で文化的な最低限度の生活を営めるかどうかを、賃金、安全、健康などの面から確認するためです。

♧会社の対応次第で監督官の心証も変わります。

♧労働条件自主点検表をクリアしていれば、指摘を受けるリスクは低減します。

♠労基署の監督目的

監督官が特別な権限を付与されて事業場を監督する目的は、憲法25条の理念を実現するために制定された労基法等に基づいて、「労働者が、健康で文化的な最低限度の生活を営むことができるかどうか」を、賃金、安全、健康などの面から確認することです。

その中でも、電通事件以降、過重労働による精神障害やそれに伴う自殺が表面化しており、労働者の健康について特に留意することが求められています。監督官による監督の本質は、「労働者の健康問題」であることを認識することが、監督官への対応のベースとなります。

♠監督官にもいろんなタイプの人がある

監督官も様々なタイプがいますので、人としてソリが合わなかったりする場合もあるでしょうし、そもそも労務管理状況を調査して、「あれはダメ、これもダメ」というように、労基法違反を指摘されるわけですから、会社としても気分がよいわけありません。しかし、そのようなときでも、表面上は反抗的な態度を示さず、その怒りをグッと腹の中に収めるのがベターです。

監督官は、公務員として公平な立場で調査をするのが仕事ですが、監督官といってもやはり人の子なのです。調査において監督官が受けた心証によって、その調査結果は大きく変わってくることもあるということを、肝に銘じておくことが必要です。

したがって、調査を受ける場合の会社の姿勢としては、監督官の意見・指導は素直に聞き入れ、改善の意思があるという姿勢を示すことが第一です。

しかし、指摘を受けないように、調査前に書類を改ざんしたり、虚偽の申

告や報告を行ったりすることはもっての他です。監督官は、虚偽報告等に関しては、かなり厳しい態度で臨みますので、送検も十分あり得ます。ただし、監督官としての職務を逸脱するような言動があった場合には、抗議をしても構いません。

♠是正勧告の防止策

是正勧告を予防するために最も効果があるのは、労基署の「労働条件自主点検表」（図表334参照）に基づき、あらかじめ自社の現状を見直しておくことです。すべて問題がなければ労基署の調査をおそれることはありません。

【図表334　労働条件自主点検表】

① 労働時間の管理	法定労働時間（1日8時間、1週40時間）を超えていないか
	36協定を締結し届け出ているか
	労働条件を書面で通知しているか
	残業時間の日々の端数処理を行っていないか
② 就業規則の作成・届出	常時10人以上の労働者を使用する会社は、就業規則を作成し、労基署に届け出ているか
	従業員への周知がなされているか
	労働者代表の意見を聴いているか
	内容を変更した場合、届け出ているか
③ 割増賃金の適正な支払い	時間外手当を支払っているか
	割増率を間違えていないか
	管理職には深夜割増を支払っているか
	各種手当を除外して計算していないか
④ 健康障害防止の対策	雇入れ時の健康診断をしているか
	定期的に健康診断をしているか
	残業時間が80時間を超えている従業員に対して、医師の面談を行っているか

♠重点的な調査項目（労働時間と安全衛生）

監督官が調査に入った場合、特に重点的に調査するのは、「労働時間」に関する項目です。労働時間に関する項目とは、「労働時間の把握方法」「把握

した労働時間の長さ」「その労働時間に対する賃金（割増賃金）」等が挙げられます。特に割増賃金については、労基法違反が発覚すると、監督官は割増賃金を遡及して支払うように勧告しますから、経営者にとっては重大な関心を持たざるを得ません。

しかし、監督官による監督は、割増賃金を遡及して払わせるということが本来の目的ではなく、労働者の健康が害されないようにすることが目的だったはずです。この基本路線は、今も変わっていないのですが、一部の監督官の中には、「いかにして割増賃金を遡及払させようか」ということしか考えていないと思われる人もいるようです。

確かに、法違反である以上、そのような指摘を受けることは致し方ないのですが、会社に金銭的な大きなインパクトを与える結果にもなりかねません。労基法をよく理解し、あらかじめ未払が発生しない計算方法を取り入れておくようにしましょう。

♠健康診断、過重労働も要注意

労基署が扱う分野の1つに労働安全衛生法があります。労働安全衛生法では、従業員に対して毎年定期的に健康診断を義務づけています。調査においては、法定の健康診断の結果記録を会社が適正に管理しているかを確認されます。健康診断結果は、会社が保管しておく必要があるのです（Q86 参照）。

また、過重労働による健康障害を防止するために、1か月当たり100時間を超える時間外労働をした者や疲労の蓄積が認められる者、申し出があった者については、医師による面接指導を行わなければなりません。

さらに、労働安全衛生法では、常時50人以上の従業員を使用する事業場に対して、衛生管理者や産業医を選任することや、衛生委員会の設置も義務づけています（Q83 参照）。これらを行わずに過重労働で倒れてしまう労働者が発生すると、安全配慮義務に落ち度があるとして、会社の立場は非常に悪くなります。

調査本来の目的が、従業員の健康問題である以上、会社の健康問題に対する考え方や取組みによって監督官の心証も変わってきます。結果として是正勧告の内容に差異が出てくることもあります。

ストレスチェック（Q87 参照）は新しい制度であり、これまでは是正対象になっていませんでしたが、今後は調査項目に入ってくると思われます。

安全衛生は軽視されやすい内容ですが、会社のダメージを最小限に抑えるには、健康障害防止の対策もきちんと取り組んでおくようにしましょう。

Q146 労働局のあっせんや助言ってどういう制度のこと

ANSWER POINT

♧個別労働紛争の解決のために、「総合労働相談コーナーにおける情報提供・相談」「都道府県労働局長による助言・指導」「紛争調整委員会によるあっせん」の制度が用意されています。

♧費用がかからず、非公開であることで利用しやすく、また短期間であっせんに至るメリットがあります。

♧あっせんは、当事者双方の合意が必要であり、強制力がないことから、実際に解決に至るのは4割未満にとどまっています。

♠個別労働紛争解決支援制度とは

　増加する一方の個別労働紛争の解決を支援するために、「個別労働関係紛争の解決の促進に関する法律」に基づき、①総合労働相談コーナーにおける情報提供・相談、②都道府県労働局長による助言・指導、③紛争調整委員会によるあっせんの制度が行政により用意されています。

【図表335　労働局による紛争解決】

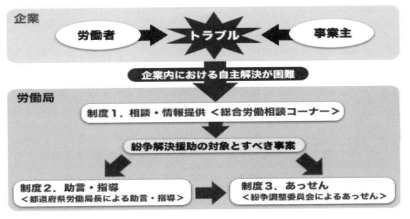

　労働者は、職場でのトラブルや困り事の解決のために労基署に相談に行くことが多いものの、解雇やいじめなど明らかな労基法違反でないため解決が困難な問題もあります。これらは労基署では対応できません。

　そこで、全国の労働局や主要な労基署に設置された総合労働相談コーナー

がワンストップの窓口となり、単に法令・判例の認識不足または誤解に対して、まずは相談・情報提供をすることで解決を図ります。

単なる相談では解決せず、紛争解決援助の対象とすべき事案と判断されると、都道府県労働局長による助言・指導または紛争調整委員会によるあっせんに移行しますが、このうち中心となるのは紛争調整委員会によるあっせんとなります。

紛争調整委員会は、弁護士、大学教授等の労働問題の専門家である学識経験者により組織された委員会から指名されたあっせん委員が労使双方の主張を確かめ、当事者間の話合いを促進しながらあっせん案を提示します。

合意されたあっせん案は、民法の和解契約の効力を持つことになります。また、最初のあっせんの呼び出しに対して、これを受けるかどうか、事前の許可を受けて弁護士を代理人として立てたり、補佐人を伴うかなどは、当事者が自由に決定できます。仮にあっせんを受けなかったとしてもペナルティーはありません。

あっせんは、当事者同士の対立が先鋭化していない場合は、有効な解決手段といえます。いわゆるモンスター社員に手を焼く会社などにとって、早期に費用をかけずに解決したい場合は、会社から利用をするのも一法です。

【図表336　あっせんによる紛争解決】

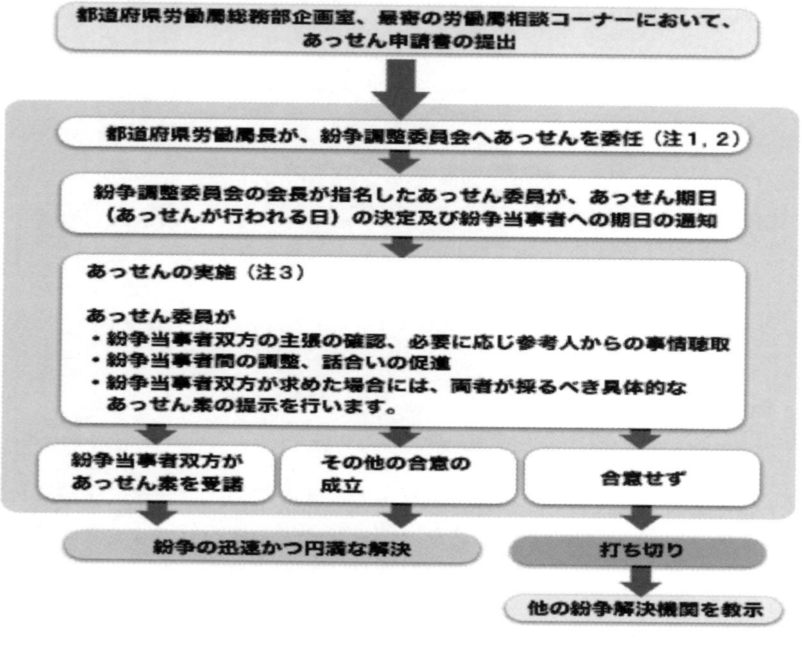

都道府県労働局総務部企画室、最寄の労働局相談コーナーにおいて、あっせん申請書の提出
都道府県労働局長が、紛争調整委員会へあっせんを委任（注１，２）
紛争調整委員会の会長が指名したあっせん委員が、あっせん期日（あっせんが行われる日）の決定及び紛争当事者への期日の通知
あっせんの実施（注３）
あっせん委員が
・紛争当事者双方の主張の確認、必要に応じ参考人からの事情聴取
・紛争当事者間の調整、話合いの促進
・紛争当事者双方が求めた場合には、両者が採るべき具体的なあっせん案の提示を行います。
紛争当事者双方があっせん案を受諾
その他の合意の成立
合意せず
紛争の迅速かつ円満な解決
打ち切り
他の紛争解決機関を教示

ANSWER POINT

♧労働審判制度は、個別労働紛争を実情に即して迅速、適正かつ実効的に解決することを目的としており、取扱件数は年々増加しています。

♧早期解決の裏返しとして、通常の訴訟と比較して準備期間が限られます。

♧申立て後約40日間で行われる第1回期日までに、ほとんどの主張を出し切るように準備することが重要です。

♠労働審判制度の内容と利用のポイント

労働審判制度とは、各地の地方裁判所において、労働審判官（裁判官）と労働関係の専門家である労働審判員2名（あらかじめ任命された労働審判員の中から労使側それぞれ1名を選任）の合計3名で構成された労働審判委員会によって進められます。

原則として3回以内の期日で審理を終結することを前提に、なるべく調停や和解による解決を図りながら審理します。それでも、最後まで調停・和解に至らないときは審判を下します。

個別労働紛争を、「実情に即して迅速、適正かつ実効的に解決すること」を目的としており、実際に平均審理期間は約74日、解決率も約80％と高く、通常訴訟と比較して費用も安く済むことから、取扱件数も年々増加しています。

労働審判は、個別労働紛争が対象なので、労働組合と企業の間のいわゆる集団的労使紛争や公務員が懲戒処分の取消を求めるような行政事件訴訟の対象となる紛争は扱いません。

労働審判にふさわしい案件は、「解雇・雇止めに基づく地位確認等」「退職金」「解雇予告手当」「賃金請求事件」などで、実際にこれらにかかわる申立事件が70％以上を占めています。

また、金銭的解決などある程度和解の可能性があるケースが利用しやすく、例えば解雇の案件で「絶対に現場復帰を望み、一切妥協しない」などのように労働者がかたくななケースなどはあまり適さないようです。

♠労働審判のタイムスケジュール

労働審判の全体的な流れは、図表337のとおりです。

【図表337 労働審判手続の流れ】

　申立から第1回期日までが約40日間となっており、第1回期日の10日前が答弁書の提出期限となります。

　労働者から申立がされた場合、会社はこの限られた期間に弁護士の選任、事実関係の把握、訴状の検討、証拠調べ、今後の見通しと答弁書の作成等を行うことになります。

　また、ここでほとんどの主張を出し切らないとその後の審理で大きく不利となるため、慎重かつ迅速な対応が重要になり、この準備段階での負担は小さくありません。

♠労働審判を利用するメリット

　労働審判では、労働審判委員会が事実関係や法律論に関する双方の言い分を聴いて、争点を整理し、必要に応じて証拠調べを行います。話し合いによる解決の見込みがあれば、いつでも調停を試みます。

　調停がまとまらない場合、委員会は、事案の実情に即した柔軟な解決を図るための判断（審判）を行います。

　審判は、訴訟事件の判決であればオール・オア・ナッシングにならざるを得ない場合でも、事情を斟酌して、あるいは心証に応じて、紛争解決を図るために相当な審判をすることができます。

労働審判で解決しない場合は、自動的に訴訟へ移行します。訴訟になると双方に大きな時間と費用の負担が発生します。労働審判において、事実関係は曖昧な部分が残っていても、最終的に和解するケースが多いのはこのためです。

　また、現状で、労働者側からの申立てが多くなっていますが、会社側からの申立も少しずつ増えてきています。

　労務トラブルを起こした労働者は、会社が説明しても疑心暗鬼で納得しないことが多いものです。そこで、第三者に判断してもらうために、会社が労働審判を申し立てるのも一考です。

　労務トラブルは、予防に注力することが最も重要ですが、いざ個別労働紛争としてトラブルが実態化したときに、あっせんなどで解決の困難なトラブルを解決する上で、労働審判は有効な制度といえるでしょう。

　ただし、いずれにしても、会社としては、就業規則や契約書など必要な書式は適正に揃えておき、勤怠管理もきちんと行っておくなど、日頃の対応が重要になります。

　労働審判法では、「労働契約の存否その他の労働関係に関する事項について個々の労働者と事業主との間に生じた民事に関する紛争」を労働審判手続の対象としています。

♠ＡＤＲ（裁判外紛争解決手続）とは

　労働審判以外にも事業主と労働者個人間のトラブルを解決する手段があります。それが ADR（裁判外紛争解決手続）です。

　ADR とは、「Alternative（代替的）」「Dispute（紛争）」「Resolution（解決）」の頭文字をとったものです。ADR は、裁判ではなく、民間組織を利用したトラブルの解決手段となります。

　裁判に比べると、様々な点において柔軟な対応が可能で、費用を安く抑えることもできます。

　また、手続が簡単であることや、解決までの時間が短いことから、双方にとって多くのメリットが存在するといえます。

　トラブルを解決しようと考える場合、まず裁判が思い浮かぶかもしれませんが、必ずしもそれだけではなく、裁判に比べ費用を安く抑えられる可能性があるほか、解決までに時間をかけずに済みます。

　万が一に備えて、裁判以外の方法があるということを知っておくとよいでしょう。

ANSWER POINT

♤昨今の労務情勢や企業の負担に直結する法改正の動きなどを把握し、労務管理における役割意識を持つことが求められます。

♤労務トラブルの多くは、コミュニケーション不足によるものです。誤解をなくし、無用なトラブルを防止しましょう。

♤労務管理は、「説明」「時間の猶予」「プロセス」「書面」の4つを心がけましょう。

♠昨今の労務情勢

「これからは、人に重点を置いた経営が必要だ」と各企業は考えている中で、労働分野におけるコンプライアンスは、重要度を増すばかりです。

昨今の労務コンプライアンスにおける課題としてあげられるキーワードとしては、「働き方改革」「ワークライフ・バランス」「メンタルヘルス」「超過労働時間の縮減」「年休取得」「ハラスメント対策」「適正賃金・労働条件の確保」「育児・介護休業制度」「短時間勤務制度」などと様々なものがあげられます。

しかし、実現には課題も多く、今後の法改正や労務情勢の動向から目が離せません。今、企業に求められる雇用・人事管理は、ますます多様化・複雑化し、的確な対応が迫られています。人手不足が常態化する中で採用力を高め、人材活用の幅を広げるには、家庭生活の制約が大きい女性、正社員になれない若者、定年後の高齢者などの処遇を改善し、それぞれの能力を十分に発揮できる魅力的で多様な就業環境を整えることが不可欠です。

労務トラブルになると、問われるのは、経営者が責任を持った対応をしたかどうかという点です。多くの場合、立証責任も経営者側にあります。

労務トラブルの主な例を上げると、図表338のとおりです。

【図表338　労務トラブルの主な例】

①サービス残業	②名ばかり管理職	③問題社員の不当解雇
④過労によるうつ病	⑤セクハラ・パワハラ	⑥契約更新時の雇止め
⑦内定取消し	⑧労働条件の不利益変更	⑨社員の副業発覚
⑩外国人の不法就	⑪面接での経歴詐称	⑫会社の機密情報漏洩

⑬パート社員の差別待遇	⑭保険未加入による賠償	⑮転勤・出向の人事異動
⑯試用期間の本採用拒否	⑰社員の横領	⑱第三者への使用者責任

♠労務トラブルが起こる原因

昨今、労務トラブルが増加しているのは、次のような原因が考えられます。

① 終身雇用制や年功序列などの雇用システムの崩壊により社員の権利意識が高くなったこと。

② インターネットの普及により専門知識の簡単な入手が可能となったこと。

③ 従来の基準によって健康障害が増加したことで、労働法の基準が厳しくなったこと。

④ 弁護士、司法書士等の競争激化により社員側をサポートする団体が増えたこと。

このような社会情勢の中、労務トラブルのほとんどは、コミュニケーションの不足に起因しています。

労働条件については、社員と会社のそれぞれの「誤解」をなくすことが無用なトラブルを引き起こさないことにつながりますので、経営者や幹部社員には、説明責任が果たせる力と伝える力が求められます。また、その際は、法律の理解と事実情報の精査が欠かせません。

労働問題は、フェイス・トゥ・フェイスが原則です。１人ひとりの社員に向き合うことが重要です。また、文書や規定やルール、どんなに素晴らしい仕組みや制度があっても、職場風土がよくなければ機能することはありません。互いに思いやり、何でも本音で語り合える風土づくりが大事です。

【図表339　大切な職場の風土づくり】

風土が一番大事

ツール　仕組み　規定

風　土

♠労務管理における重要な心構え

労務問題が起こってしまうと、その終息には大きな労力を要します。労務管理とは「先行管理」であり、心の問題の「予防管理」が重要です。

特に重要な心構えは、次の４つです。

① 社員にはしっかりとした「説明」をしよう

　会社では、社員に対する「説明」が圧倒的に不足しています。しっかりとした説明がなく、いきなり規定等を変更されると、社員は会社に不信感を抱いてしまいます。労務に関して会社や幹部社員は自信がなく、説明を先送りにしていることもあります。人口減少、人手不足という厳しい経済環境であるからこそ、未来を語る義務が経営者層にはあります。

　「何のために」変更したのかなど「目的」をしっかり伝える必要があります。労務管理が良好な会社の社長や幹部は、会社の将来や全体像、変更の本質をつかんだ上での「なぜ、こうするのか」の説明が上手です。

② 変更時は「時間の猶予」をつくろう

　人は、「いきなり、突然」を嫌います。例えば、「来月から給与の締切日や支払日を変更する」と言われても、ライフサイクルがあるわけですから、給与で生計をたてる社員は困惑します。

　経営は、スピード感をもって外部環境の変化に対応していかなければなりませんが、意思決定を早くすることが大事であり、内容次第で実施までの期間を十分に取ることが重要です。「変更内容が不利益変更である」と言われかねないこともあります。実施までには、説明と納得を得ることが大事です。

③ 変更時は「プロセス」を重視しよう

　規定やルールの作成、実施までには、できるだけコミュニケーションをかわすことが大事です。社長と幹部だけですべて決めるのではなく、事前に社員に意見を求めるなど、「巻き込んで」おくことも重要です。労使で意見交換し、情報共有することは職場がうまくいくための重要なコツとなります。

④ 節目ごとに「書面」を書きましょう

　日本も契約社会へと移行しています。ウエットな日本でしたが、今後はもっとドライな日本になっていくでしょう。

　人間は、自分に都合のいいことだけを覚えているものです。「言った、言わない」の無用な争いに発展しないように、労働条件1つでも変更した場合は、説明し、社員に納得してもらった上で、合意した内容を書面にしておくことが大事です。例えば、「これはルール違反だ」という場面に遭遇したら、始末書や指導書を書くことが大事です。小さな指導や注意、叱責でも書面で行うことが大事です。

　真剣に、社員と向き合うことから逃げないことが何よりも重要です。個人には性善説の人間観を持って向き合い、組織としては性悪説の立場でルールをしっかり適用するという姿勢が大事です。

Q149 社会保険労務士など専門家への相談・業務委託は

ANSWER　POINT

♤士業は、高い専門知識で企業をサポートします。
♤社会保険労務士は、人事、労務の専門家です。
♤税理士は、税・会計の専門家。公認会計士は、加えて監査が専門です。
♤行政書士は、書類作成の専門家。司法書士は、登記・供託の専門家です。

♠社会保険労務士の専門

社会保険労務士は、人事、労務、社会保険のスペシャリストです。労務リスクの予防のサポートをします。次の業務は、社会保険労務士以外が報酬を受けて行うことはありません。

①　労働社会保険関連手続・書類作成・提出代行

企業が人を雇い入れた場合などの雇用保険、社会保険などの手続を代行します。

【図表 340　社会保険労務士が代行する手続・業務など】

（手続書類）
雇用保険・社会保険の取得および喪失手続・雇用保険・社会保険・労災保険の給付申請手続、（傷病手当金、出産手当金、育児休業給付金など）社会保険の算定基礎届および月額変更届、賞与届・労働保険の年度更新手続助成金の申請　など

②　帳簿書類等の作成

会社に備えておかなければならない帳簿の作成をサポートします。これらは、法改正に伴って内容の改訂が必要なため、専門的な知識と企業個々の特性の理解が必要となります。

【図表 341　帳簿書類等の作成代行】

（帳簿書類）
労働者名簿、賃金台帳の作成／就業規則、賃金規程等の諸規程の作成、届出／３６協定などの各種労使協定の作成、届出　など

③　補佐人業務

労使間トラブルで訴訟になったというような場合、弁護士が登場しますが、

労使の専門家である社会保険労務士も補佐人として弁護士とともに出廷し、陳述で企業をサポートすることができます。

④　紛争解決手続代理業務

　特定社会保険労務士を付記している社会保険労務士は、職場でトラブルが発生し、会社と労働者が争いになったときに、裁判上で解決するのではなく話し合いによって迅速に解決を図るためのあっせんを行うことができます。

⑤　コンサルティング業務

　労務関係のコンサルティング業務は、資格がなくとも行えますが、社会保険労務士は法律で唯一認められた労務管理専門のコンサルタントとして、企業の人事や労務上の相談、アドバイスを行います。

♠税理士の専門分野

　税に関する知識やスキルを使って、企業や個人が納税をスムーズに行えるようにサポートする税のスペシャリストです。次の業務は、税理士以外が行うことができません。

①　税務代理

　自己申告で納めることになっている税金を、本人の代理として申告したり、納めたりすることや、税務調査に納税者の代わりに立ち会い、対応や処分に対する主張・陳述の代理、代行などを行います。

②　税務書類の作成

　納税者に代わって、納税者の提出資料に基づき、租税法に従って、専門家としての精査、判断を加えて作成、提出することを行います。

【図表342　税理士が代行する税務関連書類】

> （税務書類）
> 　申告書、申請書、請求書、不服申立書、届出書、報告書、申出書、申立書、計算書、明細書、その他これらに準ずる書類の作成　　　　　など

③　税務相談

　相談者（納税者）の個別具体的な納税義務に関する相談を受けて、アドバイスすることや、納税額の計算、手続などを行います。

④　会計業務

　会計業務は、自由業務であり、資格のない者でも行うことができますが、財務書類の作成、会計帳簿の記帳の代行その他財務に関する事務を業として行うことができます。

⑤　コンサルティング業務

会計業務で作成した書類をもとに、節税対策や資金繰りなどに対するアドバイスから、金融機関との折衝、経営全般に関するコンサルティングなど。

♠公認会計士の専門分野

公認会計士は、財務情報の信頼性を保証する監査・会計のスペシャリストです。次の業務は、公認会計士以外が報酬を受けて行うことはできません。

①　監査業務

会社が公表する財務書類を監査し、監査した財務書類の内容が適正であることを、独立した第三者として公に証明します。独立した立場から監査意見を表明し、その情報の信頼性を確保、健全な経済社会の維持と発展をサポートします。

②　税務業務

税理士登録をした公認会計士は、税務業務を行うことができます。

♠行政書士の専門分野

行政書士が取り扱える書類の数は1万点以上と、書類作成のスペシャリストです。社会保険労務士法や税理士法など、他の法律で制限されている分野は業務を委託できませんが、行政書士にしかできない手続もたくさんあります。

①　役所に提出する許認可等の申請書類の作成並びに提出手続代理

【図表343　行政書士が代行する許認可申請書類関係】

（申請書類）
飲食店営業許可申請書、建設業許可申請書、旅館営業許可申請書、農地転用許可申請書、宅地建物取引業免許許可申請書、道路使用許可申請書、風俗営業許可申請書、NPO法人許可申請書、個人タクシー免許申請書、建築確認申請書、旅行業登録申請書、医療法人設立許可申請書の作成　など

②　権利義務または事実証明に関する書類の作成

【図表344　行政書士が代行する事実証明書類】

（権利義務に関する書類）
遺産分割協議書、各種契約書、念書、示談書、協議書、内容証明、告訴状、告発状、嘆願書、請願書、陳情書、上申書、始末書、定款等　など
（事実証明に関する書類）
実地調査に基づく各種図面類（位置図、案内図、現況測量図等）、各種議事録、会計帳簿、申述書等　など

③　上記①、②以外の、成年後見、ADR などの新しいサービス

♠司法書士の専門分野

　司法書士は、人々の財産と権利を守り、トラブルの法的解決をするスペシャリストです。次の業務は、司法書士以外が報酬を受けて行うことはありません。
① **法務局に対しての申請書類**

　土地や建物の権利に変更があったときに、当事者から依頼を受けて、登記申請手続を代行します。

　また、新たに会社・法人を設立したり、本店や事業目的、役員などの登記事項に変更が生じた場合には、当事者から依頼を受けて、その旨の登記を法務局への申請を代行することができます。
② **裁判所に対して提出する書類の作成**

【図表 345　司法書士が代行する裁判関連書類】

> （裁判所提出書類）
> 　民事紛争に関するもの（民事訴訟をするために必要な訴状や準備書面、民事調停を利用するために必要な申立書など）、相続放棄や成年後見に関する申立書、支払督促や強制執行にかかわる書類　など

③ **簡裁訴訟代理等関係業務**

　法務大臣の認定を受けた司法書士のみ、簡易裁判所において取り扱うことができる民事事件等について、当事者の代理人となって民事訴訟手続、訴え提起前の和解（即決和解）手続、支払督促手続、民事調停手続、少額訴訟債権執行手続や裁判外の和解交渉手続などについて代理することができます。

　なお、成年後見に関する業務、相続・遺言に関する業務、供託手続、筆界特定手続、外国人帰化申請手続、債務整理に関する業務の業務は、司法書士以外が行うこともできます。

♠専門家に委託する効果

　専門家に業務委託することで費用や報酬は発生しますが、専門的な内容であるために時間に追われる焦燥感や義務感を抱えていた心が解放され、余裕ができ、安心して笑顔で仕事を進められるようになります。それは周りにもお客様にも伝わります。

　それによって、本来注力すべき本業についてよりよいサービスの提供ができるようになり、お客様の笑顔と幸せにもつながります。もちろん、士業には守秘義務があるので情報漏洩の不安はありません。

川島　孝一（かわしま　こういち）

川島経営労務管理事務所所長、(有)アチーブコンサルティング代表取締役、(有)人事・労務チーフコンサルタント、社会保険労務士。

早稲田大学理工学部卒業後、サービス業にて人事・管理業務に従事後、現職。人事制度、賃金制度、退職金制度をはじめとする人事・労務の総合コンサルティングを主に行い、労務リスクの低減や経営者の視点に立ったわかりやすく、論理的な手法に定評がある。

著書に「中小企業の退職金の見直し・設計・運用の実務」、「労務トラブル防止法の実務」（セルバ出版）、「給与計算の事務がしっかりできる本」（かんき出版）など。

西田　周平　（にしだ　しゅうへい）

(有)人事・労務　チーフコンサルタント。

日本大学法学部卒業後、食品メーカーを経て現職。従業員が500名を超える大企業から数名の会社まで幅広い企業のES（従業員満足）向上型人事制度を数多く構築している。また、多くの労務トラブルに対応し、その経験からリスク管理に長けた就業規則を作成するなど、中小企業の人事・労務に精通している。執筆や講演も多数行っている。

著書に「社員の多様なニーズに応える社内規程のつくり方」、「従業員満足ES向上型人事制度のつくり方』（日本法令）など。

藤原　都子　（ふじわら　みやこ）

はみんぐふる社会保険労務士法人　みやこ事務所　代表社労士（労務リスク低減支援事業）、明都(有)代表取締役（給与計算等アウトソーシング事業）、労働保険事務組合　リーガル・アシスト協会、兵庫LA協会　塗装・鳶・下請等一人親方部会併設　理事長。

労使関係を強化するため、経営者の視点に立ったコンサルティングに定評がある経営型社会保険労務士。「安全管理の意識を、企業にいかに浸透させるか」をテーマにしたリスクマネジメントで、企業経営を強力にサポート。事務手続のみで終わるのではなく、近年増加しているメンタルヘルスケア対策と予防、自立型人材の育成の支援などでも成果を上げている。

内藤　惠蔵（ないとう　けいぞう）

ないとう社会保険労務事務所所長、(有)人事労務チーフコンサルタント、特定社会保険労務士。

千葉商科大学商経学部商学科卒業後、JA、航空測量会社、建設コンサルタント従事後、社会保険労務士として独立。就業規則作成、人事制度等のコンサルティングを行い、労働基準監督署調査対応、労務トラブル防止のための労務管理に定評がある。

著書に「労務トラブル防止法の実務」（セルバ出版）、「給与計算の事務がしっかりできる本」（かんき出版）など。

田谷　智広（たや　ともひろ）

たや社会保険労務士事務所所長、(有)人事労務チーフコンサルタント、特定社会保険労務士。

東邦大学理学部卒業後、外資系半導体関係装置メーカーに勤務。会社員時代に社会保険労務士資格を取得し、畑違いの業界から平成18年に独立開業する。労務管理の改善、就業規則の作成、人事制度の構築など、多くの企業に密接にかかわることで、業務改善、労使トラブルの防止・解決、上場サポートなどの成果を上げている。

著書に「強い会社になるための　就業規則＆職場ルールブック」（C&R研究所）、「給与計算の事務がしっかりできる本」（かんき出版）、「すぐに使える！外国人の雇用と労務管理」（九天社）など。

木津　朋之（きつ　ともゆき）

木津経営労務管理事務所所長、(有)人事・労務チーフコンサルタント、社会保険労務士。

東海大学法学部卒業後、矢萩経営労務管理事務所にて人事・労務業務に従事後、現職。チームビルディングコンサルティング、社内ルールの作成、人事制度構築などを中心に企業に密着した丁寧なアドバイスで高い評価を得ている。

著書に「従業員満足向上型人事制度のつくり方」（日本法令）など。

編著者略歴 ─────────────

有限会社　人事・労務

現在、社長を務める矢萩大輔が、1995 年に 26 歳のときに東京都内最年少で
開設した社会保険労務士事務所が母体となり、1998 年に人事・労務コンサル
タント集団として設立。
これまでに 400 社を超える人事制度・賃金制度、ＥＳ（従業員満足）コンサ
ルティング、就業規則作成などのコンサルティング実績がある。2004 年から
社員のＥＳ向上を中心とした取組みやＥＳ向上型人事制度の構築などを支援し
ており、多くの企業から共感を得ている。
最近は、「地域を大切にする企業とともに、新しい時代へ、もっとつながりあ
る社会へ！　人事・キャリアのＥＳ技術を通して貢献します」をコンセプトに、
これまでのＥＳに環境、地域、社会貢献などのＳＳ（社会的満足）の視点も加
え、幅広く企業の活性化のためのコンサルティングを行っている。

執筆者
川島 孝一、西田 周平、藤原 都子、内藤 惠蔵、田谷 智広、木津 朋之

改訂版

Ｑ＆Ａ「労働基準法・労働契約法」の実務ハンドブック
2019 年 6 月 10 日　初版発行
2021 年 10 月 1 日　改訂版初版発行

編著者　　有限会社 人事・労務 © Personnel Affairs & Labor Management co.,Ltd.
発行人　　森　忠順
発行所　　株式会社 セルバ出版
　　　　　〒 113-0034
　　　　　東京都文京区湯島 1 丁目 12 番 6 号 高関ビル 5 Ｂ
　　　　　☎ 03 (5812) 1178　　FAX 03 (5812) 1188
　　　　　http://www.seluba.co.jp/
発　売　　株式会社 三省堂書店／創英社
　　　　　〒 101-0051
　　　　　東京都千代田区神田神保町 1 丁目 1 番地
　　　　　☎ 03 (3291) 2295　　FAX 03 (3292) 7687

印刷・製本　株式会社丸井工文社

Printed in JAPAN
ISBN978-4-86367-699-2